COMPTABILITÉ
INTERMÉDIAIRE
2e édition

5

Les placements, les produits et l'information financière

NOUVEAU TIRAGE
SOLUTIONNAIRE

Nadi Chlala
Louis Ménard
Danielle Gagnon-Valotaire
Donald E. Kieso
Jerry J. Weygandt
Terry D. Warfield

Adaptation:
Jacques Giroux et
Nicole Racette

COMPAGNON WEB

Le Compagnon Web (www.erpi.com/kieso.cw)
est réalisé et mis à jour sous la direction de
Danielle Gagnon-Valotaire

ERPI
ÉDITIONS DU RENOUVEAU PÉDAGOGIQUE INC.

5757, RUE CYPIHOT, SAINT-LAURENT (QUÉBEC) H4S 1R3
TÉLÉPHONE: (514) 334-2690   TÉLÉCOPIEUR: (514) 334-4720
COURRIEL: erpidlm@erpi.com   **www.erpi.com**

Supervision éditoriale: Sylvain Bournival
Traduction: Miville Boudreault et Olga Seillier
Révision linguistique: Jean-Pierre Regnault et Émery Brunet
Correction des épreuves: Jean-Pierre Regnault

Supervision de la production: Muriel Normand
Mise en pages: Lucie Lagimonière et Linda Laliberté
Conception et réalisation de la couverture: Philippe Morin
Photographie de la couverture: Robert Ridyard

Cet ouvrage est une adaptation française de la dixième édition de *Intermediate Accounting – Solutions Manual*, de Donald E. Kieso, Jerry J. Weygandt et Terry D. Warfield.

Dépôt légal: 1er trimestre 2005
Bibliothèque nationale du Québec
Bibliothèque nationale du Canada
Imprimé au Canada

ISBN 978-2-7613-1433-6 (tome 5)
20287

ISBN 978-2-7613-1579-1 (l'ensemble)
30217

4567890 IHE 0987
ABCD   OF10

AVANT-PROPOS

Ce solutionnaire vient compléter le matériel pédagogique présenté à la fin des chapitres du manuel *Comptabilité intermédiaire*. Il contient les réponses ou les suggestions de réponses de tous les travaux pratiques proposés dans cet ouvrage.

On y trouve les rubriques suivantes:

- **Classement des travaux.** Tableau dans lequel les travaux pratiques sont classés par sujets principaux.
- **Caractéristiques des travaux.** Tableau qui donne 1) une brève description de chaque travail pratique, 2) son degré de difficulté (facile, modéré ou difficile) et 3) une estimation de la durée nécessaire à sa résolution.

  La durée est exprimée en intervalles de minutes (de 10 à 15 minutes, par exemple). Bien que la plupart de ces estimations aient été déterminées à la suite d'expériences en classe, nous tenons à rappeler qu'il ne s'agit là que d'estimations. En effet, quel que soit le travail pratique en cause, un étudiant, même doué, peut faire face à des difficultés résultant d'une erreur de calcul ou d'une mauvaise interprétation de l'énoncé et, par conséquent, devoir y consacrer plus de temps que prévu.
  - **Durées et objectifs.** Section qui précède les solutions des problèmes et des études de cas, et qui précise, pour chacun de ces travaux pratiques, la durée de résolution et l'objectif visé.

Grâce aux renseignements contenus dans ces rubriques, les enseignants ou les étudiants seront mieux à même de choisir les travaux en fonction de la matière étudiée et du temps dont ils disposent.

DES TRAVAUX PRATIQUES VARIÉS

Tous les travaux pratiques ont été testés en classe et contre-vérifiés pour en assurer l'exactitude et la clarté. Leur nombre et leur variété donnent la possibilité à l'enseignant de modifier, d'un trimestre à l'autre, le choix des travaux qu'il propose.

Questions, exercices courts, exercices, problèmes et études de cas

Les *questions* ont été conçues à des fins de révision, d'auto-évaluation et de discussion en classe; elles peuvent aussi servir de devoirs. Normalement, un *exercice court* couvre un sujet, alors qu'un exercice en couvre un ou deux. Les *exercices* nécessitent moins de temps et d'effort que les problèmes et les études de cas. Les *problèmes* visent l'atteinte d'un niveau d'exécution professionnel; ils sont plus difficiles et demandent plus de temps que les exercices. Les *études de cas* exigent habituellement la rédaction d'un essai plutôt que l'élaboration de solutions quantitatives. Elles sont conçues pour familiariser l'étudiant avec l'analyse conceptuelle et l'exercice du jugement.

Normalement, il n'est pas nécessaire d'utiliser plus du quart des exercices, problèmes et études de cas pour couvrir toute la matière du cours de façon adéquate.

Exercez votre jugement

Les travaux de cette section visent à amener l'étudiant à développer son sens critique et ses aptitudes analytiques, interpersonnelles et communicationnelles. On y trouve les six rubriques suivantes (pas nécessairement dans tous les chapitres): «Problème de comptabilité», «Analyse d'états financiers», «Analyse comparative», «Travail de recherche», «Comptabilité à l'étranger» et «Problème de déontologie».

La rubrique «Problème de comptabilité» porte la plupart du temps sur les états financiers de la société Nestlé, qui sont reproduits entièrement dans l'annexe 5B du tome 1 et sur le cédérom qui accompagne le manuel. De même, la rubrique «Analyse comparative» porte sur les rapports annuels des sociétés Coca-Cola et PepsiCo, qui se trouvent aussi sur ce cédérom.

TABLE DES MATIÈRES

CHAPITRE 1 — LA CONSTATATION DES PRODUITS

CLASSEMENT DES TRAVAUX

	Sujets	Questions	Exercices courts	Exercices	Problèmes	Études de cas
1.	Réalisation et constatation; opérations de vente; marchandises fréquemment retournées.	1, 2, 3, 4, 5, 6, 22	1	1, 2, 3	1	1, 2, 3, 4, 5, 7
2.	Contrats de construction à long terme.	7, 8, 9, 10, 11, 12	2, 3, 4, 5, 6,	4, 5, 6, 7, 8, 9, 10	1, 2, 3, 4, 5, 6, 7, 15, 16, 17	1, 6
3.	Ventes à tempérament.	13, 14, 15, 16, 17, 18, 19, 20, 21, 24	7, 9	11, 12, 14, 15	1, 8, 9, 10, 11, 12	1
4.	Reprise de marchandises vendues à tempérament.		8	13, 16, 18, 19	11, 12, 13, 14	
5.	Méthode de constatation en fonction du recouvrement du coût.	13, 23, 24	10	15, 16, 17, 20		
*6.	Franchisage.	25, 26, 27, 28	11	21, 22	18, 19	8
*7.	Ventes en consignation.	29	12	23		
*8.	Opérations de prestation de services.	30, 31				9

*Note: Ces sujets se rapportent à la matière vue dans les annexes de ce chapitre.

CARACTÉRISTIQUES DES TRAVAUX

Numéro	Description	Degré de difficulté	Durée (minutes)
E1-1	Constatation des produits relatifs à la vente de livres comportant un taux élevé de retours	Modéré	15-20
E1-2	Inscription des ventes en fonction du prix brut et du prix net	Facile	15-20
E1-3	Constatation des produits en fonction de ventes à rabais	Modéré	10-15
E1-4	Constatation de la marge bénéficiaire brute relativement à des contrats à long terme	Modéré	20-25
E1-5	Analyse d'états financiers établis selon la méthode de l'achèvement des travaux	Facile	10-15
E1-6	Marge bénéficiaire brute relative à un contrat non achevé	Modéré	10-15
E1-7	Constatation de la marge bénéficiaire, méthode de l'achèvement des travaux	Modéré	25-30
E1-8	Constatation des produits relatifs à des contrats à long terme et écritures de journal	Facile	15-20
E1-9	Constatation des produits et présentation des montants dans le bilan pour des contrats à long terme	Facile	15-20
E1-10	Présentation dans les états financiers de contrats à long terme	Modéré	15-25
E1-11	Écritures, méthode de la constatation en fonction des encaissements	Modéré	15-20
E1-12	Analyse des comptes de ventes à tempérament	Modéré	15-20
E1-13	Calculs de la marge bénéficiaire brute, reprise de marchandise	Facile	15-20
E1-14	Produit d'intérêts découlant de ventes à tempérament	Facile	10-15
E1-15	Méthodes de la constatation en fonction des encaissements et après recouvrement des coûts	Facile	10-15
E1-16	Méthodes de la constatation en fonction des encaissements et après recouvrement des coûts	Facile	15-20
E1-17	Méthode de la constatation après recouvrement des coûts	Modéré	15-20
E1-18	Ventes à tempérament – manquement et reprise de possession	Facile	10-15
E1-19	Ventes à tempérament – manquement et reprise de possession	Facile	15-20
E1-20	Méthode de la constatation après recouvrement des coûts	Facile	15-25
*E1-21	Écritures de journal pour les droits d'entrée de franchisage	Facile	15-20
*E1-22	Droits d'entrée de franchisage	Facile	10-15
*E1-23	Calculs de ventes en consignation	Facile	15-20
P1-1	Trois situations de constatation des produits	Modéré	30-45
P1-2	Constatation du profit relatif à un contrat à long terme	Facile	20-25
P1-3	Constatation du profit et écritures de journal relativement à un contrat à long terme	Modéré	25-35

P1-4	Constatation du profit et présentation dans le bilan, méthode de l'achèvement des travaux	Modéré	20-30
P1-5	Méthodes de l'achèvement et de l'avancement des travaux avec pertes intérimaires	Modéré	25-30
P1-6	Contrat à long terme avec pertes intérimaires	Modéré	20-25
P1-7	Contrat à long terme avec perte finale	Modéré	20-25
P1-8	Calculs relatifs à des ventes à tempérament et écritures de journal	Modéré	25-30
P1-9	Présentation des ventes à tempérament dans l'état des résultats	Modéré	30-35
P1-10	Calculs relatifs à des ventes à tempérament et écritures de journal	Difficile	30-40
P1-11	Écritures relatives aux ventes à tempérament	Facile	20-25
P1-12	Calculs relatifs à des ventes à tempérament et écritures de journal – inventaire périodique	Difficile	40-50
P1-13	Écritures de journal relatives à une reprise de marchandises à la suite d'une vente à tempérament	Modéré	20-25
P1-14	Calculs et tableau relatifs à des ventes à tempérament	Difficile	50-60
P1-15	Méthode de l'achèvement des travaux	Modéré	20-30
P1-16	Comparaison de diverses méthodes de constatation des produits	Difficile	40-50
P1-17	Contrats à long terme – problème récapitulatif	Difficile	50-60
*P1-18	Journalisation des droits d'entrée et des redevances périodiques de franchisage	Modéré	20-25
*P1-19	Journalisation des droits d'entrée et des redevances périodiques de franchisage	Modéré	20-25
C1-1	Constatation des produits – méthodes diverses	Modéré	20-30
C1-2	Constatation des produits – considérations théoriques	Modéré	35-45
C1-3	Constatation des produits – considérations théoriques	Modéré	25-30
C1-4	Constatation des produits – timbres-prime	Modéré	30-35
C1-5	Constatation des produits pour une revue mensuelle	Difficile	35-45
C1-6	Contrat à long terme – méthode de l'avancement des travaux	Modéré	20-25
C1-7	Constatation des produits – secteur immobilier	Modéré	30-40
*C1-8	Constatation des produits pour une franchise	Modéré	35-45
*C1-9	Constatation des produits pour des opérations de prestation de services	Modéré	20-30

*Note: Les exercices, problèmes ou études de cas précédés d'un astérisque se rapportent à la matière vue dans l'annexe de ce chapitre.

RÉPONSES AUX QUESTIONS

1. Une série de cas célèbres impliquant des entreprises qui avaient constaté prématurément des produits a poussé la SEC à adopter une série de mesures en ce domaine. Dans certains cas, d'importants ajustements ont été apportés à des états financiers qui avaient déjà été publiés. Dans d'autres cas, il s'agissait de ventes conditionnelles qui comportaient des accords parallèles ou qui entraînaient un taux élevé de retour de marchandises. De plus, dans quelques cas, des produits non finis ont été expédiés aux clients et comptabilisés à titre de produits ou, encore, des produits non autorisés ont été expédiés aux clients et comptabilisés à titre de produits.

    La constatation des produits fait depuis quelques années l'objet de diverses publications émanant de différents organismes responsables de l'élaboration et de la publication de règles et de directives comptables. Compte tenu de l'abondance de ces écrits, applicables à diverses situations particulières et à des secteurs d'activités économiques spécifiques, il en résulte un besoin pressant de procéder à la rédaction d'une règle fixant une fois pour toutes l'ensemble des enjeux liés à la constatation des produits. Depuis septembre 2003, l'IASB et le FASB ont regroupé leurs ressources et leurs recherches en vue de réaliser la publication éventuelle d'exposés-sondages et de règles définitives à cet égard. À ce jour, il semble qu'on privilégie deux approches dans la réalisation de ce projet, à savoir l'approche des actifs et des passifs, et celle du processus de génération du profit. Ainsi, au cours des années qui viennent, nous pouvons nous attendre à des développements importants sur le sujet.

2. Normalement, on constate les produits à la date de la vente. Pour qu'on constate un produit à cette date, il faut: 1) que la contrepartie puisse être mesurée avec suffisamment de précision, c'est-à-dire que l'on soit raisonnablement assuré de pouvoir recouvrer le prix de vente ou que l'on puisse estimer avec une précision raisonnable le montant non recouvrable; 2) que l'exécution soit achevée ou virtuellement terminée (le produit est réalisé ou gagné), c'est-à-dire que le vendeur n'est pas tenu d'accomplir des activités importantes après la vente pour avoir droit aux avantages que procure le produit.

3. Généralement, pour ces différents cas, on constate les produits comme suit:

    a) Pour la vente de marchandises – à la date de la livraison au client.

    b) Pour la prestation de services – lorsque les services ont été fournis et sont facturables.

    c) Pour l'autorisation accordée à des tiers d'utiliser les ressources de l'entreprise – en fonction du temps écoulé ou en fonction de l'utilisation des biens.

    d) Pour le produit (profit) résultant de la cession d'éléments d'actif autres que des marchandises – profit (perte) résultant, lors de la disposition, de la différence entre le prix reçu et la valeur comptable nette du bien disposé.

4. Types d'opérations de vente: 1) ventes au comptant, 2) ventes à crédit, 3) ventes contre remboursement, 4) ventes à livraison différée, 5) ventes avant la livraison (contrats de construction à long terme), 6) ventes à une succursale, 7) ventes intersociétés, 8) ventes de franchise, 9) ventes à tempérament, 10) ventes en consignation.

    L'étudiant devrait préciser le genre d'entreprises où chaque type de vente est courant. Plusieurs types de vente ne sont pas mentionnés dans ce chapitre; il est donc probable que l'étudiant ne sera pas à même d'énumérer toutes ces opérations.

5. Voici les trois méthodes comptables qu'un vendeur peut choisir lorsqu'il doit assumer des risques relatifs à la propriété de biens vendus en raison de la possibilité qu'on lui retourne de la marchandise:

    a) Ne pas constater la vente avant l'expiration de tous les privilèges de retour de marchandises.

    b) Constater la vente mais réduire celle-ci de l'estimation des retours futurs.

    c) Constater la vente et comptabiliser les retours de marchandises lorsqu'ils se produisent.

6. Selon le *FASB Statement No. 48*, ce genre d'opérations de vente peut être constaté à titre de produit de l'exercice si chacune des six conditions suivantes est remplie:

   1. À la date de la vente, il est possible de déterminer la contrepartie avec une précision raisonnable.

   2. L'acheteur a payé le vendeur ou s'engage à le faire, et cette obligation n'est pas subordonnée à la revente de la marchandise.

   3. L'obligation de l'acheteur à l'égard du vendeur ne sera pas substantiellement modifiée dans l'éventualité d'un vol, de la destruction de la marchandise ou de dommages que celle-ci pourrait subir.

   4. L'acheteur qui acquiert la marchandise en vue de sa revente constitue une entité économique indépendante de celle du vendeur.

   5. Le vendeur ne conserve pas d'obligations futures importantes l'engageant directement dans la revente du produit par l'acheteur.

   6. Il est possible d'estimer raisonnablement les quantités susceptibles d'être retournées à l'entreprise.

7. Dans le cas des contrats de construction à long terme, il est possible d'appliquer deux méthodes de constatation des produits, soit 1) la méthode de l'avancement des travaux et 2) la méthode de l'achèvement des travaux.

   Il est préférable d'utiliser la méthode de l'avancement des travaux lorsqu'on dispose d'une base ou d'une norme de mesure du degré d'avancement des travaux à une date intermédiaire donnée. Le *Manuel de l'ICCA* recommande l'utilisation de cette méthode:

   a) lorsque l'exécution réside dans la réalisation de plusieurs actes;

   b) lorsque l'entreprise est raisonnablement sûre d'encaisser la contrepartie;

   c) lorsque la contrepartie est mesurable avec une précision raisonnable.

   Si l'entreprise ne peut effectuer des estimations raisonnablement sûres ou que les risques inhérents au contrat rendent les prévisions douteuses, elle doit appliquer la méthode de l'achèvement des travaux.

8.

$$\frac{\text{Coûts engagés}}{\text{Coût total estimatif}} \times \text{Produit total} = \text{Produit à constater}$$

$$\frac{9\ 000\ 000\ \$}{50\ 000\ 000\ \$} \times 60\ 000\ 000\ \$ = \underline{10\ 800\ 000\ \$}$$

Produit constaté	−	Coûts réels engagés	=	Marge bénéficiaire brute constatée
10 800 000 $	−	9 000 000 $	=	<u>1 800 000 $</u>

9. Selon la méthode de l'avancement des travaux, le bénéfice reflète avec plus d'exactitude les efforts engagés dans l'exécution d'un contrat. Le bénéfice est constaté périodiquement en fonction du degré d'avancement des travaux, et non pas uniquement lorsque les travaux sont achevés. Le principal inconvénient de la méthode de l'achèvement des travaux tient au fait qu'il y a risque d'erreur dans le chiffre du bénéfice, parce que l'on ne vise pas à présenter les activités d'exploitation des périodes intermédiaires, lorsque la durée du contrat couvre plus d'un exercice.

10. Voici les méthodes utilisées pour déterminer le degré d'avancement des travaux: la méthode des coûts engagés, la méthode des efforts fournis et la méthode des actes exécutés. Pour les intrants, on peut employer à titre de mesure les coûts engagés ou les heures de main-d'œuvre travaillées; pour les extrants, on peut employer à titre de mesure les tonnes produites, les étages achevés d'un bâtiment ou les kilomètres d'autoroute terminés.

11. Les deux sortes de pertes qui peuvent devenir évidentes lors de la comptabilisation des contrats à long terme sont:

    a) une perte de l'exercice sur un contrat rentable dans son ensemble;

b)	une perte sur un contrat non rentable.

Le premier type de perte constitue un ajustement, au cours de l'exercice considéré, des marges bénéficiaires brutes constatées durant les exercices antérieurs. Cette situation se produit lorsque, durant la période de la construction, une augmentation importante du coût total estimatif survient, sans toutefois que celle-ci élimine tout le profit que le contrat doit générer. Selon la méthode de l'avancement des travaux, l'augmentation du coût total estimatif requiert, pendant l'exercice en cours, un ajustement des marges bénéficiaires brutes constatées durant les exercices antérieurs. On inscrit cet ajustement comme une perte de l'exercice. Dans le cas de la méthode de l'achèvement des travaux, aucun ajustement n'est nécessaire parce qu'on ne constate la marge bénéficiaire brute que lorsque le contrat est achevé.

Dans le cas d'une perte sur un contrat non rentable, l'estimation du coût total indique qu'il résultera une perte de l'achèvement de l'ensemble du projet. Que l'on applique la méthode de l'avancement des travaux ou celle de l'achèvement des travaux, il faut constater la totalité de la perte prévue pendant l'exercice en cours.

12.	Selon la méthode de l'avancement des travaux, la différence entre les comptes Construction en cours et Montants facturés sur la construction en cours est inscrite dans le bilan comme un actif à court terme s'il s'agit d'un débit ou comme un passif à court terme s'il s'agit d'un crédit. Lorsque le solde du compte Construction en cours excède les montants facturés, cet excédent est inscrit comme un actif à court terme, sous l'intitulé Excédent des coûts et du bénéfice constaté sur les montants facturés. À l'inverse, si les montants facturés excèdent le solde du compte Construction en cours, l'excédent est inscrit comme un passif à court terme, sous l'intitulé Excédent des montants facturés sur les coûts et le bénéfice constaté.

13.	Selon la méthode de la constatation en fonction des encaissements, la constatation des produits est différée jusqu'à la période des encaissements. À la fin de chaque exercice, on applique le taux de marge brute adéquat au recouvrement de l'encaissement des ventes de chaque exercice pour déterminer la marge brute réalisée. Selon la méthode de la constatation après recouvrement des coûts, la constatation des produits commence lorsque les paiements en numéraire de l'acheteur excèdent le coût des marchandises vendues pour le vendeur. Une fois le recouvrement du coût terminé, tous les encaissements additionnels sont inclus dans les produits.

14.	Lorsque le recouvrement du prix de vente n'est pas raisonnablement sûr, on applique habituellement l'une des deux méthodes suivantes: a) la méthode de la constatation après recouvrement des coûts ou b) la méthode de la constatation en fonction des encaissements.

On adopte la constatation après recouvrement des coûts lorsque le vendeur a achevé sa part du contrat, mais que le degré d'incertitude quant au recouvrement de la contrepartie est très élevé. Tant que le total des encaissements n'excède pas le coût des marchandises vendues, on ne constate aucun profit. Par la suite, tout encaissement additionnel est inclus dans le bénéfice.

On adopte la constatation en fonction des encaissements lorsqu'on ne dispose d'aucune base en fonction de laquelle il soit possible d'estimer le degré de certitude ou d'incertitude entourant le recouvrement. On ne constate le produit qu'au fur et à mesure de l'encaissement des sommes que verse le client. Contrairement à la méthode de la constatation après recouvrement des coûts, on constate une portion de chaque encaissement en tant que bénéfice réalisé.

15.	La méthode de comptabilisation des avances de fonds diffère la constatation d'une vente en traitant les encaissements d'un acheteur comme une avance. Elle s'applique lorsque le vendeur reçoit de l'argent sans s'être acquitté de ses obligations contractuelles et qu'il n'a aucune créance à l'égard de l'acheteur.

16.	Une vente à tempérament est une entente spéciale de crédit qui prévoit le paiement de la somme due par versements périodiques sur une période déterminée; ce type d'entente s'effectue plus particulièrement dans le domaine du développement immobilier, dans la vente de marchandises ou d'autres biens personnels. Dans le cas d'une vente à crédit ordinaire, le délai de recouvrement est court (30 à 90 jours), et le titre de propriété est transféré inconditionnellement à l'acheteur au moment où le processus de vente est achevé (à la livraison). Par contre, dans le cas d'une vente à tempérament, le premier versement effectué à la date de la vente est suivi de versements s'échelonnant sur une longue période (de six mois à plusieurs années). Habituellement, le transfert du titre de propriété n'est prévu qu'au moment où l'acheteur a effectué la totalité des versements.

17. Selon la méthode de la constatation du profit en fonction des encaissements, on met l'accent sur le recouvrement de la contrepartie plutôt que sur la vente. À cause des caractéristiques uniques des ventes à tempérament, en particulier de la longue période de recouvrement et du niveau élevé de risques de pertes attribuables aux créances douteuses, on considère que la marge bénéficiaire brute n'est réalisée qu'en proportion des encaissements sur les créances à tempérament. Donc, selon cette méthode, on considère chaque encaissement reçu du client comme le recouvrement d'une partie du coût des marchandises vendues et d'une partie de la marge bénéficiaire brute, d'après la proportion que ces deux éléments prenaient dans le prix de vente initial. Les créances sur ventes, les ventes et le coût des marchandises vendues sont comptabilisés séparément selon qu'il s'agit de ventes ordinaires ou de ventes à tempérament. Les créances sur ventes à tempérament sont classées d'après l'année de la vente, de sorte que la marge brute réalisée au cours de chaque exercice où il y a encaissement puisse être constatée en fonction du taux de marge brute de l'exercice de la vente, appliqué aux encaissements sur ces créances.

18. Lorsqu'elles appliquent la méthode de constatation du profit en fonction des encaissements, la plupart des sociétés constatent les charges d'exploitation sans tenir compte du fait qu'une partie de la marge bénéficiaire brute constituera un produit reporté. On justifie cette façon de faire en faisant valoir: a) que ces charges ne sont pas proportionnelles au chiffre d'affaires, du moins pas autant que le coût des marchandises vendues; b) que la répartition appropriée de ces charges entre les différents exercices serait arbitraire, et que les avantages que procurerait cette répartition ne justifieraient pas les coûts qu'engendrerait son établissement.

19.

Exercice de l'encaissement	Encaissements	×	Pourcentage	=	Marge bénéficiaire brute constatée
2000	80 000 $	×	38 %ᵃ	=	30 400 $
2001	320 000	×	38 %	=	121 600
2002	100 000	×	38 %	=	38 000
	500 000 $				190 000 $

ᵃ (500 000 $ – 310 000 $) ÷ 500 000 $

20. Lorsqu'on exige des intérêts sur les contrats de vente à tempérament, on doit les comptabiliser dans un compte de produits d'intérêts distinct de la marge bénéficiaire brute constatée pour l'exercice sur les recouvrements de créances sur ventes à tempérament. Le montant d'intérêts à constater au cours de chaque exercice dépend de la répartition des versements prévus dans le contrat de vente.

21. Le nombre d'informations à fournir dans l'état des résultats concernant les ventes à tempérament variera fréquemment selon l'importance des produits de ventes à tempérament par rapport au total du chiffre d'affaires. Si les ventes à tempérament ne constituent pas une fraction importante du chiffre d'affaires, elles peuvent être incluses dans le chiffre d'affaires global et ne pas faire l'objet d'une mention distincte. Dans ce cas, la marge bénéficiaire brute réalisé sur les ventes à tempérament sera présentée comme un élément distinct dans l'état des résultats, immédiatement après la marge bénéficiaire brute sur les ventes ordinaires.

Par contre, lorsque les ventes à tempérament constituent une fraction importante du chiffre d'affaires, il est souhaitable de présenter des renseignements additionnels. Dans ce cas, on devrait présenter les résultats sur trois colonnes dans l'état des résultats: 1) Total du chiffre d'affaires, 2) Ventes ordinaires et 3) Ventes à tempérament. Il est clair que de nombreuses variantes sont possibles et devraient être appliquées pour répondre adéquatement aux exigences d'une information utile et complète.

22. a) Le profit de certaines ventes à tempérament peut être calculé sur la base suivante (méthode des encaissements):

$$\frac{\text{Encaissements}}{\text{Prix de vente}} \times \text{Marge bénéficiaire brute}$$

Dans le cas où le recouvrement du prix de vente est très incertain, on peut appliquer la méthode de la constatation après recouvrement des coûts. On constate donc le profit après le recouvrement des coûts.

b) On ne devrait constater le profit lié à des ventes avec livraison future qu'au moment où le titre de propriété est transféré à l'acheteur.

c) Pour les marchandises expédiées en consignation, on constate le profit lorsque le consignataire remet au consignateur l'argent de la vente des marchandises.

d) Selon la méthode de l'avancement des travaux, on applique la formule suivante:

$$\frac{\text{Coût à ce jour}}{\text{Coût total estimatif}} \times \text{Marge bénéficiaire brute estimative}$$

Sinon, on constate le profit à l'achèvement des travaux.

e) On constate le profit au cours des exercices durant lesquels s'effectuent les publications.

23. Selon la méthode de la constatation après recouvrement des coûts, on constate le produit (de même que le coût des marchandises vendues correspondant) au cours de l'exercice de la vente. Cependant, on reporte la marge bénéficiaire brute, et on ne la constate pas dans l'état des résultats avant que les encaissements reçus des clients excèdent le coût des marchandises vendues. Pendant les exercices où les encaissements excèdent le coût des marchandises vendues, cet excédent (qui représente la marge bénéficiaire brute reportée) est présenté comme un élément distinct des produits.

24. Selon la méthode de comptabilisation des avances de fonds, on ne constate aucun produit. En effet, d'après cette méthode, on doit considérer les avances en argent et autres paiements reçus comme des avances remboursables. On ne peut considérer la vente comme terminée ni la constater. Les risques et avantages liés au droit de propriété doivent avoir été transférés de manière suffisante, et la vente doit être terminée pour que l'on puisse lui appliquer une des méthodes de constatation des produits.

La différence fondamentale entre cette méthode et les méthodes de la constatation en fonction des encaissements et après recouvrement des coûts réside dans le fait qu'avec ces méthodes de constatation, on suppose que le vendeur a rempli toutes ses obligations relativement à la vente, alors que le recouvrement de la créance demeure très incertain. Avec la méthode de la comptabilisation des avances de fonds, le vendeur n'a fourni aucun service ou n'a vendu aucun bien, et, en conséquence, il n'existe aucune réclamation légale de créance.

*25. Il ne convient pas de constater dans les produits la totalité des droits d'entrée de franchisage à la date de la vente de la franchise, lorsque la plus grande partie des services que le franchiseur doit fournir ne le sont pas encore ou lorsqu'il subsiste une incertitude quant au recouvrement de la totalité des droits d'entrée.

*26. Dans une vente de franchise, le franchiseur peut inscrire les droits d'entrée de franchisage comme produits lorsqu'il s'est acquitté de l'essentiel des obligations importantes liées à la vente. On considère qu'il s'est acquitté de l'essentiel de ses obligations lorsqu'il n'a plus l'obligation de rembourser les fonds reçus du franchisé ni celle de sortir de son bilan des créances impayées par le franchisé, et qu'il a fourni tous les services initiaux prévus dans le contrat de franchisage.

*27. Il faut comptabiliser les redevances périodiques de franchisage dans les produits lorsqu'elles sont réalisées et constituent des sommes à recevoir du franchisé, à moins qu'une fraction de ces redevances ne soit destinée à un usage particulier. Dans ce cas, le montant attribué à cet usage sera constaté comme un produit, et les coûts associés seront imputés à un compte de charges. Les ventes ordinaires de marchandises et de fournitures aux franchisés sont comptabilisées tout comme n'importe quelle autre vente de marchandises.

*28. a) S'il est probable que le franchiseur lèvera l'option d'achat de l'établissement du franchisé, il ne faut pas constater le droit d'entrée de franchisage dans les produits; il faut plutôt le traiter comme un produit reporté. Lors de la levée de l'option, le montant reporté viendra réduire l'investissement du franchiseur relativement à l'acquisition de cet établissement.

b) Lorsque le contrat de franchisage autorise le franchisé à acheter à rabais du matériel, des marchandises et des fournitures au franchiseur, une partie du droit d'entrée de franchisage doit être reportée. La partie reportée sera comptabilisée comme ajustement du prix de vente lorsque le franchisé achètera des marchandises ou des fournitures au franchiseur.

*29. Une vente en consignation consiste en la livraison par un manufacturier (grossiste) de marchandises à un concessionnaire (détaillant). Le consignateur reste propriétaire des marchandises et assume les risques associés à la vente. Le consignataire (concessionnaire) doit faire preuve de diligence raisonnable pour ce qui est de la vente de la marchandise et peut de plein droit retourner celle-ci. Il reçoit une commission lors de la vente et remet le solde des encaissements au consignateur. Celui-ci constate une vente et le produit correspondant sur notification de la vente par le consignataire (rapport de vente) et réception de la somme versée. Les marchandises en consignation sont reportées dans le stock du consignateur, et non dans celui du consignataire, jusqu'à la vente.

*30. Voici les quatre méthodes dont la profession comptable recommande l'emploi pour la constatation des produits découlant de la prestation de services, ainsi que les méthodes de constatation des produits découlant de la vente de marchandises qui leur ressemblent le plus quant au moment où il s'agit de constater les produits:

Constatation des produits découlant de la prestation de services	Constatation des produits découlant de la vente de marchandises
Méthode de la constatation à l'exécution du service	Méthode de la constatation à la date de la vente
Méthode de l'achèvement des travaux	Méthode de l'achèvement des travaux
Méthode de l'avancement des travaux	Méthode de l'avancement des travaux
Méthode de constatation en fonction des encaissements	Méthodes de la constatation après recouvrement des coûts et en fonction des encaissements

*31. Voici les trois types de coûts associés aux opérations de prestation de services: 1) les coûts initiaux directs, 2) les coûts directs et 3) les coûts indirects.

Les coûts initiaux directs sont les coûts directement liés à la négociation et à la conclusion de contrats de services.

Les coûts directs sont des coûts directement associés, de par leur origine ou de par les avantages qu'ils procurent, a) aux services fournis à un client ou b) aux services rendus à un groupe de clients.

Les coûts indirects sont les coûts autres que les coûts initiaux directs et les coûts directs.

On impute en général les coûts à l'exercice au cours duquel le produit leur correspondant est considéré comme réalisé. Ainsi, on ne reporte les coûts que si l'on prévoit qu'ils seront recouvrés dans le futur.

Il faut imputer les coûts indirects à l'exercice lorsqu'ils sont engagés, quelle que soit la méthode de constatation des produits appliquée à l'opération.

La méthode de comptabilisation des coûts initiaux directs et des coûts directs dépend de la méthode de constatation des produits qui sera appliquée à l'opération. Le choix de la méthode repose sur la nature et la portée du service à fournir.

SOLUTIONS DES EXERCICES COURTS

Exercice court 1-1

a) Retour sur ventes   78 000

    Comptes clients   78 000

b) Retour sur ventes   42 000

    Provision pour retour sur ventes   42 000
    [(15 % × 800 000 $) − 78 000 $]

Exercice court 1-2

Construction en cours   1 715 000

    Matières premières, Caisse, Fournisseurs   1 715 000

Comptes clients   1 200 000

    Construction en cours facturée   1 200 000

Caisse   960 000

    Comptes clients   960 000

Construction en cours   735 000

Coûts de construction   1 715 000

    Produit de contrats à long terme   2 450 000
    [(1 715 000 $ ÷ 4 900 000 $) × 2 100 000 $ = 735 000 $]

Exercice court 1-3

Actifs à court terme

Comptes clients   240 000 $

Stocks

    Construction en cours   2 450 000 $

    Moins: Montants facturés   1 200 000

    Excédent des coûts et de la marge bénéficiaire   1 250 000
    sur les montants facturés

Exercice court 1-4

Construction en cours   1 715 000

    Matières premières, Caisse, Fournisseurs   1 715 000

| Comptes clients | 1 200 000 | |
| Construction en cours facturée | | 200 000 |

| Caisse | 960 000 | |
| Comptes clients | | 960 000 |

Exercice court 1-5

Actifs à court terme

Comptes clients			240 000 $
Stocks			
Construction en cours		1 715 000 $	
Moins: Montants facturés		1 200 000	
Excédent des coûts et de la marge bénéficiaire sur les montants facturés			515 000

Exercice court 1-6

a)	Coûts de construction	288 000	
	Construction en cours (perte)		19 200
	Produits de contrats à long terme		268 800

| b) | Perte sur contrats à long terme | 19 200 | |
| | Construction en cours (perte) | | 19 200 |

Exercice court 1-7

| Créances sur ventes à tempérament, 2002 | 150 000 | |
| Ventes à tempérament | | 150 000 |

| Caisse | 54 000 | |
| Créances sur ventes à tempérament, 2002 | | 54 000 |

| Coûts des marchandises vendues à tempérament | 105 000 | |
| Stock | | 105 000 |

Ventes à tempérament	150 000	
Coût des marchandises vendues à tempérament		105 000
Marge brute reportée, 2002		45 000

| Marge brute reportée, 2002 | 16 200 | |

Marge brute réalisée sur ventes à tempérament	16 200
(30 % × 54 000 $ = 16 200 $)	

Exercice court 1-8

Marchandises reprises (stock)	275	
Perte sur reprise de possession	61	
Marge brute reportée (560 × 40 %)	224	
Créances sur ventes à tempérament		560

Exercice court 1-9

Actif à court terme	
Créances à tempérament recouvrables en 2003	65 000 $
Créances à tempérament recouvrables en 2004	110 000
	175 000 $
Passif à court terme	
Marge brute reportée	64 100 $

Exercice court 1-10

Marge brute constatée en 2001: 0 $

Marge brute constatée en 2002: 1 000 $ (15 000 $ – 14 000 $)

Marge brute constatée en 2003: 5 000 $

*Exercice court 1-11

Caisse	25 000	
Effets à recevoir	50 000	
Produits financiers reportés (50 000 – 39 623)		10 377
Droits d'entrée de franchisage reçus d'avance		64 623

*Exercice court 1-12

Caisse	19 570	
Frais de publicité	500	
Frais de commission	2 230	
Produit tiré des ventes en consignation		22 300

SOLUTIONS DES EXERCICES

Exercice 1-1 (15-20 minutes)

a) Éditions Nouvelles ltée pourrait constater les produits à la date de l'expédition, en raison du fait que la vente des manuels se fait aux conditions FAB, point de départ. Certains pourraient défendre l'utilisation de la méthode de la constatation en fonction des encaissements, étant donné le droit de retour des marchandises. On pourrait aussi favoriser l'utilisation d'une méthode consistant à constater, à la date de livraison, les produits moins les retours estimatifs, puisqu'on est en mesure d'estimer ces retours.

b) À partir des informations fournies, et faute de renseignements indiquant qu'une des conditions mentionnées au chapitre 3400 du *Manuel de l'ICCA* et du *FASB Statement No. 48* n'est pas remplie, le traitement comptable approprié consiste à constater le produit au moment de l'expédition pour la valeur des livres expédiés, moins le pourcentage normal de retours, soit 12 %. Cela se justifie en fonction du critère juridique de transfert du titre de propriété et en raison des conditions énoncées au chapitre 3400 du *Manuel de l'ICCA* et du *FASB Statement No. 48*. Certains pourraient se montrer très prudents et appliquer le pourcentage maximal de retours, soit 30 %.

c) Écriture nécessaire pour les ventes de juillet:

Clients	16 000 000	
Provision pour retours de manuels		
(16 000 000 $ × 12 %)		1 920 000
Ventes de manuels		14 080 000

d) Encaissements du mois d'octobre:

Caisse	14 000 000	
Ventes de manuels[a]	80 000	
Provision pour retours de manuels	1 8920 000	
Clients		16 000 000

a. Un débit inscrit au compte Rendus et rabais sur ventes serait également acceptable.

Exercice 1-2 (15-20 minutes)

a) 1. 3 juin

Clients – Jean Côté	5 000	
Ventes		5 000

5 juin

Rendus et rabais sur ventes	400	
Clients – Jean Côté		400

7 juin

Frais de transport à la vente	24	
Caisse		24

12 juin		
Caisse	4 508	
Escomptes sur ventes (2 % × 4 600 $)	92	
Clients – Jean Côté		4 600

2.   3 juin

Clients – Jean Côté	4 900	
Ventes [5 000 $ – (2 % × 5 000 $)]		4 900

5 juin

Rendus et rabais sur ventes	392	
Clients – Jean Côté [400 $ – (2 % × 400 $)]		392

7 juin

Frais de transport à la vente	24	
Caisse		24

12 juin

Caisse	4 508	
Clients – Jean Côté		4 508

b)   5 août

Caisse	4 600	
Clients – Jean Côté		4 508
Escomptes échus sur ventes (2 % × 4 400 $)		92

Exercice 1-3 (10-15 minutes)

a)

Caisse (bordereaux de 2001) (300 × 900 $)	270 000	
Location de quais		270 000
Caisse (bordereaux de 2002) [200 × 900 $ × (1,00 – 0,05)]	171 000	
Produits reçus d'avance (à court terme)		171 000
Caisse (bordereaux de 2003) [60 × 900 $ × (1,00 – 0,25)	40 500	
Produits reçus d'avance (à long terme)		40 500

b)   Le gérant de Marina Bleue ltée doit réaliser qu'il a encaissé 211 500 $ (171 000 $ + 40 500 $) en argent contre la promesse de fournir des services futurs. En effet, il a réduit ses rentrées de fonds futures en accélérant le rythme des versements effectués par les propriétaires de bateaux. De plus, il a effectivement réduit le prix de ses services de location. Le supplément de caisse actuel ne reflète pas des bénéfices réellement réalisés. Cette rentrée accélérée de fonds doit servir en partie à couvrir les frais d'exploitation futurs. Si l'escompte a été offert en vue de fournir l'argent nécessaire aux réparations courantes plutôt qu'aux réparations inhabituelles, le gérant de Marina Bleue ltée doit s'attendre à ce que la rentabilité des exercices futurs soit moins élevée. Sur la base de la valeur présente, l'attribution de ces escomptes ne semble pas constituer une décision financière judicieuse à moins que les taux d'intérêt augmentent de façon importante, de sorte que les produits d'intérêts découlant de ces encaissements hâtifs excèdent les escomptes accordés.

Exercice 1-4 (20-25 minutes)

a) Marge brute constatée en

	2001		2002		2003	
Prix du contrat		1 500 000 $		1 500 000 $		1 500 000 $
Coûts:						
Coûts engagés à ce jour	400 000 $		935 000 $		1 070 000 $	
Estimation des coûts d'achèvement	600 000	1 000 000	165 000	1 100 000	0	1 070 000
Estimation totale du bénéfice		500 000		400 000		430 000
Pourcentage d'achèvement à ce jour		40 %[a]		85 %[b]		100 %
Total marge brute constatée		200 000		340 000		430 000
Moins: Marge brute constatée dans les exercices précédents		0		200 000		340 000
Marge brute constatée dans l'exercice en cours		200 000 $		140 000 $		90 000 $

a. 400 000 $ ÷ 1 000 000 $
b. 935 000 $ ÷ 1 100 000 $

b)

Construction en cours (935 000 $ – 400 000 $)	535 000	
Matières premières, Caisse, Fournisseurs		535 000
Comptes clients (900 000 $ – 300 000 $)	600 000	
Construction en cours facturée		600 000
Caisse (810 000 $ – 270 000 $)	540 000	
Comptes clients		540 000
Coûts de construction	535 000	
Construction en cours	140 000	
Produits sur contrats à long terme		675 000[a]

a. [1 500 000 $ × (85 % – 40 %)]

c) Marge bénéficiaire brute à constater en 2001: 0 $

Marge bénéficiaire brute à constater en 2002: 0 $

Marge bénéficiaire brute à constater en 2003: 430 000 $[a]

a. 1 500 000 $ – 1 070 000 $ = 430 000 $

Exercice 1-5 (10-15 minutes)

a) Montants facturés sur contrat à ce jour   61 500 $

    Moins: Clients au 31 décembre 2001   21 500

    Fraction des montants facturés ayant été encaissée   40 000 $

b) $\dfrac{18\ 200\ \$}{65\ 000\ \$} = 28\ \%$ (ratio de la marge brute constatée sur les produits de 2001)

   1 000 000 $ × 0,28 = 280 000 $ (estimation initiale du bénéfice total avant impôts sur ce contrat)

Exercice 1-6 (10-15 minutes)

Voyer ltée
Calcul de la marge bénéficiaire brute à constater sur le contrat inachevé
pour l'exercice clos le 31 décembre 2001

Prix total du contrat	
Estimation du coût du contrat à l'achèvement (700 000 $ + 1 300 000 $)	2 000 000 $
Montant forfaitaire	450 000
Total	2 450 000
Estimation du total du coût	2 000 000
Marge bénéficiaire brute	450 000 $
Pourcentage d'achèvement (700 000 $ ÷ 2 000 000 $)	35 %
Marge bénéficiaire brute à constater (450 000 $ × 35 %)	157 500 $

Exercice 1-7 (25-30 minutes)

a) Marge bénéficiaire brute à constater en 2001:

Prix du contrat		1 000 000 $
Coûts:		
Coûts engagés à ce jour	280 000 $	
Estimation des coûts additionnels	520 000	800 000
Estimation du profit total		200 000
Pourcentage d'achèvement à ce jour (280 000 $ ÷ 800 000 $)		35 %
Marge bénéficiaire brute constatée en 2001		70 000 $

Marge bénéficiaire brute à constater en 2002:

Prix du contrat		1 000 000 $
Coûts:		
Coûts engagés à ce jour	600 000 $	
Estimation des coûts additionnels	200 000	800 000
Estimation du profit total		200 000
Pourcentage d'achèvement à ce jour (600 000 $ ÷ 800 000 $)		75 %
Marge bénéficiaire brute totale		150 000 $
Moins: Marge bénéficiaire brute constatée en 2001		(70 000)
Marge bénéficiaire brute constatée en 2002		80 000 $

Écritures de 2002

Construction en cours (600 000 $ − 280 000 $)	320 000	
Matières, Caisse, fournisseurs, etc.		320 000
Clients (400 000 $ − 150 000 $)	250 000	
Construction en cours facturée		250 000
Caisse (320 000 $ − 120 000 $)	200 000	
Clients		200 000
Construction en cours	80 000	
Coûts de construction	320 000	
Produits résultant de contrats à long terme		400 000[a]

a 1 000 000 $ × [(600 000 $ − 280 000 $) ÷ 800 000 $]

b) Bilan (au 31 décembre 2002)

Actif à court terme:		
Créances sur construction en cours		80 000 $[a]
Stock – Construction en cours	750 000 $[b]	
Moins: Montants facturés	400 000	350 000 $

a. 400 000 $ − 320 000 $ = 80 000 $

b. Coût total à ce jour	600 000 $
Marge bénéficiaire brute de 2001	70 000
Marge bénéficiaire brute de 2002	80 000
	750 000 $

Résultats (pour l'exercice clos le 31 décembre 2002):

Marge bénéficiaire brute sur contrats de construction à long terme: 80 000 $

Exercice 1-8 (15-20 minutes)

a) 2001: $\dfrac{480\ 000\ \$}{1\ 600\ 000\ \$} \times 2\ 200\ 000\ \$ = \underline{660\ 000\ \$}$

   2002: (prix du contrat) – (produit constaté en 2001) = (produit constaté en 2002)
          2 200 000 $ – 660 000 $ = 1 540 000 $

b) Constructions Vimont ltée devra constater le prix total du contrat, soit 2 200 000 $, à titre de produit en 2002. Il n'y aura donc aucun produit relatif à ce contrat en 2001.

c) Selon la méthode de l'avancement des travaux, il faut passer les écritures suivantes:

Construction en cours	480 000	
Matières, Caisse, Fournisseurs, etc.		480 000
Clients	420 000	
Construction en cours facturée		420 000
Caisse	350 000	
Clients		350 000
Construction en cours	180 000[a]	
Coûts de construction	480 000	
Produit résultant de contrats à long terme (voir en a))		660 000

a 2 200 000 $ – (480 000 $ + 1 120 000 $) × [480 000 $ ÷ 1 600 000 $)]

Selon la méthode de l'achèvement des travaux, on passe toutes les écritures qui précèdent, sauf la dernière. On ne constate aucun produit avant que la construction soit achevée.

Exercice 1-9 (15-20 minutes)

a) Calcul de la marge bénéficiaire brute à constater selon la méthode de l'achèvement des travaux: il n'y a pas de calculs nécessaires. On ne constate aucune marge bénéficiaire brute avant l'achèvement du contrat.

Calcul de l'excédent des montants facturés sur les coûts engagés selon la méthode de l'achèvement des travaux:

Coûts de construction engagés au cours de l'exercice	1 185 800 $
Montants facturés à ce jour sur contrat (6 300 000 $ × 30 %)	(1 890 000)
Excédent des montants facturés sur les coûts engagés	(704 200) $

b) Calcul de la marge bénéficiaire brute à constater selon la méthode de l'avancement des travaux:

Prix total du contrat	6 300 000 $
Coût total estimatif (1 185 800 $ + 4 204 200 $)	5 390 000
Estimation de la marge bénéficiaire brute totale	910 000
Pourcentage d'achèvement (1 185 800 $ ÷ 5 390 000 $)	22 %
Marge bénéficiaire brute à constater dans l'exercice (910 000 $ × 22 %)	200 200 $

Calcul de l'excédent des montants facturés sur les coûts engagés selon la méthode de l'avancement des travaux:

Coûts de construction engagés durant l'exercice	1 185 800 $
Marge bénéficiaire brute à constater dans l'exercice	200 200
Total imputé au compte Construction en cours	1 386 000
Montants facturés à ce jour sur contrat (30 % × 6 300 000 $)	(1 890 000)
Excédent des montants facturés sur les coûts engagés	(504 000) $

Exercice 1-10 (15-25 minutes)

Gratte-ciel ltée

Résultats

pour l'exercice clos le 31 décembre 2001

Produits résultant de contrats à long terme (projet 3)	500 000 $
Coûts de construction (projet 3)	330 000
Marge bénéficiaire brute	170 000
Provision pour perte (projet 1)[a]	(30 000) $

a. Coûts du contrat au 31 décembre 2001	450 000 $	
Coûts estimatifs d'achèvement	140 000	
Total des coûts estimatifs	590 000	
Prix total du contrat	560 000	
Perte constatée en 2001	(30 000) $	

Gratte-ciel ltée

Bilan

au 31 décembre 2001

Actif à court terme:		
Clients (1 080 000 $ − 990 000 $)		90 000 $
Stock		
Construction en cours	420 000 $[a]	
Moins: Montants facturés	360 000	
Excédent des coûts engagés sur les montants facturés (projet 1)		60 000
Passif à court terme:		
Excédent des montants facturés (220 000 $) sur les coûts engagés (126 000 $) (projet 2)		94 000 $

a La perte de 30 000 $ a été soustraite du compte Construction en cours. Si les montants facturés excédaient les coûts de construction en cours pour ce contrat, il faudrait présenter 30 000 $ au passif à titre de dette estimative.

Exercice 1-11 (15-20 minutes)

a) Calcul de la marge brute à constater:

	2001	2002
370 000 $ × 30 %[a]	111 000 $	
350 000 × 30 %		105 000 $
475 000 × 32 %[b]		152 000
	111 000 $	257 000 $

a. [(900 000 $ − 630 000 $) ÷ 900 000 $]

b. [(1 000 000 $ − 680 000 $) ÷ 1 000 000 $]

b)

Créances sur ventes à tempérament – 2002	1 000 000	
Ventes à tempérament		1 000 000
Coûts des marchandises vendues à tempérament	680 000	
Stock		680 000
Caisse	825 000	
Créances sur ventes à tempérament – 2001		350 000
Créances sur ventes à tempérament – 2002		475 000
Ventes à tempérament	1 000 000	
Coûts des marchandises vendues à tempérament		680 000
Marge brute reportée sur ventes à tempérament – 2002		320 000

Marge brute reportée sur ventes à tempérament – 2001	105 000		
Marge brute reportée sur ventes à tempérament – 2002	152 000		
Marge brute réalisée sur ventes à tempérament		257 000	

Marge brute réalisée sur ventes à tempérament	257 000	
Sommaire des résultats		257 000

Exercice 1-12 (15-20 minutes)

a)

Marge bénéficiaire brute reportée – 2001	3 150[a]	
Marge bénéficiaire brute reportée – 2002	12 400[b]	
Marge bénéficiaire brute reportée – 2003	69 400[c]	
Marge brute réalisée		84 950

a. Ajustement de la marge bénéficiaire brute reportée de 2001:

Solde du compte de marge bénéficiaire brute reportée tel qu'il a été établi	7 000 $
Solde ajusté (11 000 $ × 35 %)	3 850
Ajustement	3 150 $

b. Ajustement de la marge bénéficiaire brute reportée de 2002:

Solde du compte de marge bénéficiaire brute reportée tel qu'il a été établi	26 000 $
Solde ajusté (40 000 $ × 34 %)	13 600
Ajustement	12 400 $

c. Ajustement de la marge bénéficiaire brute reportée de 2003:

Solde du compte de marge bénéficiaire brute reportée tel qu'il a été établi	95 000 $
Solde ajusté (80 000 $ × 32 %)	25 600
Ajustement	69 400 $

b) Encaissements de 2003 sur les créances de 2001: 3 150 $ ÷ 35 % = 8 000 $

Encaissements de 2003 sur les créances de 2002: 12 400 $ ÷ 34 % = 36 470,59 $

Encaissements de 2003 sur les créances de 2003: 69 400 $ ÷ 32 % = 216 875 $

Exercice 1-13 (15-20 minutes)

Ratio de la marge bénéficiaire brute de 2001:

$$\frac{(750\ 000\ \$ - 525\ 000\ \$)}{750\ 000\ \$} = 30\ \%$$

Ratio de la marge bénéficiaire brute de 2002:

$$\frac{(840\ 000\ \$ - 604\ 800\ \$)}{840\ 000\ \$} = 28\ \%$$

a) Solde du compte Marge bénéficiaire brute reportée au 31 décembre 2001, pour les ventes à tempérament de 2001:

Marge bénéficiaire brute sur ventes à tempérament de 2001 (750 000 $ – 525 000 $)	225 000 $
Moins: Marge bénéficiaire brute réalisée en 2001 (310 000 $ × 30 %)	(93 000)
Solde au 31 décembre 2001	132 000 $

Solde du compte Marge bénéficiaire brute reportée au 31 décembre 2002, pour les ventes à tempérament de 2001:

Solde au 31 décembre 2001	132 000 $
Moins: Marge bénéficiaire brute réalisée en 2002 (300 000 $ × 30 %)	(90 000)
Solde au 31 décembre 2002	42 000 $

Solde du compte Marge bénéficiaire brute reportée au 31 décembre 2002, pour les ventes à tempérament de 2002:

Marge bénéficiaire brute sur ventes à tempérament de 2002 (840 000 $ – 604 800 $)	235 200 $
Moins: Marge bénéficiaire brute réalisée en 2002 (400 000 $ × 28 %)	(112 000)
Solde au 31 décembre 2002	123 200 $

b)

Marchandises reprises	8 000	
Marge bénéficiaire brute reportée (12 000 $ × 30 %)	3 600	
Perte sur reprise de marchandises	400	
Créances sur ventes à tempérament		12 000
(Inscription du défaut de paiement et de la reprise des marchandises)		

Exercice 1-14 (10-15 minutes)

Valmar ltée
Bénéfice avant impôts sur ventes à tempérament
pour l'exercice clos le 31 décembre 2001

Chiffre d'affaires	676 000 $
Coût des marchandises vendues	500 000
Marge bénéficiaire brute	176 000
Produits d'intérêts (voir tableau 1)	28 800
Bénéfice avant impôts	204 800 $

Tableau 1
Calcul des produits d'intérêts sur les ventes à tempérament

Prix de vente au comptant	676 000 $
Moins: Versement effectué le 1er juillet 2001	100 000
	576 000

Taux d'intérêt	$\times$ _10 %_
Intérêts annuels	57 600 $

Intérêts du 1er juillet 2001 au 31 décembre 2001   (57 600 $ $\times$ 1/2)   28 800 $

Exercice 1-15 (10-15 minutes)

a) Selon la méthode de la constatation en fonction des encaissements, la marge bénéficiaire brute réalisée à constater en 2002 s'élève à 87 375 $. Si la marge bénéficiaire brute est exprimée en pourcentage du coût, il faut la convertir en pourcentage des ventes pour pouvoir déterminer la marge bénéficiaire brute réalisée. Donc, les marges bénéficiaires brutes de 2001 et de 2002 en pourcentage des ventes sont respectivement de 20 % et de 21,875 %.

Exercice	Pourcentage de marge bénéficiaire brute	Encaissements de 2000	Profit réalisé en 2000
2001	$0,25 \div (1,00 + 0,25) = 20\%$	240 000 $	48 000 $
2002	$0,28 \div (1,00 + 0,28) = 21,875\%$	180 000	39 375
		Total	87 375 $

b) Dans son bilan de 2002, l'entreprise devrait présenter le solde de marge bénéficiaire brute reportée selon l'une des trois possibilités suivantes:

   1. Dans le passif à court terme, si on suppose qu'il est lié aux créances sur ventes à tempérament, que l'on classe habituellement dans l'actif à court terme;

   2. En tant que produit reporté entre le passif et les capitaux propres; ce traitement comptable fait l'objet de critiques parce que le solde de marge bénéficiaire brute reportée ne représente pas une obligation envers des tiers;

   3. En tant qu'ajustement ou compensation des créances sur ventes à tempérament correspondantes. Parce que la marge bénéficiaire brute reportée constitue une partie des produits de ventes à tempérament qui ne sont pas encore réalisées, la créance correspondante sera surévaluée à moins qu'on en déduise la marge bénéficiaire brute reportée. Toutefois, on pourrait critiquer cette présentation du fait que le solde de marge bénéficiaire brute reportée n'est pas directement lié à l'estimation de la possibilité de recouvrement des créances à recevoir.

c) La marge bénéficiaire brute exprimée en pourcentage des ventes de 2001 est de 20 % (telle qu'on l'a calculée en a), ci-dessus); la marge bénéficiaire brute s'élève donc à 96 000 $ (480 000 $ $\times$ 0,20), et le coût des marchandises vendues en 2001 à 384 000 $ (480 000 $ – 96 000 $). Puisque les encaissements de 2001 (140 000 $) et de 2002 (240 000 $) n'excèdent pas le coût total de 384 000 $, on ne constate aucun profit en 2001 ou en 2002 sur les ventes de 2001. De même, aucune marge bénéficiaire brute n'est constatée sur les ventes de 2002 étant donné que les encaissements de 180 000 $ n'excèdent pas le coût total de 484 375 $.

Exercice 1-16 (15-20 minutes)

a) Calcul de la marge brute réalisée – Méthode de la constatation après recouvrement des coûts

Exercice	Caisse reçue	Recouvrement du coût original	Solde du coût non recouvré	Marge bénéficiaire brute non réalisée
Solde d'ouverture	–	–	150 000 $	–
2001	100 000 $	100 000 $	50 000	0 $
2002	60 000	50 000	0	10 000
2003	40 000	0	0	40 000

b) Calcul de la marge brute réalisée – Méthode de constatation en fonction des encaissements:

Taux de la marge brute réalisée: (200 000 $ – 150 000 $) ÷ 200 000 $ = 25 %

Marge brute réalisée en 2001: 100 000 $ × 25 % = 25 000 $

Marge brute réalisée en 2002: 60 000 $ × 25 % = 25 000 $

Marge brute réalisée en 2003: 40 000 $ × 25 % = 25 000 $

Exercice 1-17 (15-20 minutes)

Exercice	Caisse (Dt)	Produits financiers reportés (Ct)	Créances sur ventes à tempérament (Ct)	Solde de la créance	Coût non recouvré	Marge bénéficiaire brute réalisée	Produits d'intérêts réalisés
1er janvier 2002	–	–	–	120 000 $	110 000 $	–	–
2002	52 557 $	18 000 $[a]	34 557 $[b]	85 443 [c]	57 443 [d]	–	–
2003	52 557	12 816	39 741	45 702	4 886	–	–
2004	52 557	(30 816)[e]	45 702	–	–	10 000 $	37 671 $[f]
	157 671 $					10 000 $	37 671 $

a. 120 000 $ × 15 % = 18 000 $

b. 52 557 $ – 18 000 $ = 34 557 $

c. 120 000 $ – 34 557 $ = 85 443 $

d. 110 000 $ – 52 557 $ = 57 443 $

e. On utilise ce montant pour virer les produits financiers reportés de 2002 (18 000 $) et de 2003 (12 816 $) aux produits d'intérêts de 2004.

f   Produits d'intérêts de 2004 (45 702 $ × 15 %)   6 855 $

Produits d'intérêts de 2002 et de 2003 à constater (18 000 $ + 12 816 $)   30 816

Produits d'intérêts réalisés en 2004   37 671 $

Exercice 1-18 (10-15 minutes)

1.
Marchandise reprise	800	
Marge bénéficiaire brute reportée	378 [a]	
Créances sur ventes à tempérament		1 080 [b]
Profit sur reprise de possession		98

a. 35 % × 1 080 $ = 378 $

b.
Prix de vente	1 800 $	
Acompte (20 %)	(360)	
	1 440	
Versements effectués (4/16 × 1 440 $)	(360)	
Solde de la créance sur vente à tempérament	1 080 $	

2.
Marchandise reprise	750	
Marge bénéficiaire brute reportée	220 [a]	
Créances sur ventes à tempérament		880 [b]
Profit sur reprise de possession		90

a. Pourcentage de marge bénéficiaire brute:

(1 600 $ – 1 200 $) ÷ 1 600 $ = 25 %; 25 % × 880 $ = 220 $

b.
Prix de vente	1 600 $	
Acompte	(240)	
	1 360	
Versements mensuels (6 × 80 $)	480	
Solde de la créance sur ventes à tempérament	880 $	

Exercice 1-19 (15-20 minutes)

Caisse	400	
Créances sur ventes à tempérament		400
(Inscription de l'encaissement sur la créance sur ventes à tempérament)		

Marge bénéficiaire brute reportée (40 % × 400 $)	160	
Marge bénéficiaire brute réalisée		160
(Inscription de la marge bénéficiaire brute sur ventes à tempérament)		

Marchandise reprise	590	
Marge bénéficiaire brute reportée (40 % × 1 400 $)	560	
Perte sur reprise de possession	250	
Créances sur ventes à tempérament		1 400
(Inscription du défaut de paiement et de la reprise de la marchandise)		

Marchandise reprise		60				
Caisse					60	

(Inscription de la dépense engagée pour remettre la marchandise en état)

Exercice 1-20 (15-25 minutes)

Échéancier des versements échelonnés

Intérêt à 10 %

Méthode de la constatation après recouvrement des coûts

Date	Caisse (débit)	Produit financier reporté (crédit)	Effet remboursable par versement (crédit)	Solde de l'effet remboursable par versement	Coût non recouvré	Marge brute réalisée	Produits d'intérêts réalisés
2002-01-01	–	–	–	600 000 $	500 000 $	–	–
2002-12-31	241 269 $	60 000 $	181 269 $	418 731	258 731	–	–
2003-12-31	241 269	41 873	199 396	219 335	17 462	–	–
2004-12-31	241 269	(101 873)	219 335	0	0	100 000$[a]	123 807$[b]
	723 807 $		600 000 $			100 000 $	123 807 $

a. 600 000 $ – 500 000 $ = 100 000 $
ou
[241 269 $ – (101 873 $ + 21 934 $ + 17 462 $] = 100 000 $

b. Consiste en un profit d'intérêt reporté de 101 873 $ entre 2002 et 2004, et d'un montant d'intérêt de 21 934 $ en 2004.

*Exercice 1-21 (15-20 minutes)

a)	Caisse	40 000	
	Effets à recevoir	30 000	
	Produits financiers reportés [30 000 $ – (2,48685 × 10 000 $)]		5 132
	Droits d'entrée de franchisage		64 868
b)	Caisse	40 000	
	Droits d'entrée de franchisage reçus d'avance		40 000
c)	Caisse	40 000	
	Effets à recevoir	30 000	
	Produits financiers reportés		5 132
	Droits d'entrée de franchisage		40 000
	Droits d'entrée de franchisage reçus d'avance (10 000 $ × 2,48685)		24 868

Note: Les calculs ont été arrondis au dollar près.

*Exercice 1-22 (10-15 minutes)

a)
Acompte versé le 1er janvier 2001		20 000,00 $
Valeur actualisée d'une annuité de fin de période (6 000 $ × 3,69590)		22 175,40
Produit de franchisage constaté par Médic-aide ltée et coût d'acquisition pour Guylaine Fréchette		42 175,40 $

b)
Caisse	20 000	
Effets à recevoir	30 000	
Provision pour actualisation d'effets à recevoir		7 824,60
Droits d'entrée de franchisage reçus d'avance		42 175,40

c)

1. Médic-aide ltée devrait constater 20 000 $ à titre de produits de franchisage, c'est-à-dire le versement initial (22 175,40 $ sont constatés en tant que droits d'entrée de franchisage reçus d'avance).

2. Médic-aide ltée devrait constater 20 000 $ à titre de produits de franchisage, c'est-à-dire le versement initial.

3. Médic-aide ltée n'a à constater aucun produit de franchisage (les 20 000 $ sont inscrits en tant que droits d'entrée de franchisage reçus d'avance).

*Exercice 1-23 (15-20 minutes)

a) Coûts attribuables au compte Stock:
70 unités expédiées au coût de 500 $ chacune	35 000 $
Transport	840
Total du coût attribuable au stock	35 840 $
30 unités détenues (30/70 × 35 840 $)	15 360 $

b) Calcul du bénéfice réalisé par le consignateur:
Vente de marchandises en consignation (40 × 700 $)	28 000 $
Coût des marchandises vendues (40/70 × 35 840 $)	(20 480)
Commission perçue par le consignataire (6 % × 28 000 $)	(1 680)
Frais de publicité	(200)
Frais d'installation	(320)
Bénéfice réalisé par le consignateur	5 320 $

c) Somme d'argent remise par le consignataire:
Vente de marchandises en consignation		28 000 $
Moins: Commission	1 680 $	
Publicité	200	
Installation	320	2 200
Argent remis au consignateur		25 800 $

DURÉES ET OBJECTIFS DES PROBLÈMES

Problème 1-1 (30-45 minutes)

Objectif – Permettre à l'étudiant de définir et de décrire les méthodes de constatation suivantes: à la date de la vente, à la fin du processus de production, en fonction de l'avancement des travaux et en fonction des encaissements. Il doit ensuite calculer les produits à constater selon la méthode de l'avancement des travaux lorsqu'il y a droit de retour des marchandises, et selon la méthode de la constatation à la date de la vente.

Problème 1-2 (20-25 minutes)

Objectif – Permettre à l'étudiant de comprendre deux méthodes de constatation des produits sur les contrats de construction à long terme, soit la méthode de l'avancement des travaux et la méthode de l'achèvement des travaux. On lui demande de calculer la marge bénéficiaire brute estimative pour chaque exercice de la durée de la construction, selon chacune des deux méthodes.

Problème 1-3 (25-35 minutes)

Objectif – Permettre à l'étudiant de comprendre la méthode de l'avancement des travaux relativement à des contrats de construction à long terme. On lui demande de calculer selon cette méthode la marge bénéficiaire brute estimative pour trois exercices et de passer les écritures nécessaires pour inscrire les faits relatifs au dernier exercice de la construction.

Problème 1-4 (20-30 minutes)

Objectif – Permettre à l'étudiant de comprendre à la fois les procédés comptables à appliquer selon la méthode de l'avancement des travaux et la façon de présenter dans le bilan les contrats de construction à long terme. On lui demande de calculer la marge bénéficiaire brute estimative à constater dans chaque exercice de la construction et d'établir un bilan partiel présentant les soldes des comptes Clients et Stock.

Problème 1-5 (25-30 minutes)

Objectif – Permettre à l'étudiant de résoudre un problème de projet multiple à long terme à l'aide de la méthode de l'avancement des travaux. L'étudiant devra également présenter ce projet inachevé dans un état des résultats et dans un bilan.

Problème 1-6 (20-25 minutes)

Objectif – Présenter à l'étudiant un problème relatif à un contrat de construction à long terme qui suppose la constatation d'une perte pour le deuxième exercice sur un contrat de trois ans rentable dans son ensemble. Ce problème requiert l'application de la méthode de l'avancement des travaux et de la méthode de l'achèvement des travaux.

Problème 1-7 (20-25 minutes)

Objectif – Présenter à l'étudiant un problème relatif à un contrat de construction à long terme en fonction duquel il s'agit de constater une perte pour le deuxième exercice d'un contrat de trois ans non rentable dans son ensemble. Ce problème requiert l'application de la méthode de l'avancement des travaux et de la méthode de l'achèvement des travaux.

Problème 1-8 (25-30 minutes)

Objectif – Permettre à l'étudiant de comprendre le traitement comptable à appliquer selon la méthode de la constatation en fonction des encaissements. On demande à l'étudiant de calculer la marge bénéficiaire brute réalisée pour chaque exercice et de passer les écritures nécessaires pour inscrire les opérations selon la méthode de la constatation en fonction des encaissements.

Problème 1-9 (30-35 minutes)

Objectif – Permettre à l'étudiant de comprendre la méthode de la constatation en fonction des encaissements pour les ventes à tempérament. On lui demande de calculer le bénéfice net pour trois exercices.

Problème 1-10 (30-40 minutes)

Objectif – Permettre à l'étudiant de comprendre comment appliquer la méthode de la constatation en fonction des encaissements dans les opérations de vente. On lui demande d'analyser la balance d'une société de même que d'autres informations, et de calculer le pourcentage de marge bénéficiaire brute de la société sur les ventes à tempérament. On lui demande également de passer les écritures de fermeture selon la méthode de la constatation en fonction des encaissements et d'établir un état des résultats de l'exercice en incluant uniquement la marge bénéficiaire brute réalisée.

Problème 1-11 (20-25 minutes)

Objectif – Permettre à l'étudiant de comprendre le traitement comptable à appliquer selon la méthode de la constatation en fonction des encaissements. On lui demande de passer les écritures nécessaires pour inscrire les opérations de vente, y compris l'inscription de la marge bénéficiaire brute réalisée au cours de l'exercice.

Problème 1-12 (40-50 minutes)

Objectif – Permettre à l'étudiant de comprendre comment appliquer la méthode de la constatation en fonction des encaissements. On lui demande d'analyser la balance d'une société de même que d'autres informations, et de passer les écritures de fermeture de l'exercice. On lui demande également d'établir un état des résultats de l'exercice comprenant uniquement la marge bénéficiaire brute réalisée.

Problème 1-13 (20-25 minutes)

Objectif – Permettre à l'étudiant de comprendre les écritures à passer selon la méthode de la constatation en fonction des encaissements. On lui demande de passer les écritures nécessaires pour inscrire les différentes opérations de vente, y compris la reprise de marchandises.

Problème 1-14 (50-60 minutes)

Objectif – Permettre à l'étudiant de comprendre la méthode de la constatation en fonction des encaissements. On lui demande d'établir des tableaux pour le calcul du coût des marchandises vendues à tempérament, du pourcentage de marge bénéficiaire brute sur les ventes, du profit ou de la perte sur reprises de marchandises, et de la marge bénéficiaire nette sur les ventes à tempérament.

Problème 1-15 (20-30 minutes)

Objectif – Présenter à l'étudiant un problème dans lequel il lui faut calculer «l'excédent des coûts engagés sur les montants facturés» ou «l'excédent des montants facturés sur les coûts engagés», ainsi que le bénéfice ou la perte. L'étudiant doit effectuer ces calculs pour chaque exercice des trois années de ce contrat en appliquant la méthode de l'achèvement des travaux.

Problème 1-16 (40-50 minutes)

Objectif – Permettre à l'étudiant de rédiger un texte dans lequel il doit comparer la méthode de l'avancement des travaux à celle de l'achèvement des travaux.

Problème 1-17 (50-60 minutes)

Objectif – Présenter à l'étudiant un problème comportant plusieurs projets de construction à long terme. Parmi ceux-ci, deux projets sont à perte et trois sont rentables. L'étudiant doit appliquer la méthode de l'avancement des travaux aux cinq projets. On lui demande également d'établir un état des résultats et un bilan montrant comment ces cinq projets inachevés seront présentés.

*Problème 1-18 (20-25 minutes)

Objectif – Présenter à l'étudiant un problème lui permettant de comptabiliser des droits d'entrée ainsi que des redevances périodiques de franchisage pour un franchiseur. Le problème requiert que l'étudiant comptabilise adéquatement l'option d'achat de l'établissement du franchisé, une redevance périodique de franchisage ainsi que le calcul des intérêts et de l'amortissement de l'escompte sur l'effet à recevoir.

*Problème 1-19 (20-25 minutes)

Objectif – Présenter à l'étudiant un problème lui permettant de comptabiliser des droits d'entrée ainsi que des redevances périodiques de franchisage pour un franchiseur. Une fraction du droit d'entrée de franchisage est réalisée et l'autre ne l'est pas. Au moment du règlement complet du droit d'entrée de franchisage (après deux ans), le franchisé détient une option d'achat.

SOLUTIONS DES PROBLÈMES

Problème 1-1

a) 1. Selon la méthode de la constatation à la date de la vente, on constate les produits lorsque le processus de génération du profit est achevé et qu'une opération d'échange a eu lieu. La constatation peut s'effectuer soit à la date de la livraison des marchandises, soit lorsque le transfert du titre de propriété a lieu, soit lorsque les services sont fournis et facturables, soit en fonction du temps écoulé (comme c'est le cas des loyers ou des redevances périodiques). Cette méthode est celle qui se rapproche le plus de la comptabilité d'exercice et est conforme aux principes comptables généralement reconnus (PCGR).

2. Selon la méthode de la constatation à la fin du processus de production, on constate les produits lorsque le projet ou le contrat est exécuté. On utilise cette méthode pour des contrats à court terme ou des contrats à long terme lorsqu'il est très difficile d'estimer les coûts qu'il faudra assumer pour achever le projet. Cette méthode permet toutefois de constater un bénéfice établi sur la base de résultats définitifs et non sur la base d'estimations. Elle présente un inconvénient lorsque le contrat s'étend sur plus d'un exercice, car on ne constate aucun produit concernant la réalisation actuelle du projet, et il en résulte une distorsion du chiffre du bénéfice. Cette méthode n'est conforme aux PCGR que dans des circonstances extraordinaires, lorsqu'il n'est pas possible de prévoir le montant correspondant à l'avancement des travaux à ce jour.

3. La méthode de la constatation en fonction de l'avancement des travaux s'applique aux contrats à long terme, habituellement dans le secteur de la construction. Pour qu'on puisse appliquer cette méthode, il faut que les conditions suivantes soient remplies:

    •   Il existe un prix ferme pour le contrat, et le recouvrement de cette somme est très probable.

    •   Les coûts peuvent être raisonnablement estimés (et, par conséquent, la marge bénéficiaire brute peut l'être également).

    •   Il est possible d'estimer de façon raisonnable le degré d'avancement des travaux.

    On constate la marge bénéficiaire brute en fonction de l'avancement des travaux. Le fait qui est à la source de la génération du projet est l'avancement des travaux vers leur achèvement. Normalement, on mesure le degré d'avancement en pourcentage établi à partir du ratio des coûts engagés sur l'estimation des coûts totaux. On applique ce pourcentage à l'estimation de la marge bénéficiaire brute, ce qui donne le profit total à constater à ce jour. Ce total, réduit du bénéfice constaté au cours des exercices antérieurs, représente le montant à constater dans l'exercice considéré. Durant le dernier exercice du contrat, on connaît le bénéfice total réel et on présente comme bénéfice de l'exercice la différence entre ce chiffre et le bénéfice constaté antérieurement.

    Cette méthode est conforme aux PCGR dans le cas de projets de construction à long terme pour lesquels on peut effectuer des estimations valables.

4. On peut appliquer la méthode de la constatation en fonction des encaissements lorsque le prix de vente est recouvré sur une longue période. Selon cette méthode, on constate les produits au moment des encaissements, et elle s'applique lorsque, à la date de la vente, le recouvrement du prix de vente n'est pas raisonnablement sûr. Cette méthode n'est pas conforme aux PCGR, sauf dans certains cas, parce qu'elle ne respecte pas la comptabilité d'exercice. On ne doit donc appliquer la méthode de la constatation en fonction des encaissements que dans des circonstances spéciales, à savoir lorsque le recouvrement est vraiment incertain.

b) Construction Alma

Étant donné qu'il s'est produit un changement dans l'estimation des coûts, on doit réviser le profit à constater au cours de l'exercice dans lequel le changement a eu lieu (dans le cas présent, le premier exercice).

Prix du contrat		30 000 000 $
Coûts		
Coûts réels au 30 novembre 2001	7 800 000 $	
Estimation des coûts d'achèvement	16 200 000	
Total des coûts		24 000 000
Estimation du profit		6 000 000 $

Pourcentage d'avancement des travaux:	
7 800 000 $ ÷ 24 000 000 $	32,5 %

Produits à constater en 2001 (30 000 000 $ × 32,5%)	9 750 000 $

Éditions Boucher

Chiffre d'affaires – Exercice 2001	8 000 000 $
Moins: Rendus et rabais sur ventes (20 %)	1 600 000
Chiffre d'affaires net – Produits à constater de l'exercice 2001	6 400 000 $

Quoique les distributeurs aient le droit de retourner 30 % de leurs achats, l'expérience antérieure indique que la moyenne de retours prévue est de 20 %. Le recouvrement des ventes de 2000 n'a pas d'incidence sur le bénéfice de l'exercice 2001. La proportion de 21 % de retours sur les ventes initiales de 5 500 000 $ en 2001 confirme que 20 % est une estimation raisonnable.

Sécurité Caron

Produits de l'exercice 2001 = 5 200 000 $

Le produit correspond aux marchandises actuellement facturées et expédiées lorsqu'on constate le produit à la date de la vente (les conditions sont FAB, point d'expédition). Les commandes de marchandises et les acomptes ne constituent pas des ventes. Les frais de transport constituent des charges qu'assume le vendeur, mais que l'acheteur remboursera à la date de paiement de la marchandise.

Les commissions et les retours garantis constituent des frais de vente. Ces charges devront être comptabilisées et présentées dans les charges d'exploitation de l'état des résultats.

Problème 1-2

a)

	2001	2002	2003
Prix du contrat	900 000 $	900 000 $	900 000 $
Moins: Coût estimatif			
Coûts à ce jour	270 000	420 000	600 000
Coûts estimatifs d'achèvement	330 000	180 000	
Coût total estimatif	600 000	600 000	600 000
Marge bénéficiaire brute estimative	300 000 $	300 000 $	300 000 $

Calcul de la marge bénéficiaire brute réalisée:

En 2001: $\dfrac{270\,000\,\$}{600\,000\,\$} \times 300\,000\,\$ = \underline{135\,000\,\$}$

En 2002: $\dfrac{420\,000\,\$}{600\,000\,\$} \times 300\,000\,\$ = \underline{210\,000\,\$}$

Marge bénéficiaire brute réalisée en 2002	210 000 $
Moins: Marge bénéficiaire brute constatée en 2001	135 000
Marge bénéficiaire brute de 2002	75 000 $

En 2003:	Marge bénéficiaire brute totale	300 000 $
	Moins: Marges brutes constatées en 2001 et en 2002	210 000
	Marge bénéficiaire brute de 2003	90 000 $

b) Il ne faudrait pas constater de marge bénéficiaire brute en 2001 et en 2002.

Total des montants facturés	900 000 $
Coût total	600 000
Marge bénéficiaire brute constatée en 2003	300 000 $

Problème 1-3

a) Marge bénéficiaire constatée en:

	2001		2002		2003	
Prix du contrat		3 000 000 $		3 000 000 $		3 000 000 $
Moins: Coût estimatif						
Coûts à ce jour	600 000 $		1 560 000 $		2 100 000 $	
Coûts estimatifs d'achèvement	1 400 000	2 000 000	390 000	1 950 000	0	2 100 000
Marge bénéficiaire estimative		1 000 000		1 050 000		900 000
Degré d'achèvement à ce jour		30 %[a]		80 %[b]		100 %
Marge bénéficiaire brute réalisée		300 000		840 000		900 000
Moins: Marge bénéficiaire constatée dans les exercices précédents		0		300 000		840 000
Marge bénéficiaire de l'exercice		300 000 $		540 000 $		60 000 $

[a] 600 000 $ ÷ 2 000 000 $ = 30 %

[b] 1 560 000 $ ÷ 1 950 000 $ = 80 %

b) Construction en cours (2 100 000$ – 1 560 000)   540 000

    Matières, Caisse, Fournisseurs, etc.   540 000

Clients (3 000 000 $ – 2 100 000 $)	900 000	
Construction en cours facturée		900 000
Caisse (2 750 000 $ – 1 950 000 $)	800 000	
Clients		800 000
Coûts de construction	540 000	
Construction en cours	60 000	
Produit résultant de contrats à long terme		600 000 [a]
Construction en cours facturée	3 000 000	
Construction en cours		3 000 000

[a] 3 000 000 $ × (100% – 80%)

c)

Lacroix inc.

Bilan (partiel)

au 31 décembre 2002

Actif à court terme:		
Créances sur construction en cours (2 100 000 $ – 1 950 000 $)		150 000 $
Stock		
Construction en cours (1 560 000 $ – 840 000 $)	2 400 000 $	
Moins: Montants facturés	2 100 000	
Excédent des coûts engagés et de la marge bénéficiaire constatée sur les montants facturés		300 000

Problème 1-4

a)

	2001	2002	2003
Prix du contrat	6 600 000 $	6 600 000 $	6 510 000 $
Moins: Coût estimatif			
Coûts à ce jour	1 782 000	3 850 000	5 500 000
Coûts estimatifs d'achèvement	3 618 000	1 650 000	–
Coût total estimatif	5 400 000	5 500 000	5 500 000
Marge bénéficiaire brute estimative	1 200 000 $	1 100 000 $	1 010 000 $

Marge bénéficiaire brute constatée

En 2001: $\dfrac{1\,782\,000\ \$}{5\,400\,000\ \$} \times 1\,200\,000\ \$ = 396\,000\ \$$

En 2002: $\dfrac{3\,850\,000\ \$}{5\,500\,000\ \$} \times 1\,100\,000\ \$ = 770\,000\ \$$

Marge bénéficiaire brute constatée en 2002		770 000 $
Moins: Marge bénéficiaire brute constatée en 2001		396 000 $
Marge bénéficiaire brute de 2002		374 000 $

En 2003:	Marge bénéficiaire brute totale	1 010 000 $
	Moins: Marges bénéficiaires brutes constatées en 2001 et en 2002	770 000
	Marge bénéficiaire brute de 2003	240 000 $

b)

Cloutier ltée

Bilan (partiel)

au 31 décembre 2002

Actif à court terme:

Clients (3 100 000 $ − 2 800 000 $)		300 000 $
Stock		
Construction en cours	4 620 000 $[a]	
Moins: Montants facturés	3 100 000	
Excédent des coûts engagés et de la marge bénéficiaire brute constatée sur les montants facturés		1 520 000 $

[a]   6 600 000 $ × (3 850 000 $ ÷ 5 500 000 $)

Problème 1-5

a) Selon la méthode de l'achèvement des travaux, le produit est constaté lors de l'achèvement du projet ou de la livraison de la marchandise. Tous les coûts associés sont passés en charge en date de la vente, et aucun produit ou charge intérimaire n'est imputé aux exercices précédant celui où le projet s'est terminé. On utilise la méthode de l'achèvement des travaux dans le cadre de projets à long terme pour lesquels il est impossible d'estimer les produits et les coûts.

Selon la méthode de l'avancement des travaux, les produits ainsi que les coûts associés sont constatés dans chaque exercice en fonction de l'avancement des travaux. Cette méthode convient tout particulièrement aux projets à long terme lorsque l'estimation des produits et des coûts peut s'effectuer raisonnablement. Selon la méthode de l'avancement des travaux, les états financiers reflètent le caractère inachevé des contrats.

b) D'après les données relatives au contrat de construction de l'usine de tracteur Toro inc. et si l'on suppose que Construction Lacroix inc. (CLI) utilise la méthode de la constatation en fonction de l'avancement des travaux, voici le calcul du produit et de la marge bénéficiaire brute de CLI pour 2000, 2001 et 2002, selon les trois circonstances données:

1. Si l'on suppose que tous les coûts ont été passés en charge, que tous les montants ont été facturés et que toutes les sommes à recouvrer l'ont été à l'intérieur d'une période de 30 jours à partir de la date de facturation, on calcule les produits, les frais de vente et la marge bénéficiaire brute de CLI pour 2000, 2001 et 2002 de la façon suivante:

Avancement des travaux (méthode des coûts engagés)
(en milliers de dollars)

Année	Valeur du contrat	Coûts à ce jour	Estimation total des coûts	Estimation de la marge brute (col. 2 – col. 4)	Pourcentage d'achèvement (col. 3 ÷ col. 4)
(1)	(2)	(3)	(4)	(5)	(6)
2000	8 000 $	2 010 $	6 700 $	1 300 $	30 %
2001	8 000	5 025	6 700	1 300	75 %
2002	8 000	6 700	6 700	1 300	100 %

Constatation des produits

Exercice	Valeur du contrat	Pourcentage d'achèvement	Produits à constater	Moins: exercice(s) antérieur(s)	Exercice en cours
2000	8 000 $	30 %	2 400 $	–	2 400 $
2001	8 000	75 %	6 000	2 400 $	3 600
2002	8 000	100 %	8 000	6 000	2 000

Constatation du bénéfice

Exercice	Estimation du bénéfice	Pourcentage d'achèvement	Produits à constater	Moins: exercice(s) antérieur(s)	Exercice en cours
2000	1 300 $	30 %	390 $	–	390 $
2001	1 300	75 %	975	390 $	585
2002	1 300	100 %	1 300	975	325

2. Si l'on reprend les données du point 1, mais qu'on suppose un dépassement de coûts de 800 000 $, les produits, les coûts de construction et la marge bénéficiaire brute pour 2000, 2001 et 2002 de CLI se calculent de la manière suivante:

Avancement des travaux (méthode des coûts engagés)

(en milliers de dollars)

Année	Valeur du contrat	Coûts à jour	Estimation total des coûts	Estimation de la marge brute (col. 2 – col. 4)	Pourcentage d'achèvement (col. 3 ÷ col. 4)
(1)	(2)	(3)	(4)	(5)	(6)
2000	8 000 $	2 810 $	7 500 $	500 $	37,47 %
2001	8 000	5 825	7 500	500	77,67 %
2002	8 000	7 500	7 500	500	100 %

Constatation des produits

Exercice	Valeur du contrat	Pourcentage d'achèvement	Produits à constater	Moins: exercice(s) antérieur(s)	Exercice en cours
2000	8 000 $	37,47 %	2 997,6 $	–	2 997,6 $
2001	8 000	77,67 %	6 213,6	2 997,6 $	3 216
2002	8 000	100 %	8 000	6 213,6	1 786,4

Constatation des produits

Exercice	Estimation du bénéfice	Pourcentage d'achèvement	Produits à constater	Moins: exercice(s) antérieur(s)	Exercice en cours
2000	500 $	37,47 %	187,4 $	–	187,4 $
2001	500	77,67 %	388,4	187,4 $	201
2002	500	100 %	500	388,4	111,6

3. Si l'on reprend les données des points 1 et 2, mais que l'on suppose un dépassement de coûts de 540 000 $, les produits, les coûts de construction et la marge bénéficiaire brute de CLI pour 2000, 2001 et 2002 se calculent de la manière suivante:

Avancement des travaux (méthode des coûts engagés)

(en milliers de dollars)

Année	Valeur du contrat	Coûts à ce jour	Estimation total des coûts	Estimation de la marge brute (col. 2 – col. 4)	Pourcentage d'achèvement (col. 3 / col. 4)
(1)	(2)	(3)	(4)	(5)	(6)
2000	8 000 $	2 810 $	7 500 $	500 $	37,47 %
2001	8 000	6 365	8 040	(40)	79,17 %
2002	8 000	8 040	8 040	(40)	100 %

Constatation des produits

Exercice	Valeur du contrat	Pourcentage d'achèvement	Produits à constater	Moins: exercice(s) antérieur(s)	Exercice en cours
2000	8 000 $	37,47 %	2 997,6 $	–	2 997,6 $
2001	8 000	79,17 %	6 333,6	2 997,6 $	3 336
2002	8 000	100 %	8 000	6 333,6	1 666,4

Constatation des produits

Exercice	Estimation du bénéfice	Pourcentage d'achèvement	Produits à constater	Moins: exercice(s) antérieur(s)	Exercice en cours
2000	500 $	37,47 %	187,4 $	–	187,4 $
2001	(40)	100 %[a]	(40)	187,4 $	(227,4)
2002	(40)	100 %	(40)	(40)	–

a. On doit constater en totalité toute perte prévue lors de l'exercice où une perte sur le contrat semble probable.

Problème 1-6

a) Calcul du bénéfice ou de la perte à constater selon la méthode de l'avancement des travaux

2001

Coûts engagés au 31 décembre 2001	3 200 000 $
Coûts estimatifs d'achèvement	3 200 000
Estimation du total des coûts	6 400 000 $
Pourcentage d'avancement (3 200 000 $ ÷ 6 400 000 $)	50 %
Produit constaté (8 400 000 $ × 50 %)	4 200 000 $
Coûts engagés	3 200 000
Marge bénéficiaire brute constatée en 2001	1 000 000 $

2002

Coûts engagés au 31 décembre 2002 (3 200 000 $ + 2 600 000 $)	5 800 000 $
Coûts estimatifs d'achèvement	1 450 000
Estimation du total des coûts	7 250 000 $
Pourcentage d'avancement (5 800 000 $ ÷ 7 250 000 $)	80 %
Produit constaté en 2002 [(8 400 000 $ × 80%) – 4 200 000 $]	2 520 000 $
Coûts engagés en 2002	2 600 000
Perte constatée en 2002	(80 000)$

2003

Total des produits constatés	8 400 000 $
Total des coûts engagés	7 250 000
Bénéfice total sur le contrat	1 150 000
Moins: Bénéfice déjà constaté (1 000 000 $ – 80 000 $)	920 000
Bénéfice constaté en 2003	230 000 $[a]

a	Autre calcul possible:	
	Produit constaté en 2003 (8 400 000 $ × 20 %)	1 680 000 $
	Coûts engagés en 2003	1 450 000
	Bénéfice constaté en 2003	230 000 $

b) Calcul du bénéfice ou de la perte à constater selon la méthode de l'achèvement des travaux

2001 – Aucun calcul.

2002 – Aucun calcul.

<u>2003</u>

Total des produits constatés	8 400 000 $
Total des coûts engagés	7 250 000
Bénéfice constaté en 2003	1 150 000 $

Problème 1-7

a) Calcul du bénéfice ou de la perte à constater selon la méthode de l'avancement des travaux

<u>2001</u>

Coûts engagés au 31 décembre 2001	150 000 $
Coûts estimatifs d'achèvement	1 350 000
Estimation du total des coûts	1 500 000 $
Pourcentage d'avancement (150 000 $ ÷ 1 500 000 $)	10 %
Produits constatés (1 950 000 $ × 10 %)	195 000 $
Coûts engagés	150 000
Marge bénéficiaire brute constatée en 2001	45 000 $

<u>2002</u>

Coûts engagés au 31 décembre 2002	1 200 000 $
Coûts estimatifs d'achèvement	800 000
	2 000 000
Prix du contrat	1 950 000
Perte totale	(50 000) $
Perte totale	(50 000) $
Plus: Marge bénéficiaire brute constatée en 2001	45 000
Perte constatée en 2002	(95 000) $

OU

Pourcentage d'avancement (1 200 000 $ ÷ 2 000 000 $)	<u>60 %</u>
Produits constatés en 2002 [(1 950 000 $ × 60 %) − 195 000 $)	975 000 $
Coûts engagés en 2002 (1 200 000 $ − 150 000 $)	<u>1 050 000</u>
Perte subie à ce jour	75 000
Perte attribuable à 2003[a]	<u>20 000</u>
Perte constatée en 2002	<u>(95 000)</u>$
a Produits de 2003 (1 950 000 $ − 195 000 $ − 975 000 $)	780 000 $
Coûts estimatifs de 2003	<u>800 000</u>
Perte de 2003	<u>(20 000)</u>$

2003	
Coûts engagés au 31 décembre 2003	2 100 000 $
Coûts estimatifs d'achèvement	<u>0</u>
	2 100 000
Prix du contrat	<u>1 950 000</u>
Perte totale	<u>(150 000)</u>$
Perte totale	(150 000)$
Moins: Perte constatée en 2002	(95 000)
Plus: Marge bénéficiaire brute constatée en 2001	<u>45 000</u>
Perte constatée en 2003	<u>(100 000)</u>$

b) Calcul du bénéfice ou de la perte à constater selon la méthode de l'achèvement des travaux

2001 – Aucun calcul

2002	
Coûts engagés au 31 décembre 2002	1 200 000 $
Coûts estimatifs d'achèvement	<u>800 000</u>
Estimation du total des coûts	2 000 000
Moins: Prix du contrat	<u>1 950 000</u>
Perte constatée en 2002	<u>(50 000)</u>$

2003	
Total des coûts engagés	2 100 000 $
Total des produits constatés	<u>1 950 000</u>
Perte totale sur le contrat	(150 000)
Moins: Perte constatée en 2002	<u>(50 000)</u>
Perte constatée en 2003	<u>(100 000)</u>$

Problème 1-8

a)

	2001	2002	2003
Pourcentage de marge bénéficiaire brute: Marge bénéficiaire brute ÷ ventes	<u>40 %</u>	<u>37 %</u>	<u>35 %</u>
Marge bénéficiaire brute réalisée:			
40 % de 75 000 $	30 000		
40 % de 100 000 $		40 000 $	
37 % de 100 000 $		37 000	
40 % de 50 000 $			20 000 $
37 % de 120 000 $			44 400
35 % de 110 000 $			38 500
	<u>30 000</u> $	<u>77 000</u> $	<u>102 900</u> $

b)

Créances sur ventes à tempérament – 2003	280 000	
Ventes à tempérament		280 000
Caisse	280 000	
Créances sur ventes à tempérament – 2001		50 000
Créances sur ventes à tempérament – 2002		120 000
Créances sur ventes à tempérament – 2003		110 000
Coût des marchandises vendues	182 000	
Stock (ou Achats)		182 000
Ventes à tempérament	280 000	
Coût des marchandises vendues		182 000
Marge bénéficiaire brute reportée sur ventes à tempérament de 2003		98 000
Marge bénéficiaire brute reportée sur ventes à tempérament – 2001	20 000	
Marge bénéficiaire brute reportée sur ventes à tempérament – 2002	44 400	
Marge bénéficiaire brute reportée sur ventes à tempérament – 2003	38 500	
Marge bénéficiaire brute réalisée		102 900
Marge bénéficiaire brute réalisée	102 900	
Sommaire des résultats		102 900

Problème 1-9

	2001	2002	2003
Chiffre d'affaires	385 000 $	426 000 $	525 000 $
Coût des marchandises vendues	270 000	277 000	341 000
Marge bénéficiaire brute sur les ventes	115 000	149 000	184 000
Marge bénéficiaire brute réalisée sur les ventes à tempérament[a]	36 300	72 600	119 050
Marge bénéficiaire brute totale	151 300	221 600	303 050
Frais de vente	77 000	87 000	92 000
Frais d'administration	50 000	51 000	52 000
Total des frais de vente et d'administration	127 000	138 000	144 000
Bénéfice net	24 300 $	83 600 $	159 050 $

a   Calcul de la marge bénéficiaire brute réalisée sur les ventes à tempérament:

	2001	2002	2003
Pourcentage de marge bénéficiaire brute	33 %[a]	39 %[b]	41 %[c]
Marge bénéficiaire brute réalisée:			
33 % de 110 000 $	36 300 $		
33 % de 90 000 $		29 700 $	
39 % de 110 000 $		42 900	
33 % de 40 000 $			13 200 $
39 % de 140 000 $			54 600
41 % de 125 000 $			51 250
	36 300 $	72 600 $	119 050 $

a $$\frac{320\ 000\ \$ - 214\ 400\ \$}{320\ 000\ \$} = 33\ \%$$

b $$\frac{275\ 000\ \$ - 167\ 750\ \$}{275\ 000\ \$} = 39\ \%$$

c $$\frac{380\ 000\ \$ - 224\ 200\ \$}{380\ 000\ \$} = 41\ \%$$

Problème 1-10

a)   Pourcentage de marge bénéficiaire brute de 2002 sur les ventes à tempérament:

8 000 $ – 800 $ – 4 800 $ = 2 400 $

2 400 $ ÷ 8 000 $ = 30 %

On peut calculer également la marge bénéficiaire brute de 2002 comme suit:

Créances à recevoir au début de l'exercice:

48 000 $ + 104 000 $ + 8 000 $ = 160 000 $

Marge bénéficiaire brute reportée au début de l'exercice:

45 600 $ + 2 400 $ = 48 000 $

48 000 $ ÷ 160 000 $ = 30 %

Pourcentage de marge bénéficiaire brute de 2003 sur les ventes à tempérament:

$$\frac{200\ 000\ \$ - 128\ 000\ \$}{200\ 000\ \$} = 36\ \%$$

b)

Ventes à tempérament	200 000	
Coût des marchandises vendues à tempérament		128 000
Marge bénéficiaire brute reportée – 2003		72 000
Marge bénéficiaire brute reportée – 2002	31 200[a]	
Marge bénéficiaire brute reportée – 2003	39 240[b]	
Marge bénéficiaire brute réalisée sur ventes à tempérament		70 440

a. 30 % × 104 000 $ = 31 200 $

b. 36 % × 109 000 $ = 39 240 $

Marge bénéficiaire brute réalisée sur ventes à tempérament	70 440	
Chiffre d'affaires	343 000	
Sommaire des résultats		29 640
Coût des marchandises vendues		255 000
Profit ou perte sur reprises de marchandises		800
Frais de vente et d'administration		128 000
Sommaire des résultats	29 640	
Bénéfices non répartis		29 640

c)

Les magasins Dauphin ltée
Résultats
pour l'exercice clos le 31 décembre 2003

Chiffre d'affaires		343 000 $
Coût des marchandises vendues		255 000
Marge bénéficiaire brute sur ventes		88 000
Marge bénéficiaire brute réalisée sur ventes à tempérament		70 440
Marge bénéficiaire brute totale		158 440
Frais de vente et d'administration	128 000 $	
Moins: Reprises de marchandises	800	128 800
Bénéfice net de l'exercice		29 640 $

Problème 1-11

a)

Créances sur ventes à tempérament	500 000	
Ventes à tempérament		500 000
Caisse	200 000	
Créances sur ventes à tempérament		200 000
Marchandises reprises	9 200	
Marge bénéficiaire brute reportée	8 160[a]	
Perte sur reprises de marchandises	6 640	
Créances sur ventes à tempérament		24 000

[a]   Pourcentage de marge bénéficiaire brute $= \dfrac{170\,000\,\$}{500\,000\,\$} = 34\,\%$

34 % × 24 000 $ = 8 160 $

Coût des marchandises vendues à tempérament	330 000	
Achats (ou Stock)		330 000
Ventes à tempérament	500 000	
Coût des marchandises vendues à tempérament		330 000
Marge bénéficiaire brute reportée sur ventes à tempérament		170 000

b)

Marge bénéficiaire brute reportée sur ventes à tempérament	68 000	
Marge bénéficiaire brute réalisée sur ventes à tempérament		68 000[a]

[a]   34 % de 200 000 $ = 68 000 $

Problème 1-12

a)   Pourcentage de marge bénéficiaire brute en 2002:

Marge bénéficiaire brute reportée au début de l'exercice:
(64 000 $ + 7 200 $) = 71 200 $

Créances sur ventes à tempérament au début de l'exercice:
(80 000 $ + 18 000 $ + 80 000 $) = 178 000 $

Pourcentage de marge bénéficiaire brute:
71 200 $ ÷ 178 000 $ = 40 %

(Dans la mesure où les marchandises reprises ont été inscrites correctement, on peut également calculer le pourcentage de marge bénéficiaire brute de 2002 en divisant 7 200 $ par 18 000 $.)

Pourcentage de marge bénéficiaire brute en 2003:

Ventes à tempérament	180 000 $	
Coût des marchandises vendues à tempérament	<u>117 000</u>	
Marge bénéficiaire brute	<u>63 000</u> $	

Pourcentage de marge bénéficiaire brute en 2003:

63 000 $ ÷ 180 000 $ = 35 %

Coût des marchandises vendues	391 000[a]	
Coût des marchandises vendues à tempérament	117 000	
Stock au 1er janvier 2003		120 000
Achats		380 000
Marchandises reprises		8 000

a   (120 000 $ + 380 000 $ + 8 000 $ – 117 000 $)

Stock au 31 décembre 2003	127 400	
Marchandises reprises	4 000	
Coût des marchandises vendues		131 400
Ventes à tempérament	180 000	
Coût des marchandises vendues à tempérament		117 000
Marge bénéficiaire brute reportée sur ventes à tempérament de 2003		63 000
Marge bénéficiaire brute reportée sur ventes à tempérament de 2002	32 000[b]	
Marge bénéficiaire brute reportée sur ventes à tempérament de 2003	17 500[c]	
Marge bénéficiaire brute réalisée sur ventes à tempérament		49 500

b. 40 % × 80 000 $ = 32 000 $

c. 35 % × 50 000 $ = 17 500 $

Marge bénéficiaire brute réalisée sur ventes à tempérament	49 500	
Sommaire des résultats		49 500
Chiffre d'affaires	400 000	
Coût des marchandises vendues (385 600 $ – 126 000 $)		259 600
Frais d'exploitation		112 000
Perte sur reprises de marchandises		2 800
Sommaire des résultats		25 600

Sommaire des résultats (49 500 $ + 25 600 $)		75 100	
Bénéfices non répartis			75 100

b)

Desjardins ltée

Résultats

pour l'exercice clos le 31 décembre 2003

Chiffre d'affaires			400 000 $
Coût des marchandises vendues:			
Stock au 1er janvier		120 000 $	
Achats		380 000	
Reprises de marchandises		8 000	
Marchandises destinées à la vente		508 000	
Stock au 31 décembre:			
Nouvelles marchandises	127 400 $		
Marchandises reprises	4 000	131 400	
Coût des marchandises vendues		376 600	
Moins: Coût des marchandises vendues à tempérament		117 000	259 600
Marge bénéficiaire brute sur ventes ordinaires			140 400
Marge bénéficiaire brute réalisée sur ventes à tempérament			49 500
Marge bénéficiaire brute totale réalisée			189 900
Frais d'exploitation		112 000	
Perte sur reprises de marchandises		2 800	114 800
Bénéfice net de l'exercice			75 100 $

Problème 1-13

1.	Caisse	200	
	Créances sur ventes à tempérament	600	
	Ventes à tempérament		800
2.	Caisse	30	
	Créances sur ventes à tempérament		30
3.	Coût des marchandises vendues à tempérament	560	
	Stock (ou Achats)		560
	Ventes à tempérament	800	
	Coût des marchandises vendues à tempérament		560
	Marge bénéficiaire brute reportée sur les ventes à tempérament		240

Marge bénéficiaire brute reportée sur ventes à tempérament	69	
Marge bénéficiaire brute réalisée sur ventes à tempérament (240 $ ÷ 800 $ = 30 %; 30 % de 230 $ = 69 $)		69
Marge bénéficiaire brute réalisée sur ventes à tempérament	69	
Sommaire des résultats		69

4.
Caisse (30 $ × 7)	210	
Créances sur ventes à tempérament		210

5.
Marchandises reprises	100	
Marge bénéficiaire brute reportée sur ventes à tempérament	108	
Perte sur reprises de marchandises	152	
Créances sur ventes à tempérament		360

Solde à la reprise de marchandises	360 $[a]
Marge bénéficiaire brute (30 %)	<u>108</u>
Valeur comptable	252
Valeur de la marchandise reprise	<u>100</u>
Perte	<u>(152)</u>$

[a]   30 $ × (20 – 8) = 360 $

Problème 1-14

a)   1.

Méthot ltée

Tableau de calcul du coût des marchandises vendues à tempérament

pour les exercices 2001, 2002 et 2003

Achats:	2001	2002	2003
1 400 unités à 130 $	182 000 $		
1 200 unités à 112 $		134 400 $	
900 unités à 136 $			122 400 $
Marchandises reprises:			
50 unités à 60 $			3 000 [a]
Stock au 31 décembre:			
2001: (1 400 – 1 100) × 130 $	(39 000)	39 000	
2003: (950 – 850) × 132 $[b]			(13 200)
Coût des marchandises vendues	<u>143 000 $</u>	<u>173 400 $</u>	<u>112 200 $</u>

a. On pourrait évaluer les marchandises reprises d'une autre façon, soit en leur attribuant la marge bénéficiaire brute normale de l'exercice.

b. (122 400 $ + 3 000 $) ÷ (900 + 50) = 132 $

2.

Méthot ltée

Tableau du calcul du coût moyen à l'unité des marchandises vendues à tempérament
pour les exercices 2001, 2002 et 2003

	2001	2002	2003
2001: (182 000 $ ÷ 1 400)	130 $		
2002: (173 400 $ ÷ 1 500)		115,60 $	
2003: (125 400 $[a] ÷ 950[b])			132 $

a. (122 400 $ + 3 000 $)

b. (900 + 50)

b)

Méthot ltée

Tableau du calcul du pourcentage de marge bénéficiaire brute
pour les exercices 2001, 2002 et 2003

	2001	2002	2003
Chiffre d'affaires:			
1 100 unités à 200 $	220 000 $		
1 500 unités à 170 $		255 000 $	
800 unités à 182 $			145 600 $
50 unités à 80 $			4 000
	220 000	255 000	149 600
Coût des marchandises vendues	143 000	173 400	112 200
Marge bénéficiaire brute	77 000 $	81 600 $	37 400 $

	2001	2002	2003
Pourcentages de marge bénéficiaire brute:			
77 000 $ ÷ 22 000 $	35 %		
81 600 $ ÷ 255 000 $		32 %	
37 400 $ ÷ 149 600 $			25 %

c)

Méthot ltée

Tableau du calcul du profit ou de la perte sur les reprises de 2003

Chiffre de ventes initial (50 × 170 $)		8 500,00 $
Recouvrements avant reprises		1 440,00
Solde impayé		7 060,00
Moins:		
Marge bénéficiaire brute non réalisée (7 060 $ × 32 %)	2 259,20 $	
Valeur de la marchandise reprise	3 000,00	5 259,20
Perte sur reprises de marchandise		1 800,80 $

d)

Méthot ltée

Tableau du calcul de la marge bénéficiaire nette sur
les ventes à tempérament de 2003

Marge bénéficiaire brute réalisée sur ventes à tempérament:	
2003: (34 600 $ × 25 %)	8 650,00 $
2002: (100 000 $ × 32 %)	32 000,00
2001: (80 000 $ × 35 %)	28 000,00
Marge bénéficiaire brute totale réalisée	68 650,00
Perte sur reprises de marchandises	1 800,80
Marge bénéficiaire brute réalisée	66 849,20 $
Frais généraux de vente et d'administration [60 000 $ + (1/3 × 7 200 $)]	62 400,00
Marge bénéficiaire nette	4 449,20 $

Problème 1-15

a)

Montcalm ltée

Calcul de l'excédent des coûts sur les montants facturés
au 31 décembre 1999

Montants facturés à ce jour en 1999	1 500 000 $
Moins: Coûts engagés dans la construction en 1999	1 140 000
Solde au 31 décembre 1999	360 000 $

Montcalm ltée

Calcul de l'excédent des coûts sur les montants facturés

au 31 décembre 2000

Solde de l'excédent des montants facturés sur les coûts engagés au 31 décembre 1999	(360 000) $
Plus: Coûts engagés dans la construction en 2000 (3 055 000 $ – 1 140 000 $)	1 915 000
	1 555 000
Moins: Provision pour perte sur contrat constatée en 2000 (3 055 000 $ + 1 645 000 $ – 4 500 000 $)	200 000
	1 355 000 $
Moins: Montants facturés en 2000 (2 500 000 $ – 1 500 000 $)	1 000 000
Solde au 31 décembre 2000 (Excédent des coûts sur les montants facturés)	355 000 $

Montcalm ltée

Calcul de l'excédent des coûts engagés pour

l'achèvement des travaux sur les montants facturés

au 31 décembre 2001

Excédent des coûts engagés sur les montants facturés – Solde au 31 décembre 2000	355 000 $
Plus: Coûts engagés dans la construction en 2001 (4 800 000 $ – 3 055 000 $)	1 745 000
	2 100 000
Moins: Perte sur contrat constatée en 2001 (4 800 000 $ – 4 500 000 $ – 200 000 $)	100 000
	2 000 000
Moins: Montants facturés en 2001 (4 300 000 $ – 2 500 000 $)	1 800 000
Solde au 31 décembre 2001	200 000 $

b)

Montcalm ltée

Calcul du bénéfice ou de la perte relatif au contrat

pour l'exercice 1999

Prix du contrat		4 500 000 $
Moins: Coûts du contrat engagés au 31 décembre 1999	1 140 000	
Coûts estimatifs d'achèvement	2 660 000	
Estimation du coût total du contrat	3 800 000	
Marge bénéficiaire brute estimative sur l'achèvement du contrat		700 000 $
Bénéfice à constater		0 $

(Selon la méthode de l'achèvement des travaux, on ne constate le bénéfice que lorsque le contrat est achevé ou pratiquement terminé.)

Montcalm ltée

Calcul du bénéfice ou de la perte relatif au contrat

pour l'exercice 2000

Prix du contrat	4 500 000 $
Moins: Coûts du contrat engagés au 31 décembre 2000	3 055 000
Coûts estimatifs d'achèvement	1 645 000
Estimation du coût total du contrat	4 700 000
Perte à constater	(200 000)$

(Selon la méthode de l'achèvement des travaux, il faut constater une provision pour les pertes prévues.)

Montcalm ltée

Calcul du bénéfice ou de la perte relatif au contrat

pour l'exercice 2001

Prix du contrat	4 500 000 $
Moins: Coûts du contrat engagés au 31 décembre 2001	4 800 000
Perte sur contrat	(300 000)
Moins: Provision pour perte constatée au 31 décembre 2000	200 000
Perte à constater	(100 000)$

Problème 1-16

Montréal, le 10 juin 2002

Aux dirigeants de la société Roy Construction ltée
Roy Construction ltée
270, rue des Écueils
Sherbrooke (Québec) H2H 2J9

Objet: Comparaison entre deux méthodes de constatation des produits

Mesdames, Messieurs,

Voici quelques renseignements au sujet de la méthode de la constatation des produits en fonction de l'avancement des travaux, laquelle pourrait à mon avis vous aider à régler votre problème. En effet, grâce à cette méthode, vous pourrez constater un bénéfice dans tous les exercices couvrant la durée de votre projet de construction en supposant, bien entendu, qu'aucune perte ne survienne.

La méthode de constatation des produits que vous utilisez actuellement, c'est-à-dire la méthode de la constatation en fonction de l'achèvement des travaux, suppose qu'un produit ne se réalise réellement qu'une fois un contrat terminé. Même si les coûts associés au contrat et les montants facturés aux clients sont comptabilisés, la marge brute n'est constatée que dans l'exercice pendant lequel le projet est mené à terme.

À l'inverse, avec la méthode de la constatation en fonction de l'avancement des travaux, on suppose que la marge brute se réalise graduellement, au fur et à mesure que les travaux progressent. Par conséquent, cette méthode cherche à mesurer le degré d'avancement du projet à la fin de chaque exercice (l'emploi de cette méthode est toutefois lié à la supposition que les travaux seront menés à terme).

Quant à l'outil le plus fréquemment utilisé pour mesurer le degré d'avancement des travaux, il s'agit de la méthode fondée sur les coûts engagés, laquelle mesure le pourcentage d'avancement d'un projet sous la forme d'un ratio entre les coûts déjà engagés et l'estimation du total des coûts requis pour l'achèvement du projet. On applique ensuite ce pourcentage au total de la valeur du contrat ou de la marge brute, pour déterminer le produit ou la marge brute à constater pour l'exercice.

Au cours des exercices qui se succèdent le ratio dont il vient d'être question augmente de façon constante, pour culminer lorsque le projet arrive à son terme. (Si l'estimation des coûts nécessaires pour mener le projet à terme change, le dénominateur et le numérateur du ratio devront être ajustés.) Le ratio ayant ainsi augmenté s'applique également au total de la valeur du contrat ou de la marge brute, sauf qu'on soustraira la portion des produits (marge brute) déjà constatée lors des exercices précédents.

Pour vous aider à mieux comprendre les avantages de cette méthode, j'ai calculé le montant de marge brute que vous auriez constaté relativement au contrat de construction de l'immeuble d'habitation que vous avez réalisé dernièrement, si vous aviez utilisé la méthode de l'avancement des travaux. En vous référant au tableau qui suit, vous constaterez qu'en 2000, 2001 et 2002, vous auriez constaté des montants de 80 000 $, 70 000 $ et 60 000 $, respectivement.

En dépit du fait que le montant constaté en 2002 est sensiblement moins élevé que celui que vous constateriez en utilisant la méthode de l'achèvement des travaux, les montants que vous auriez constatés en 2000 et 2001 vous permettent d'inscrire un bénéfice avant l'achèvement du projet. De plus, s'il y a lieu, les principes comptables généralement reconnus privilégient la méthode de la constatation en fonction de l'avancement des travaux par opposition à la méthode de la constatation en fonction de l'achèvement des travaux.

En espérant que ces informations vous seront utiles, je vous prie d'agréer, mesdames, messieurs, mes sentiments les meilleurs.

[signature]

Envoila Ducalcul,
Expert-comptable

Méthode de l'avancement des travaux
Constatation de la marge brute – Échéancier triennal

Marge brute constatée en 2000		
Valeur du contrat		1 000 000 $
Coûts:		
Coûts à ce jour	320 000 $	
Coûts estimatifs d'achèvement	480 000	800 000
Estimation de la marge brute totale		200 000
Pourcentage d'avancement des travaux à ce jour		
(320 000 $ ÷ 800 000 $)		40 %
Marge brute constatée en 2000		80 000 $

Marge brute constatée en 2001

Valeur du contrat		1 000 000 $
Coûts:		
Coûts à ce jour	600 000 $	
Coûts estimatifs d'achèvement	200 000	800 000
Estimation du total de la marge brute		200 000
Pourcentage d'avancement des travaux à ce jour		
(600 000 $/800 000 $)		75 %
Total de la marge brute constatée		150 000
Moins: Marge brute constatée en 2000		(80 000)
Marge brute constatée en 2001		70 000 $

Marge brute constatée en 2002

Valeur du contrat		1 000 000 $
Coûts:		
Coûts à ce jour	790 000 $	
Coûts estimatifs d'achèvement	0	790 000
Estimation du total de la marge brute		210 000
Pourcentage d'avancement des travaux à ce jour		
(790 000 $/790 000 $)		100 %
Total de la marge brute constatée		210 000
Moins: Marge brute constatée en 2000 et en 2001		
(80 000 $ + 70 000 $)		150 000
Marge brute constatée en 2002		60 000 $

Problème 1-17

a) Tableau du calcul de la marge bénéficiaire brute de 2001

	A	B	C	D	E
Profit (perte) estimatif:					
A: (300 000 $ – 315 000 $)	(15 000) $				
B: (350 000 $ – 339 000 $)		11 000 $			
C: (280 000 $ – 186 000 $)			94 000 $		
D: (200 000 $ – 210 000 $)				(10 000) $	
E: (240 000 $ – 200 000 $)					40 000 $
Pourcentage d'achèvement:					
A: sans objet	–				
B: (67 800 $ ÷ 339 000 $)		20 %			
C: (186 000 $ ÷ 186 000 $)			100 %		
D: sans objet				–	
E: (185 000 $ ÷ 200 000 $)					92,5 %
Marge bénéficiaire brute (perte) constatée	(15 000) $	2 200 $	94 000 $	(10 000) $	37 000 $

Tableau du calcul des coûts non facturés et du bénéfice constaté ainsi que de l'excédent des montants facturés
sur les coûts engagés et le bénéfice constaté

	Coûts et profits (pertes) estimatifs	Montants facturés correspondants	Excédent des coûts et des profits estimatifs sur les montants facturés	Excédent des montants facturés sur les coûts et les profits estimatifs
A	233 000$[a]	200 000 $	38 000 $	0
B	70 000 [b]	110 000	0	40 000 $
D	113 000 [c]	35 000	78 000	0
E	222 000 [d]	205 000	17 000	0
	638 000 $	550 000 $	128 000 $	40 000 $

a. 248 000 $ − 15 000 $
b. 67 800 $ + 2 200 $
c. 123 000 $ − 10 000 $
d. 185 000 $ + 37 000 $

b)

Produits de contrats à long terme		925 333$[a]
Coûts de construction (248 000 $ +67 800 $ + 186 000 $ + 123 000 $ + 185 000 $)		809 800
Marge bénéficiaire brute		115 533 $

a. A: 300 000 $ × (248 000 $ ÷ 315 000 $)   =   236 190 $
   B: 350 000 $ × (67 800 $ ÷ 339 000 $)   =   70 000
   C: 280 000 $ × (186 000 $ ÷ 186 000 $)   =   280 000
   D: 200 000 $ × (123 000 $ ÷ 210 000 $)   =   117 143
   E: 240 000 $ × (185 000 $ ÷ 200 000 $)   =   222 000
   Produit total constaté   925 333 $

Collin ltée
Bilan (partiel)

Actif à court terme:		
Clients (830 000 $ − 765 000 $)		65 000 $
Stock		
Construction en cours	568 000$[a]	
Moins: Montants facturés	440 000 [b]	
Excédent des coûts engagés et des bénéfices constatés sur les montants facturés (projets A, D et E)		128 000 $
Passif à court terme:		
Excédent des montants facturés (110 000 $) sur les coûts engagés et le bénéfice constaté (70 000 $) (projet B)		40 000 $

	Coûts	Profit (perte)	[a] Construction en cours	[b] Montants facturés
A	248 000 $	(15 000) $	233 000 $	200 000 $
D	123 000	(10 000)	113 000	35 000 $
E	185 000	37 000	222 000	205 000
Total	556 000 $	12 000 $	568 000 $	440 000 $

c) Tableau du calcul de la marge bénéficiaire brute de 2001

	A	B	C	D	E
Profit (perte) estimatif:					
A: (300 000 $ – 315 000 $)	(15 000) $				
B: Non achevé		–			
C: (280 000 $ – 186 000 $)			94 000 $		
D: (200 000 $ – 210 000 $)				(10 000) $	
E: Non achevé					=
	(15 000) $	=	94 000 $	(10 000) $	=

Tableau du calcul des coûts non facturés et du bénéfice constaté ainsi que de l'excédent des montants facturés sur les coûts engagés et le bénéfice constaté

	Coûts et profits (pertes) estimatifs	Montants facturés correspondants	Excédent des coûts et des profits estimatifs sur les montants facturés	Excédent des montants facturés sur les coûts et les profits estimatifs
A	233 000 $[a]	200 000 $	33 000 $	
B	67 800	110 000		42 200 $
D	113 000 [b]	35 000	78 000	
E	185 000	205 000		20 000
	598 800 $	550 000 $	111 000 $	62 200 $

a. 248 000 $ – 15 000 $
b. 123 000 $ – 10 000 $

d) L'avantage principal de la méthode de l'achèvement des travaux réside dans le fait que les produits sont reportés au moment où les travaux sont terminés et qu'ils ne font l'objet d'aucune estimation au cours de la période de construction. Cependant, lorsque les contrats de construction s'étalent sur plus d'un exercice financier, la constatation des produits s'en trouve déformée, ce qui constitue l'inconvénient majeur lié à l'utilisation de cette méthode. Par exemple, pour ce qui est de la situation qui nous occupe, la société de construction Collin ltée constaterait 39 200 $ de moins de marge bénéficiaire brute en utilisant la méthode de l'achèvement des travaux plutôt que la méthode de l'avancement des travaux. Cette différence existe parce que seul le projet C était achevé à la fin de l'exercice 2001 et qu'il s'agissait du seul projet pour lequel Collin ltée pouvait constater des produits et une marge bénéficiaire. Ainsi, même si une partie des travaux des projets B et E était terminée, aucun produit et aucune marge bénéficiaire brute ne seraient constatés avant que ces projets soient complètement terminés.

En revanche, la méthode de l'avancement des travaux permet de constater les produits et les marges bénéficiaires avant que les travaux ne soient terminés. Si Collin ltée peut déterminer avec certitude le degré d'avancement des travaux et qu'elle satisfait aux autres conditions d'application de cette méthode, elle peut alors constater les produits et les marges bénéficiaires brutes au fur et à mesure que progressent les travaux de construction. L'utilisation de cette méthode fournit aux lecteurs d'états financiers une image plus réaliste des résultats des opérations de l'entreprise; cependant, certains problèmes peuvent survenir si les estimations du degré d'achèvement des travaux sont peu fiables et erronées. Si les révisions d'estimations ou encore si les coûts de construction dépassent les prévisions, et que celles-ci font en sorte qu'un projet entraînerait une perte, l'entreprise devrait alors sortir de son bilan la marge bénéficiaire brute constatée antérieurement pour ce projet. Ainsi, il est possible que les états financiers présentent une bonne situation pour une année donnée, et qu'au cours de l'année suivante, elle le soit moins.

Le résultat final sera le même que l'on utilise l'une ou l'autre de ces méthodes, et la différence tiendra seulement au moment de la constatation. En conséquence, si une entreprise peut déterminer avec assez d'exactitude le degré d'avancement des travaux au fur et à mesure qu'ils progressent et qu'elle satisfait aux conditions requises, il est préférable qu'elle utilise la méthode de l'avancement des travaux. Dans tous les autres cas, il serait préférable d'avoir recours à la méthode de l'achèvement des travaux.

*Problème 1-18

a)

Caisse	30 000	
Effets à recevoir	60 000	
Droit d'entrée de franchisage reporté		74 102[a]
Produits financiers reportés		15 898

a Selon la table 2, la valeur actualisée de l'effet est de 44 102 $ (60 000 $ × 0,73503) et les 15 898 $ de produits financiers seront amortis au rythme de 3 975 $ par année pendant 4 ans.

b)

Caisse	20 000	
Redevances périodiques de franchisage		10 000
Ventes de marchandises au franchisé		10 000
Frais d'exploitation de franchises	5 000	
Caisse (ou Fournisseurs)		5 000
Coût des marchandises vendues au franchisé	7 000	
Stock		7 000

c)

Produits financiers reportés	3 975	
Produits d'intérêts		3 975
Produits financiers reportés (15 898 $ – 3 975 $)	11 923	
Droit d'entrée de franchisage reporté	74 102	
Placement dans un établissement d'un franchisé	53 975	
Effets à recevoir		60 000
Caisse		80 000

*Problème 1-19

a) Caisse (40 % × 20 000 $)   8 000
    Effets à recevoir   12 000
        Redevances de franchisage   15 000
        Droit d'entrée de franchisage reporté
        (10 000 $ × 50 %)   5 000

b) Caisse   7 000
        Redevances périodiques de franchisage   6 300
        Droit d'entrée de franchisage reporté   700

    Frais d'exploitation de franchises (3 000 $ + 700 $)   3 700
        Caisse (ou Fournisseurs)   3 700

    Droit d'entrée de franchisage reporté   700
        Redevances périodiques de franchisage   700

c) Caisse (12 000 $ × 0,12)   1 440
        Produits d'intérêts   1 440

d) Mêmes écritures qu'en b).

e) Même écriture qu'en c).

f) Caisse   12 000
        Effets à recevoir   12 000

    Caisse   5 000
    Droit d'entrée de franchisage reporté   5 000
        Matériel   10 000
        (Coût prévu pour le franchiseur)

DURÉES ET OBJECTIFS DES ÉTUDES DE CAS

Étude de cas 1-1 (20-30 minutes)

Objectif – Présenter à l'étudiant une situation qui requiert l'examen et l'application des éléments de trois méthodes de constatation des produits concernant le bénéfice et son processus de réalisation. Ces trois situations exigent le calcul des produits à constater.

Étude de cas 1-2 (35-45 minutes)

Objectif – Permettre à l'étudiant de comprendre les mérites théoriques de la constatation des produits à la date de la vente. On lui demande d'expliquer et de justifier les raisons qui font que l'on utilise habituellement la date de la vente comme point de constatation des produits. On lui demande aussi de donner des exemples de situations où le produit est constaté au cours de la production ou de l'exécution, et en fonction des encaissements. Il doit également exposer les arguments comptables favorisant l'application de ces différentes méthodes de constatation des produits.

Étude de cas 1-3 (25-30 minutes)

Objectif – Permettre à l'étudiant de comprendre les notions théoriques sous-jacentes à la constatation des produits. On lui demande d'expliquer et de justifier pourquoi un produit est souvent constaté comme étant réalisé à la date de la vente, dans quelles situations il convient de constater le produit au cours du processus de production, ainsi que les autres moments où il peut être approprié de constater un produit.

Étude de cas 1-4 (30-35 minutes)

Objectif – Permettre à l'étudiant de comprendre et d'expliquer les facteurs à considérer dans la détermination du moment où il faut constater les produits. En outre, on lui demande d'appliquer ces facteurs à différentes possibilités comptables qu'une société doit envisager pour constater ses produits et les charges correspondantes.

Étude de cas 1-5 (35-45 minutes)

Objectif – Présenter à l'étudiant un cas en fonction duquel il lui faut expliquer comment un éditeur de magazine doit constater ses produits. En raison de données telles un taux d'annulation élevé, soit 25 %, et une prime offerte aux abonnés, ce cas est complexe. L'étudiant doit envisager l'incidence de ces éléments sur les ratios à court terme.

Étude de cas 1-6 (20-25 minutes)

Objectif – Donner à l'étudiant l'occasion d'expliquer la justification théorique liée à l'application de la méthode de l'avancement des travaux. Il doit expliquer de quelle façon il faut comptabiliser la facturation en cours et constater le bénéfice du deuxième exercice relatif à un contrat pour lequel on utilise la méthode de l'avancement des travaux. En outre, il doit indiquer quelle sera l'incidence d'un contrat de quatre ans sur le bénéfice par action dans le deuxième exercice, si on applique la méthode de l'avancement des travaux plutôt que la méthode de l'achèvement des travaux.

Étude de cas 1-7 (30-40 minutes)

Objectif – Présenter à l'étudiant un cas relatif à un développement immobilier pour lequel la constatation des produits requiert un sens de l'analyse et l'exercice du jugement professionnel. L'opération de base a trait à la vente de terrains en bordure d'un lac. Cette étude de cas a pour objectif de susciter la discussion sur des questions qui relèvent du jugement professionnel.

*Étude de cas 1-8 (35-45 minutes)

Objectif – Permettre à l'étudiant de comprendre le traitement comptable qui s'applique aux opérations de franchisage. On lui demande d'analyser les choix qui s'offrent à un franchiseur pour comptabiliser le droit d'entrée de franchisage, de les évaluer selon les principes comptables généralement reconnus applicables à cette situation et de présenter des exemples d'écritures à passer dans chaque cas. On lui demande également d'appliquer les notions exposées à la détermination du moment où le produit devrait être constaté en raison de la nature du contrat de franchisage conclu avec les franchisés.

Étude de cas 1-9 (20-30 minutes)

Objectif – Présenter à l'étudiant une situation qui requiert l'examen et l'application des aspects concernant l'exécution et la réalisation du principe de la constatation des produits. Cette étude de cas concerne le travail qu'effectue un cabinet d'avocats et traite de la génération de ses produits ainsi que de ses méthodes de facturation et de perception des honoraires.

SOLUTIONS DES ÉTUDES DE CAS

Étude de cas 1-1

a) Voici une définition et une description des trois méthodes de constatation des produits en question. On indique également si chaque méthode est conforme aux principes comptables généralement reconnus (PCGR):

1. La méthode de la constatation à l'achèvement des travaux permet de constater des produits une fois la production terminée, et ce même si aucune vente n'a encore été conclue. Voici les circonstances qui justifient la constatation des produits à ce moment:

   - La marchandise est écoulée dans un marché selon un prix de vente raisonnablement assuré;

   - Les frais de vente et de distribution du produit sont peu importants, et il est possible de les estimer avec une fiabilité raisonnable;

   - La production, et non la vente, constitue l'événement le plus important du processus de réalisation des produits.

   Cette méthode est conforme aux PCGR; toutefois, elle constitue une exception par rapport aux règles usuelles de constatation des produits.

2. On utilise la méthode de la constatation en fonction de l'avancement des travaux pour les projets à long terme, lorsque les conditions suivantes sont réunies:

   - Le prix prévu au contrat est ferme, et il existe une forte probabilité de recouvrement;

   - Les coûts peuvent être estimés de manière raisonnablement fiable;

   - Il existe un moyen d'évaluer raisonnablement le degré d'avancement du projet.

   On constate la marge brute en fonction de l'avancement des travaux. Habituellement, on mesure l'avancement des travaux sous la forme d'un pourcentage des coûts réels déjà engagés par rapport à l'estimation du total des coûts, ou à l'aide d'une autre méthode permettant d'estimer de manière raisonnable la progression des travaux.

   Cette méthode est conforme aux PCGR relativement aux projets à long terme lorsque les estimations sont fiables.

3. La méthode de la constatation en fonction des encaissements permet de constater des produits lors du recouvrement de caisse plutôt qu'à la date de la vente. Or, même si cette méthode accroît la probabilité de recouvrement de la créance, l'Accounting Principles Board a conclu dans l'*APB Opinion No. 10* que son utilisation s'avère dans la plupart des cas inacceptable. L'APB reconnaît toutefois l'existence de certains cas exceptionnels où les comptes clients sont recouvrables sur une longue période de temps et où il n'existe aucun moyen raisonnable d'estimer le degré de recouvrement, vu les termes du contrat ou la présence de toute autre condition. Si de telles circonstances existent, et tant qu'elles subsistent, on peut utiliser la méthode de la constatation en fonction des encaissements ou la méthode de la constatation en fonction du recouvrement des coûts.

b) Voici, pour chacune des trois entreprises, les calculs des produits à constater pour l'exercice se terminant le 30 novembre 2001:

1. Mines Fermont inc. constatera à titre de produit et à leur valeur de marché les métaux extraits en cours d'exercice.

Argent	750 000 $
Or	1 300 000
Platine	490 000
Total produits	2 540 000 $

2. Publication Matinale inc. constatera des produits de 6 400 000 $, calculés de la façon suivante:

Ventes lors de l'exercice 2001	8 000 000 $
Moins: Estimation des retours de marchandises	1 600 000
Ventes nettes – Produits à constater lors de l'exercice 2001	6 400 000 $

Même si les distributeurs de livres peuvent retourner des marchandises jusqu'à concurrence de 30 % des ventes, les données antérieures indiquent que l'estimation des retours s'élève, en moyenne, à 20 % des ventes. Le recouvrement des ventes de l'exercice 2000 n'a aucun effet sur la constatation des ventes de l'exercice 2001. Le taux de retour de marchandises de 21 % sur les premiers 4 800 000 $ de ventes de l'exercice 2001 confirme qu'un taux de retour de 20 % représente une estimation raisonnable.

3. La société Alarmes Abitibi inc. constatera des produits de 5 000 000 $. Les produits à constater représentent la valeur des marchandises ayant été facturées et expédiées lorsqu'on applique la méthode constatation des produits à la date de la vente (dont les termes sont FAB point d'expédition).

Étude de cas 1-2

a) La date de la vente (à la livraison) constitue la date la plus couramment utilisée pour la constatation des produits parce que, dans la plupart des cas, elle fournit le degré de preuve objective dont les experts-comptables ont besoin pour mesurer le bénéfice périodique d'une entreprise de façon fiable. En d'autres mots, les opérations de vente à des tiers correspondent au moment du processus de réalisation du profit où la plus grande part de l'incertitude entourant le résultat final des activités d'une entreprise a disparu.

C'est également à la date de la vente que, la plupart du temps, on connaît pratiquement tous les coûts à assumer pour générer un produit, et il devient donc possible de rapprocher à ce moment les coûts des produits pour établir un état fiable des efforts que fournit une entreprise et des résultats découlant de ces efforts pour l'exercice. Toute tentative visant à mesurer le bénéfice avant la date de la vente introduirait, dans la majorité des cas, bien plus de subjectivité dans la présentation de l'information financière que ce que les experts-comptables sont prêts à tolérer.

b) 1. Quoiqu'on s'accorde pour reconnaître que le produit est réalisé tout au long du processus de production, il n'est généralement pas possible de le mesurer en fonction des activités de production. Cela n'est pas possible dans la mesure où on manque de critères adéquats pour déterminer de façon cohérente et objective le montant de produit périodique à constater.

Ainsi, dans la plupart des cas, la vente constitue l'étape la plus importante du processus de génération du profit. Avant la vente, le montant de produits que l'on prévoit générer à partir du processus de production constitue un produit purement prospectif; il doit être réalisé par la suite par une vente réelle. L'accumulation des coûts au cours de la production ne génère pas à elle seule un produit. Les produits se réalisent plutôt grâce à l'ensemble du processus, lequel inclut la vente.

Donc, en règle générale, il est impossible de considérer que la constatation des produits à la date de la vente est une mesure trop prudente. À l'exception de situations inhabituelles, c'est plutôt la constatation des produits avant la date de la vente, c'est-à-dire par anticipation, à un moment où le montant constaté ne peut être vérifié, qui s'avérerait une pratique imprudente.

2. Si on soutient que la constatation à la date de la vente n'est pas une mesure suffisamment prudente du fait que les comptes clients ne représentent pas des liquidités, il faut supposer que le recouvrement de ceux-ci constitue l'étape décisive du processus de génération du profit et de la mesure du bénéfice, et, par conséquent, que le bénéfice net est fonction des encaissements effectués au cours de l'exercice. Cette hypothèse ne tient pas compte du fait que la vente représente habituellement le facteur décisif du processus de génération du profit et lui substitue ainsi la fonction administrative de gestion et de recouvrement des comptes clients, considérant alors cette opération comme la plus importante. En fait, il faut considérer l'investissement de fonds dans les comptes clients comme une politique destinée à faire augmenter les produits totaux, qui sont constatés avec raison au moment de la vente; d'autre part, les

coûts de gestion des comptes clients (soit les créances douteuses et les frais de recouvrement) devraient être rapprochés des ventes dans l'exercice correspondant.

Le fait que certains ajustements des produits (comme les rendus sur ventes) et certaines charges (par exemple, les créances douteuses et les frais de recouvrement) puissent se produire et apparaître au cours d'exercices subséquents ne vient pas contredire l'utilité générale de la date de la vente comme moment clé de la constatation des produits. On peut estimer ces deux éléments avec suffisamment de précision pour qu'ils ne viennent pas infirmer la fiabilité du bénéfice net présenté.

Ainsi, dans la grande majorité des cas où l'on applique la date de la vente comme base de constatation des produits, les erreurs d'estimations, quoiqu'inévitables, seront trop peu importantes pour justifier le report de la constatation des produits à une date ultérieure.

c) 1. **Constatation au cours de la production.** Les entreprises dont la principale source de produits découle de contrats de construction à long terme utilisent fréquemment cette méthode de constatation. Pour ces entreprises, le moment de la vente est moins important dans l'ensemble du processus de réalisation du profit que les activités de production, du fait que la vente est certaine en vertu des clauses du contrat (à l'exception, évidemment, des cas où la réalisation n'est pas substantiellement conforme à celles-ci).

Si on reporte la constatation du produit à l'achèvement du projet de construction à long terme, l'utilité des états financiers annuels risque d'en être sérieusement touchée, étant donné que le volume des contrats achevés au cours d'un exercice n'est probablement pas lié au volume de la production. Dans chaque exercice au cours duquel un contrat de construction est en voie d'exécution, il convient donc de constater une partie du prix du contrat en tant que produit de l'exercice. La fraction du prix du contrat à constater sera proportionnelle à l'avancement des travaux au cours de l'exercice.

Pour certains produits dont la vente est raisonnablement certaine à un prix déterminé, comme c'est le cas pour les métaux précieux ou les produits agricoles, on pourrait théoriquement constater le produit à la fin de la production (toutefois, selon les nouvelles normes du chapitre 3400 du *Manuel de l'ICCA*, il n'est plus possible de constater le produit à ce moment, puisqu'il n'y a pas encore eu transfert des risques et avantages liés à la propriété du bien).

2. Constatation en fonction des encaissements. On applique de façon courante cette méthode de constatation aux contrats de vente à tempérament. Même si cette méthode s'écarte de la méthode de la constatation à la date de la vente, son utilisation se justifie dans la mesure où il y a absence d'une base raisonnable et objective permettant d'estimer le montant des frais (créances irrécouvrables, frais de recouvrement) qui seront engagés pour recouvrer les créances au cours des exercices ultérieurs. Si on peut estimer ces frais avec suffisamment de précision, il faut alors appliquer la méthode de la constatation à la date de la vente.

Étude de cas 1-3

a) La plupart des entreprises commerciales vendent des produits finis et constatent ceux-ci à la date de la vente. Cette date est souvent désignée comme le moment où le vendeur transfère le titre de propriété à l'acheteur. À la date de la vente, une opération entre personnes non apparentées a lieu et permet de mesurer le montant de produit à constater. La théorie comptable étant fortement axée sur l'objectivité de la mesure, il est logique que les entreprises utilisent la date de la vente comme moment de la constatation de leurs produits, particulièrement lorsqu'il s'agit d'entreprises commerciales.

La constatation du produit à la date de la vente présente également d'autres avantages, parmi lesquels on peut mentionner les suivants:

1. Il s'agit d'un fait tangible (contrairement à la notion d'accroissement de valeur).

2. Le vendeur a rempli sa part du contrat, c'est-à-dire qu'il a réalisé le produit lors du transfert du titre de propriété au moment de la livraison des marchandises.

3. La réalisation est acquise, en ce sens que l'entreprise a reçu de la trésorerie ou des équivalents de trésorerie; on est en droit de soutenir que le produit n'est pas réalisé tant que l'on a pas reçu de trésorerie ou le droit de recevoir de la trésorerie.

4.   Les coûts pour le vendeur ont été assumés, ce qui permet de mesurer le bénéfice net.

b)   Pour les opérations de prestation de services, on constate généralement le produit sur la base de l'exécution du service convenu avec le vendeur. On considère qu'il y a exécution du service lorsque l'acte ou les actes prévus ont été accomplis. Les entreprises de prestation de services choisissent la méthode qui convient le mieux à leurs activités parmi les méthodes suivantes: 1) la méthode de la constatation à l'exécution du service, 2) la méthode de la constatation à l'achèvement des travaux, 3) la méthode de la constatation en fonction de l'avancement des travaux et 4) la méthode de la constatation en fonction des encaissements. Le choix s'effectue en fonction du type de services fournis et du degré de certitude relative à la mesure de la contrepartie à recevoir.

Dans certaines entreprises autres que des entreprises de prestation de services, il est possible de constater les produits au cours du processus de production plutôt qu'à la fin de celui-ci (comme c'est le cas pour la constatation à la date de la vente). C'est ce qui se produit pour les contrats de construction à long terme, auxquels on applique la méthode de l'avancement des travaux. Selon cette méthode, on estime les produits sur la base du degré d'achèvement des travaux à une date donnée et on les constate comme réalisés dans l'exercice au cours duquel l'activité de production a eu lieu.

De façon similaire, la même situation se présente lorsqu'on se base sur la notion d'accroissement de valeur pour constater les produits. On constate ceux-ci lorsque des biens ont augmenté de valeur en raison de leur croissance ou d'un processus de maturation. D'un point de vue économique, l'augmentation de valeur d'un stock donne lieu à un profit.

La constatation d'un produit en raison de l'augmentation de valeur n'est pas le résultat d'opérations inscrites, mais se réalise par comparaison avec différentes valeurs du stock. On trouve des exemples d'application de la notion d'accroissement de valeur dans les entreprises qui se consacrent à la maturation de certaines liqueurs et de certains vins, à l'arboriculture ou à l'élevage du bétail.

c)   Il y a des cas où les produits sont constatés lorsque l'activité de production est achevée ou après la date de la vente. La constatation des produits à l'achèvement de la production ne se justifie que lorsque certaines conditions sont réunies. Celles-ci supposent qu'il existe un marché relativement stable pour le produit, que les frais de commercialisation sont minimes et que les unités vendues sont homogènes. Il est rare que ces trois conditions soient réunies, sauf pour certains métaux précieux ou pour certains produits agricoles. Pour ces cas-là, jusqu'à l'adoption du chapitre 3400 du *Manuel de l'ICCA* en 1986, on considérait qu'il convenait de constater les produits à l'achèvement du processus de production. Toutefois, cette méthode ne semble plus acceptable selon les nouvelles normes: en effet, un produit ne peut plus être constaté s'il n'y a pas transfert des risques et avantages liés à la propriété du bien.

Dans quelques rares cas, il pourrait se révéler nécessaire de reporter la constatation du produit après la date de la vente. Il faudrait être en présence de circonstances inhabituelles pour que l'on reporte la constatation du produit au-delà de la date de la vente, puisqu'il est souhaitable de constater le produit dès que possible à l'intérieur du processus de production. Le fait d'entretenir un doute important quant à la possibilité ultime de recouvrer une créance résultant d'une vente pourrait justifier le report de la constatation des produits après la date de la vente.

Étude de cas 1-4

a)   Le bénéfice résulte de l'activité économique par laquelle une entité fournit des biens ou des services à une autre entité. Pour que l'on puisse constater un produit, il faut que le processus de réalisation soit substantiellement achevé et qu'il se soit produit une modification de l'actif net qui puisse être mesurée objectivement. Cela suppose normalement une opération d'échange avec un tiers indépendant de l'entreprise. On peut déterminer l'existence de l'opération ainsi que les conditions de celle-ci en fonction des lois, des pratiques commerciales établies ou des clauses du contrat.

Voici les faits qui donnent lieu à la constatation des produits: la réalisation d'une vente, la prestation d'un service, ou l'avancement des travaux de construction dans le cas d'un contrat à long terme, telle la construction d'un navire. Le temps écoulé peut aussi constituer le facteur permettant d'établir la constatation de produits, pour des intérêts ou des loyers par exemple.

En pratique, il faut que la mesure du montant de produit puisse se faire avec suffisamment de certitude. On peut éprouver des difficultés à estimer le degré d'avancement des travaux d'un contrat, la valeur de réalisation nette d'une créance ou la valeur du bien non monétaire reçu en contrepartie. Dans certains cas, même lorsque le produit est facilement mesurable, il se peut qu'il soit impossible d'effectuer une estimation raisonnable des charges correspondantes (si l'exécution du travail ou la production du bien n'est pas achevée). Dans ces circonstances, il faut reporter la constatation du produit jusqu'à ce qu'on puisse opérer un rapprochement adéquat des produits et des charges.

b) La société Timbres Roses ltée est une entreprise qui, avec ses timbres-prime, encaisse des produits bien avant qu'elle ait à fournir les marchandises. En outre, puisque les données de cette étude de cas indiquent qu'environ 5 % des timbres-prime ne seront jamais présentés pour échange, elle réalise également un profit sur les timbres non échangés. Conséquemment, il est possible de constater les produits de Timbres Roses ltée selon trois possibilités.

Premièrement, on pourrait constater le produit en entier au moment où les timbres sont vendus, en fonction des ventes ou des encaissements, si tous les timbres-prime sont vendus au comptant. Deuxièmement, on pourrait considérer que les encaissements reçus au moment de la vente des timbres-prime constituent une avance reçue des clients (que l'on appelle parfois produits reportés ou reçus d'avance), jusqu'à ce que les timbres soient présentés pour échange contre les marchandises offertes en prime; à ce moment, on constaterait tous les produits, y compris ceux provenant des timbres non échangés. Troisièmement, on pourrait constater une fraction des produits à la date à laquelle les timbres sont vendus et constater le solde au moment où les timbres sont échangés. Cette solution serait particulièrement appropriée pour environ 5 % du montant du produit correspondant aux timbres-prime qui ne seront jamais échangés. On pourrait également modifier cette solution de façon à constater le produit des timbres qui ne seront jamais présentés en fonction du temps écoulé et non pas en fonction de la date à laquelle ils sont vendus.

D'autre part, il faut rapprocher de ces produits les charges principales, soit les coûts des marchandises offertes en prime. Si on constate la totalité des produits au moment où les timbres sont vendus, il faut inscrire dans un compte de passif le coût des marchandises qui seront distribuées en prime. Dans ce cas, lorsque les timbres sont échangés et que les primes sont distribuées, il faut imputer le coût des primes au compte de passif. En revanche, si on considère la vente des timbres comme une avance reçue des clients, il faut constater un produit reporté, et, au moment de l'échange des timbres, on rapprochera des produits le coût des marchandises offertes en prime.

En fonction de la troisième solution, on constatera à la date de la vente des timbres une fraction déterminée d'avance, soit, au minimum, les produits des timbres qui ne seront jamais échangés, mais on reportera au moment de l'échange la constatation de la charge relative aux marchandises offertes en prime.

Pour déterminer le bénéfice, il est important de pouvoir effectuer des estimations raisonnables. Selon la première solution, il est nécessaire d'estimer les coûts futurs des primes bien avant qu'elles soient distribuées. Selon les deuxième et troisième solutions, il faut estimer la fraction du produit qui a été réalisée en fonction des coûts qui ont déjà été engagés pour les primes. On a pratiquement la certitude que les timbres-prime ne seront pas tous présentés pour échange. Le nombre de timbres nécessaires pour remplir un livret, le type de clients qui reçoivent les timbres ainsi que la facilité d'échange des carnets de timbres contre les primes constituent des facteurs qui se répercuteront sur la proportion des timbres qui seront réellement échangés au regard du nombre potentiellement échangeable. La différence entre l'estimation initiale de 5 % et la proportion réelle de timbres non échangés vient modifier le passif à constater au titre de l'échange des timbres émis, dans le cas de la première solution; si on adopte la deuxième ou la troisième solution, c'est le pourcentage de virement du compte Avances reçues des clients vers le compte Produits qui sera touché.

Il y aura d'autres charges que celles relatives aux coûts des primes offertes, mais elles seront relativement minimes après la période initiale de promotion. Il faut les comptabiliser selon les principes qui régissent habituellement la comptabilité d'exercice. Autrement dit, les catalogues de primes imprimés mais non encore distribués seront considérés comme des charges payées d'avance; les salaires et les charges sociales seront passés en charges au moment où ils seront versés; l'amortissement, les impôts et les charges semblables seront constatés de la manière habituelle.

c)   Pour les trois possibilités dont il vient d'être question, le compte d'actif principal à présenter dans le bilan de Timbres Roses ltée (en fonction des données que fournit la question) s'intitulera Stock de primes. On pourrait trouver également un autre élément de stock, dont la valeur sera sans doute minime, soit le coût d'impression des timbres-prime qui sont détenus avant leur vente aux détaillants. Pour la première des trois possibilités, le compte principal de passif en sera un de passif estimatif pour le coût d'échange des timbres, tandis que, pour les deuxième et troisième possibilités, on aura plutôt un compte Avances reçues des clients (Produit reporté). Vu la nature de l'opération, le ou les comptes Stock devraient être présentés dans l'actif à court terme, tout comme le passif correspondant.

Étude de cas 1-5

a)   Il convient de constater les produits au fur et à mesure que la revue est expédiée. Donc, lors de la publication mensuelle de la revue, on réduit le compte Produits non réalisés (débit) et on constate un produit (crédit). Le privilège de remboursement inconditionnel constitue toutefois un problème. Certaines entreprises connaissent un pourcentage tellement élevé de rendus qu'elles estiment nécessaire de reporter la constatation du produit jusqu'à ce que le privilège de remboursement soit pratiquement expiré. *Culturisme* prévoit un taux de retour de marchandises de 25 %, qui n'expirera qu'à la fin des nouveaux abonnements souscrits. Or, le chapitre 3400 du *Manuel de l'ICCA* recommande que la constatation des produits soit reportée s'il subsiste des incertitudes importantes. Celles-ci peuvent résulter de la possibilité de retours importants et imprévus. On peut trouver dans les normes du FASB des directives utiles pour établir s'il faut ou non constater un produit lorsqu'il y a possibilité de retour du produit vendu. D'autre part, le FASB a établi, dans le *Statement No. 48*, intitulé «Revenue Recognition When Right to Return Exists», que le produit de la vente ne doit être constaté à la livraison que si chacune des six conditions suivantes est remplie:

1.   À la date de la vente, la contrepartie peut être déterminée avec une précision raisonnable.

2.   L'acheteur a payé le vendeur, ou l'acheteur s'engage à payer le vendeur, et l'obligation n'est pas subordonnée à la revente de la marchandise.

3.   L'obligation de l'acheteur à l'égard du vendeur ne sera pas substantiellement modifiée dans l'éventualité d'un vol, de la destruction de la marchandise ou de dommages que celle-ci pourrait subir.

4.   L'acheteur qui acquiert la marchandise en vue de sa revente constitue une entité économique indépendante de celle du vendeur.

5.   Le vendeur ne conserve pas d'obligations futures importantes l'engageant directement dans la revente du produit par l'acheteur.

6.   Il est possible d'estimer raisonnablement les quantités susceptibles d'être retournées à l'entreprise.

Culturisme satisfait à chacune de ces conditions. Par conséquent, il lui faut constater le produit lors de la distribution mensuelle de la revue.

b)   Il faut mentionner l'estimation des retours de marchandises au moment de la constatation des produits. Puisque *Culturisme* prévoit 25 % de rendus, lorsqu'elle constatera les produits à chaque distribution mensuelle de la revue, il lui faudra constater pour les rendus et rabais une somme égale à un quart des produits, comme suit:

Rendus et rabais sur ventes   XXX

    Provision pour les rendus sur ventes   XXX

Cette écriture s'avère nécessaire parce que le principe de rapprochement des produits et des charges requiert que les rendus prévus soient constatés au même moment que les produits. Le compte intitulé Rendus et rabais sur ventes est un compte de contrepartie des ventes. Le classement du compte Provision soulève toutefois des difficultés. Dans le cas où les abonnés ont payé comptant, le compte Provision ne peut être un compte de contrepartie. Toutefois, est-il raisonnable de le présenter dans le passif? Selon le chapitre 1000 du *Manuel de l'ICCA*, un passif résulte d'une opération passée, exige le virement ou l'utilisation de trésorerie, et doit être déterminable. La provision pour rendus sur ventes présente les caractéristiques d'un passif, telles que nous venons de le dire, et peut donc être inscrite en tant que passif.

c)   Puisque l'atlas offert en prime doit être distribué sur demande, *Culturisme* devra inscrire une obligation à titre de réclamations prévues de l'atlas offert en prime. Selon le chapitre 3290 du *Manuel de l'ICCA*, l'obligation estimative relative aux atlas offerts en prime constitue un passif éventuel qui doit être présenté puisqu'il peut faire l'objet d'une estimation raisonnable – il est prévu que 60 % des nouveaux abonnés le réclament (coût de l'atlas: 2 $) – et qu'il est probable que ces atlas seront réclamés. Aussi, lors de la souscription à un nouvel abonnement, *Culturisme* doit inscrire comme suit son obligation estimative:

Charge de primes	XXX	
Obligation estimative liée aux primes en circulation		XXX

Lors de la réclamation d'un atlas et du versement de 2 $ qu'effectue le nouvel abonné, *Culturisme* passera l'écriture suivante:

Caisse	XXX	
Obligation estimative liée aux primes en circulation	XXX	
Stock de primes		XXX

d)   Le ratio du fonds de roulement (actif à court terme ÷ passif à court terme) sera modifié, mais pas comme le pense Paul Lafontaine. Lorsque l'entreprise reçoit de nouveaux abonnements, l'actif à court terme augmente (Caisse ou comptes Clients), et le passif à court terme s'accroît du même montant (Produits reçus d'avance). De plus, le passif relatif aux primes en circulation et la provision pour les rendus sur ventes augmenteront sans qu'il y ait une modification de l'actif à court terme. Par conséquent, au lieu d'augmenter comme cela avait été prévu, le ratio du fonds de roulement diminuera et le ratio d'endettement augmentera (du moins à court terme). Naturellement, lorsque le produit sera réalisé, ces ratios deviendront plus favorables.

Étude de cas 1-6

a)   La société Duraplan ltée doit appliquer la méthode de l'avancement des travaux parce que son droit de tirer avantage du produit est établi et que le recouvrement de la contrepartie est raisonnablement assuré. En outre, l'utilisation de la méthode de l'avancement des travaux permet d'éviter les erreurs potentielles relatives au chiffre du bénéfice présenté d'un exercice à l'autre et procure un meilleur rapprochement des produits et des charges.

b)   Il faut comptabiliser les factures en cours en augmentant les comptes Clients et Construction en cours facturée (Montants facturés sur construction en cours), un compte de contrepartie du compte Coûts de construction. Si le compte Coûts de construction excède le compte Montants facturés sur construction en cours, on présente le solde net de ces deux comptes dans l'actif à court terme du bilan. Si le compte Montants facturés sur construction en cours excède le compte Coûts de construction, on présentera le solde net des deux comptes, dans la plupart des cas, dans le passif à court terme du bilan. (Note: on peut également présenter les sommes se rapportant aux deux comptes ainsi que le solde net).

c)   Si on utilisait la méthode des coûts engagés pour déterminer le degré d'avancement des travaux, il faudrait constater comme suit le bénéfice du deuxième exercice relatif à ce contrat de 4 ans:

1.   On établirait le bénéfice total du contrat en déduisant l'estimation du coût total du contrat (les coûts réels engagés à ce jour plus les coûts estimatifs d'achèvement) du prix du contrat.

2.   On diviserait les coûts réels engagés à ce jour par l'estimation du coût total du contrat pour obtenir le degré d'achèvement des travaux. On multiplierait le résultat par l'estimation du bénéfice total sur le contrat pour en arriver au bénéfice total à constater à ce jour.

3.   On déduirait le bénéfice constaté au cours du premier exercice du contrat du bénéfice total à constater à ce jour.

d)   Le bénéfice par action du deuxième exercice de ce contrat de 4 ans serait plus élevé si on appliquait la méthode de l'avancement des travaux plutôt que celle de l'achèvement des travaux parce que, en appliquant la méthode de l'avancement des travaux, on constaterait un bénéfice au cours du deuxième exercice, tandis qu'on n'en constaterait pas avec l'autre méthode.

Étude de cas 1-7

a) Cette étude de cas se rapporte au *FASB Statement No. 66*, «Accounting for Sales of Real Estate» (Comptabilisation des ventes immobilières). On y mentionne au paragraphe 3 deux critères obligatoires en vertu desquels il est permis de constater les produits découlant de telles ventes: le recouvrement est assuré, et le vendeur n'a aucune activité importante à accomplir dans le futur. Dans le cas présent, on peut douter du respect de ces deux critères. Premièrement, la construction de l'ensemble résidentiel n'est pas achevée; par conséquent, le vendeur a des activités importantes à accomplir. Si le promoteur ne parvient pas à achever l'ensemble résidentiel, on peut raisonnablement s'attendre à ce que les acheteurs cessent d'effectuer leurs versements sur les effets à payer. En fait, ils intenteront probablement des poursuites judiciaires (action collective) contre le vendeur. Le vendeur ne reçoit aucun encaissement à la date de la «vente» et devient, en pratique, le détenteur des effets à payer.

b) L'expérience, la solvabilité et l'intégrité du promoteur constituent des éléments pouvant influencer le jugement de l'expert-comptable dans le choix du traitement comptable à retenir. La réputation de la direction influencera fortement l'opinion du comptable. Si le promoteur possède une solide expérience et a les reins solides sur le plan financier, et qu'il y a donc une forte possibilité d'achèvement du projet à la satisfaction de la clientèle, on pourra constater les produits lorsque le projet sera virtuellement achevé. En revanche, si le promoteur est inexpérimenté – ou pire: sa réputation est douteuse –, la constatation des produits ne se fera que lorsque le projet sera achevé de manière substantielle.

c) Si le promoteur est solvable et qu'il y a de bonnes raisons de croire à l'achèvement du projet:

Effet à recevoir	600 000	
Ventes		600 000
Coût des ventes	100 000	
Stock – Terrain		100 000
Frais de publicité	35 000	
Caisse		35 000

Si la solvabilité du promoteur laisse à désirer:

Effet à recevoir	600 000	
Produits reportés		600 000
Frais de publicité	35 000	
Caisse		35 000

d) Les notes afférentes aux états financiers devraient présenter un résumé des conditions relatives à la vente des lots, des travaux à effectuer pour mener le projet à terme, des échéances, et des conditions entourant la marge de crédit du promoteur.

*Étude de cas 1-8

a) Avant de constater un produit, il faut satisfaire à deux conditions: 1) il faut que le processus de réalisation du profit soit substantiellement achevé; 2) il faut qu'il y ait une preuve objective de la valeur de marché de l'extrant – on interprète souvent cette condition comme comportant la nécessité d'un échange –, que l'on appelle souvent réalisation. Lorsqu'on applique ces principes au droit d'entrée de franchisage, on se heurte à plusieurs problèmes. Le premier est relatif au moment de la constatation du droit d'entrée de franchisage dans les produits: à quel exercice ce droit d'entrée doit-il être attribué? Un second problème concerne le montant de produit à constater et est en partie fonction de l'évaluation des effets reçus. Nous illustrons et évaluons ci-dessous les différentes méthodes possibles:

1.
Caisse	30 000	
Effets à recevoir	50 000	
Produits financiers reportés		12 092
Droit d'entrée de franchisage reçu d'avance		67 908

OU

Caisse	30 000	
Effets à recevoir	37 908	
Droit d'entrée de franchisage reçu d'avance		67 908

Cette méthode convient a) lorsqu'on peut raisonnablement s'attendre à ce que le droit d'entrée de franchisage puisse être remboursé au franchisé et b) lorsqu'il subsiste d'importants services futurs à fournir au franchisé, c'est-à-dire lorsque l'exécution n'est pas achevée. Lorsque les effets comportent le versement d'intérêts au taux courant, il n'est pas nécessaire d'inscrire des produits financiers reportés et les droits d'entrée de franchisage seraient de 80 000 $.

2.
Caisse	30 000	
Effets à recevoir	50 000	
Produits financiers reportés		12 092
Produits tirés du droit d'entrée de franchisage		67 908

OU

Caisse	30 000	
Effets à recevoir	37 908	
Produits tirés du droit d'entrée de franchisage		67 908

Cette méthode convient a) lorsque la probabilité de remboursement au franchisé du droit d'entrée de franchisage est extrêmement faible et b) lorsque la quantité des services futurs à fournir au franchisé demeure minime; on suppose donc que le franchiseur s'est acquitté de ses obligations.

3.
Caisse	30 000	
Effets à recevoir	50 000	
Produits financiers reportés		12 092
Produits tirés du droit d'entrée de franchisage		30 000
Droit d'entrée de franchisage reçu d'avance		37 908

OU

Caisse	30 000	
Effets à recevoir	37 908	
Produits tirés du droit d'entrée de franchisage		30 000
Droit d'entrée de franchisage reçu d'avance		37 908

On suppose ici a) que le versement initial de 30 000 $ n'est pas remboursable (ou que l'on peut raisonnablement s'attendre à ce qu'il ne soit pas remboursé) et représente la juste valeur des services déjà fournis au franchisé au moment de la signature du contrat, et b) que le franchiseur doit fournir une quantité importante de services au cours des exercices futurs.

4.
Caisse	30 000	
Produits tirés du droit d'entrée de franchisage		30 000

Cette façon de procéder est orientée vers une comptabilité de caisse et conviendrait dans des cas où a) le paiement initial n'est pas remboursable, b) le contrat ne prévoit pas d'importants services futurs à fournir au franchisé et c) le recouvrement des effets à recevoir est tellement incertain qu'il est inadéquat de les constater comme un élément d'actif.

5.

Caisse	30 000	
Droit d'entrée de franchisage reçu d'avance		30 000

On suppose ici que le droit d'entrée est remboursable ou que le franchiseur doit fournir d'importants services au franchisé avant de pouvoir considérer que le droit d'entrée de franchisage est réalisé. Comme dans la solution du point 4, on considère que le recouvrement des effets à recevoir est trop incertain pour qu'il soit adéquat de les constater comme un élément d'actif.

6. On pourrait présenter trois autres solutions semblables à celles présentées aux points 1, 2 et 3, à l'exception du fait que les effets seraient présentés à leur valeur nominale. On aurait recours à ces solutions si l'effet portait un intérêt au taux courant.

b) Puisque le droit d'entrée de franchisage de 30 000 $ doit être remboursé si le franchisé n'ouvre pas son commerce, ce paiement n'est pas pleinement réalisé avant que le franchisé ne commence son exploitation. Donc, Diète-Minute doit inscrire le droit d'entrée de franchisage comme suit lors de la signature du contrat:

Caisse	30 000	
Effets à recevoir	50 000	
Produits financiers reportés		12 092
Droit d'entrée de franchisage reçu d'avance		67 908

OU

Caisse	30 000	
Effets à recevoir	37 908	
Droit d'entrée de franchisage reçu d'avance		67 908

Lorsque le franchisé commence son exploitation, les 30 000 $ sont réalisés, et l'écriture suivante doit être passée:

Droit d'entrée de franchisage reçu d'avance	10 000	
Droit d'entrée de franchisage		10 000

S'il n'y a pas de délai entre l'encaissement des 30 000 $ et le moment où le franchisé ouvre son commerce, le droit d'entrée de franchisage de 30 000 $ se trouve réalisé au moment de son encaissement, et on inscrit le droit d'entrée de franchisage comme suit:

Caisse	30 000	
Effets à recevoir	50 000	
Produits financiers reportés		12 092
Droit d'entrée de franchisage reçu d'avance		37 908
Droit d'entrée de franchisage		30 000

OU

Caisse	30 000	
Effets à recevoir	37 908	
Droit d'entrée de franchisage reçu d'avance		37 908
Droit d'entrée de franchisage		30 000

Une fois que Diète-Minute ltée aura procédé à l'ouverture d'un grand nombre d'établissements résultant de la vente de franchises, il lui sera possible d'établir des mesures de probabilités de recouvrement qui lui permettront de déterminer la valeur prévue du droit d'entrée de franchisage retenue, et donc de le constater au moment de l'encaissement.

C'est à juste titre que l'effet à recevoir est constaté à sa valeur actualisée. Il ne faut pas inscrire plus de 37 908 $ dans l'actif, soit la valeur actualisée de l'effet. Il faut comptabiliser les intérêts au taux de 10 % au cours de chaque exercice en portant un débit au compte Produits financiers reportés (ou Effets à recevoir) et un crédit au compte Produits d'intérêts. Les encaissements sont portés au débit du compte Caisse et au crédit du compte Effets à recevoir. Lorsque les services sont fournis au cours de chaque exercice, on transfère le montant approprié du compte Droit d'entrée de franchisage reçu d'avance au compte de produit Droit d'entrée de franchisage. Puisque les versements annuels ne sont pas remboursables, on peut constater le droit d'entrée de franchisage de 10 000 $ au moment où il est encaissé. Il se peut toutefois que cela entraîne un mauvais rapprochement des produits et des charges.

Au moment où le franchisé ouvre son commerce, il reste deux étapes à franchir pour que Diète-Minute ltée ait entièrement réalisé le droit d'entrée de franchisage. Premièrement, la société doit fournir des conseils d'experts pendant cinq ans. Deuxièmement, elle doit attendre la fin de chacun des cinq prochains exercices pour encaisser chacun des cinq effets à payer de 10 000 $. Puisque le recouvrement n'a pas engendré de problème et que les conseils d'experts consistent en grande partie en manuels et en quelques astuces en matière de service, on peut soutenir qu'une fraction importante des 37 908 $, la valeur actualisée des effets, doit être constatée au moment où le franchisé ouvre son commerce. Toutefois, même s'il n'y a eu aucun problème de recouvrement des effets à recevoir, il se peut que le manque d'expérience de Diète-Minute ltée l'entraîne quand même dans de sérieux problèmes de recouvrement (comme nombre de franchiseurs en ont fait l'expérience au cours des dernières années). Plus tard, lorsque Diète-Minute ltée aura acquis de l'expérience avec de nombreuses franchises dont l'exploitation durera depuis cinq ans ou plus, elle sera en mesure de calculer la probabilité de recouvrement, de telle sorte qu'elle puisse calculer la fraction réellement réalisée de la valeur actualisée des effets à recevoir et la constater au moment où le franchisé commence son exploitation. En résumé, pour le moment, Diète-Minute ltée devrait constater le produit relatif au droit d'entrée de franchisage (10 000 $) lors de l'encaissement.

Quant aux redevances mensuelles de 2 %, elles doivent être constatées dans les produits à la fin de chaque mois. Ces redevances correspondent aux services fournis chaque mois, et ceux-ci doivent être constatés au moment où ils sont fournis.

c) Si la fraction de 20 000 $ du droit d'entrée de franchisage qui porte sur la location du matériel représente la valeur actualisée d'un loyer mensuel pendant 10 ans, elle doit être inscrite comme produit de loyer reçu d'avance et amortie d'après une base actuarielle raisonnable sur les exercices qui retireront des avantages des biens loués.

Si on pouvait considérer l'opération comme une vente de matériel, on constaterait immédiatement la totalité du produit de loyer, soit 20 000 $, à la date de la livraison du matériel. Nous expliquons le bien-fondé de cette hypothèse dans le paragraphe qui suit.

Puisqu'il n'y a pas de problèmes pour ce qui est du crédit, les conditions à remplir pour la constatation de l'opération à titre de vente sont: 1) savoir si Diète-Minute ltée conserve une partie importante des risques inhérents à la propriété du matériel et 2) savoir s'il subsiste d'importantes incertitudes concernant le montant des frais qui restent encore à engager. Le fait qu'aucune fraction du loyer ne soit remboursable ne justifie pas la constatation immédiate de la totalité du loyer dans les produits. Il s'agit en réalité de déterminer en priorité si le matériel aura une valeur de récupération importante à la fin des 10 ans, si c'est le franchisé ou Diète-Minute ltée qui récupérera le matériel gratuitement ou pour un montant symbolique à la fin des 10 ans, et si Diète-Minute ltée sera responsable de la révision, de l'entretien et des réparations du matériel au cours des 10 années du bail ou d'une partie de cette durée.

Puisque les données fournies ne nous aident pas à répondre à ces questions, on ne peut faire de recommandation précise quant à la méthode comptable qu'il serait préférable d'adopter pour comptabiliser la portion du droit d'entrée de franchisage attribuable au loyer.

*Étude de cas 1-9

Les cabinets d'avocats et la plupart des petites entreprises de prestation de services considèrent souvent l'encaissement comme un test de constatation des produits. Par conséquent, ils ne présentent pas les «travaux en cours» ou les comptes clients. Différentes raisons les poussent à agir de la sorte. Entre autres, cela simplifie la tenue de leurs comptes, dans la mesure où il s'agit de petites entreprises.

Le recouvrement des frais judiciaires fixés sur une base conditionnelle comporte un degré élevé d'incertitude tant pour ce qui est du calendrier de recouvrement que pour ce qui est du montant des encaissements. En raison de l'incertitude entourant ces deux facteurs clés, il est raisonnable de reporter la constatation des produits au moment de leur réalisation. En effet, cette incertitude teinterait la comptabilisation des produits à recevoir d'une valeur informative discutable. Toutefois, les produits résultant des travaux facturés selon un taux horaire à des clients qui ont la capacité de payer devraient être constatés lorsque les travaux (heures facturables) ont été exécutés, et les honoraires constatés et non facturés en fin d'exercice devraient figurer dans un compte Travaux en cours. Ce traitement comptable est approprié parce que l'exécution des travaux est achevée (le produit est réalisé), et que la contrepartie est mesurable (il est raisonnablement assuré que les sommes facturées seront recouvrées).

EXERCEZ VOTRE JUGEMENT

PROBLÈME DE COMPTABILITÉ: LA SOCIÉTÉ NESTLÉ

a) Les produits nets de Nestlé s'élevaient en 2001 à 84 698 millions de francs suisses.

b) Entre 2000 et 2001, les produits de Nestlé sont passés de 81,422 millions de francs suisses à 84,698 millions de francs suisses, soit une augmentation de 4,02 %.

c) En 2001, des 84,698 millions de francs suisses constituant le chiffre d'affaires de Nestlé, 31,6% (26,742 millions de francs suisses) provenaient de la zone Europe, 31,4% (26 598 millions de francs suisses) provenaient de la zone Amériques, et 18,2% (15 458 millions de francs suisses) provenaient de la zone Asie, Océanie et Afrique.

ANALYSE D'ÉTATS FINANCIERS

a) Pour constater les produits de ses ventes, la société Westinghouse Electric Corporation utilise méthode de la constatation à la date de la vente (livraison). Pour constater les produits résultants de la prestation de services, Westinghouse utilise la méthode des «services fournis et à facturer». Pour constater les produits qui résultent de commandes de systèmes de chaufferie nucléaire (projets d'une durée approximative de 5 ans), ainsi que les produits provenant d'autres projets de construction à long terme, Westinghouse utilise la méthode de l'avancement des travaux. Les produits de la société Westinghouse sont comptabilisés selon une comptabilité d'exercice, sauf dans les cas où les comptes sont en souffrance depuis deux exercices ou plus; les produits sont alors constatés uniquement à la réception des paiements, c'est-à-dire selon une comptabilité de caisse.

b) L'utilisation de la date de la vente ou de livraison est acceptable pour toutes les opérations courantes lorsque le processus de réalisation des produits du vendeur est virtuellement terminé, que le vendeur a rempli l'essentiel de ses obligations, que le vendeur a l'assurance raisonnable qu'il n'y aura pas de coûts importants à assumer, et que l'échange a eu lieu (le transfert de propriété est effectif).

Pour les opérations qui portent sur des services, les produits sont constatés lorsqu'ils sont gagnés et réalisés, c'est-à-dire lorsque les services ont été fournis à la satisfaction du client et qu'ils peuvent être facturés.

La méthode de l'avancement des travaux est acceptable pour les contrats à long terme, c'est-à-dire pour des contrats de construction s'échelonnant habituellement sur plus d'une année. Son utilisation est requise lorsque les conditions suivantes sont remplies:

1. Le prix prévu au contrat est ferme, et il existe une forte probabilité de recouvrement;

2. Il est possible d'estimer avec une précision raisonnable les coûts et, par conséquent, la marge bénéficiaire brute.

3. Il est possible d'estimer de façon intermittente le degré d'avancement du projet jusqu'à son achèvement.

c) La société Westinghouse est probablement une filiale en propriété exclusive de Westinghouse Financial Service Inc. (WFSI), qui offre du financement aux clients de Westinghouse.

Le type de produits que constate la société WFSI tient à des profits d'intérêts sur les effets à payer. Tant qu'elle reçoit les versements liés à des comptes classés à court terme, WFSI constate sur chaque versement l'intérêt et le capital. Lorsqu'un client omet d'effectuer deux versements de manière consécutive, WFSI déclare le compte en souffrance et ne comptabilise aucun intérêt relativement à ce compte. Pour les comptes en souffrance, il est probable que, dans l'éventualité où l'encaissement serait effectué, WFSI utilisera la méthode de la constatation en fonction du recouvrement des coûts, c'est-à-dire qu'elle constatera l'intérêt uniquement après le recouvrement complet du capital.

ANALYSE COMPARATIVE

a) Pour l'exercice 2001, Coca-Cola a inscrit des produits d'exploitation nets de 2 019 milliards de dollars, et PepsiCo a inscrit des ventes nettes de 26,9 milliards de dollars.

Entre 2000 et 2001, les ventes de Coca-Cola ont augmenté de 203 millions de dollars, soit de 1 %, alors qu'au cours de la même période, les ventes de PepsiCo ont augmenté de 1 456 millions de dollars, soit de 5,7 %. PepsiCo a donc enregistré la plus forte augmentation de ses produits entre 2000 et 2001.

b) En 2001, 29% des ventes de Coca-Cola ont été réalisées en Asie; 25% l'ont été en Europe, au Proche-Orient et au Moyen-Orient; 24% en Amérique du Nord; 18% en Amérique latine; et 4% en Afrique. En 2001, PepsiCo n'a pas divulgué ses ventes nettes par pays. Elle a uniquement ventilé celles-ci pour les deux catégories suivantes: Amérique du Nord (71%) et International (29%).

En 2001, les ventes qu'a enregistrées Coca-Cola en Amérique du Nord représentaient 24% de son chiffre d'affaires, et le solde de 76% résultait de ventes à l'étranger. Les ventes de PepsiCo en Amérique du Nord totalisaient en 2001 71% de son chiffre d'affaires et seulement 29% de celui-ci résultaient de ventes effectuées à l'étranger.

TRAVAIL DE RECHERCHE

a) Les ventes ont augmenté de 25 millions de dollars, augmentation qui comptait pour la moitié du bénéfice annuel de la division des lentilles cornéennes, lequel s'élevait à 15 millions de dollars.

b) Selon les experts-comptables cités dans l'article, la société Baush aurait commis une erreur dans la constatation des produits puisque la vente n'était pas terminée du point de vue des clients, et Baush n'aurait qu'effectué un transfert de ses inventaires auprès de ses distributeurs. Par conséquent, si le versement pour les lentilles avait dépendu des ventes des distributeurs, l'opération aurait été considérée comme une vente en consignation, et ainsi les produits de Baush n'auraient été constatés qu'une fois transmis à Baush les divers rapports de vente des distributeurs.

c) La politique de vente de Baush à l'égard de ses distributeurs a toujours été la même en ce sens que ce que les distributeurs achètent devient leur propriété. De plus, même si on avait indiqué aux distributeurs que leurs versements pouvaient se limiter aux ventes effectuées au cours des six premiers mois, le versement final était exigible en juin.

d) Au mois d'octobre 1994, Bausch & Lomb accepta un retour de marchandises jusqu'à concurrence de 75 % des ventes, accorda un crédit pour l'autre 25 % et inscrivit une réserve pour ventes de 20 millions de dollars.

PROBLÈMES DE DÉONTOLOGIE

Cas 1

a) 1. La société Centre de Santé inc. (CSI) devrait constater les produits de la manière suivante:

  - Puisque les frais d'adhésion sont payés d'avance et liés à une garantie du type «Satisfaction garantie ou argent remis», CSI doit les constater comme des produits pour toute la durée de l'adhésion. Chaque mois, elle devra en encaisser un douzième. Il en résulte un passif pour la partie des frais d'adhésion non réalisée et potentiellement remboursable. Quant aux frais d'adhésion faisant l'objet d'un financement, CSI comptabilisera l'intérêt au fur et à mesure, selon un taux d'intérêt annuel de 15 %.

  - CSI doit inscrire les frais de location des courts à titre de produits lorsque les membres les utilisent.

  - CSI doit inscrire les produits découlant de la vente de carnets de coupons au moment du rachat de ceux-ci, c'est-à-dire lorsque les membres assistent aux cours d'aérobie. À la fin de l'exercice, CSI devra procéder à un ajustement pour constater les produits résultant des coupons inutilisés et périmés.

  2. Étant donné que CSI n'a encore fourni aucun service au moment de la réception du versement initial pour une machine, elle doit considérer ce versement comme un passif à court terme jusqu'à la livraison de la machine.

  3. Étant donné que CSI prévoit engager des frais pour honorer la garantie et qu'elle est en mesure d'estimer ces frais, elle doit comptabiliser un montant égal à 4 % du produit total dans l'exercice où la vente est inscrite.

b) L'Institute of Management Accountants a présenté sa réponse non officielle à cette question d'ordre déontologique dans un document intitulé «Standards of Ethical Conduct for Management Accountants» (*Statement on Management Accounting Number 1c*). En voici les grandes lignes:

Compétence
Delisle a l'obligation: 1) de s'acquitter de ses responsabilités professionnelles selon les normes techniques appropriées; 2) de préparer des rapports précis et complets après examen des données pertinentes et fiables. Les changements que Delisle se propose d'apporter aux états financiers ne sont pas conformes aux principes comptables généralement reconnus et, par conséquent, ne permettront pas de produire un rapport précis, basé sur des données pertinentes.

Confidentialité
Il est interdit à Delisle d'utiliser pour son propre compte, de manière réelle ou apparente, les données confidentielles qu'il recueille dans le cadre de son travail. Si, comme le soupçonne Mayer, les modifications comptables que propose Delisle ont pour effet d'augmenter son boni de fin d'exercice, il s'agit alors d'un emploi abusif d'informations confidentielles.

Intégrité
En insistant pour apporter des ajustements aux états financiers afin de dissimuler une information défavorable et augmenter son boni, Delisle: 1) se place en situation de conflit d'intérêts; 2) réduit sa capacité à remplir ses obligations conformément à la déontologie; 3) fait obstacle à l'atteinte des objectifs légitimes de l'entreprise et conformes d'un point de vue déontologique; 4) ne transmet pas de manière équitable l'information financière, qu'elle soit favorable ou défavorable; 5) se livre à des activités qui portent préjudice à la profession comptable.

Objectivité
Les propositions de Delisle ne permettent pas de communiquer une information équitable et objective ni ne présentent toute l'information pertinente susceptible d'influencer la compréhension et les décisions des utilisateurs des états financiers.

c) Denise Mayer peut indiquer à Delisle qu'il s'apprête à violer les PCGR, pour s'assurer qu'il comprend bien sa position. Pour dénouer l'impasse, elle doit suivre les politiques qu'a adoptées NHRC pour la résolution de conflits d'ordre déontologique. Si l'entreprise n'a adopté aucune politique en ce sens ou si sa politique ne permet pas de résoudre le conflit, Mayer doit envisager les mesures suivantes:

1. Étant donné que son supérieur immédiat est impliqué, Mayer doit en référer à la haute direction. Elle n'a pas à en informer Delisle, vu la participation de celui-ci dans cette affaire.

2. Si, à la suite de cette première démarche, le conflit n'est pas résolu, Mayer doit en référer aux paliers supérieurs à la haute direction pour révision interne, c'est-à-dire au comité de vérification (audit) et au conseil d'administration.

3. Mayer doit avoir une discussion confidentielle avec un conseiller indépendant quant aux possibilités qui s'offrent à elle, afin qu'elle puisse avoir la meilleure compréhension possible de la marche à suivre.

4. Après avoir utilisé, sans succès, tous les mécanismes de révision interne, Mayer peut se voir contrainte à remettre sa démission. Elle doit alors présenter une note de service à un représentant de l'entreprise.

5. Mayer ne doit pas parler de cette situation avec des personnes n'œuvrant pas dans l'entreprise, à moins d'y être contrainte par la loi.

Cas 2

a) Cette situation soulève un enjeu de nature déontologique qui a rapport à l'honnêteté et à l'intégrité de l'information financière par opposition à l'augmentation des bénéfices. Les PCGR corroborent l'attitude de Melançon. Une entreprise se doit de présenter ses états financiers de manière impartiale, ce qui ne sera pas le cas de MSI si celle-ci adopte l'approche que propose la trésorière, Chantal Beaulé. En effet, des états financiers ainsi préparés induiraient en erreur les utilisateurs externes, tels les investisseurs et les créanciers à la fois actuels et futurs.

b) Melançon doit insister sur le fait que MSI doit présenter des états financiers conformes aux PCGR. Si Beaulé rejette la position de Melançon, celui-ci doit envisager des solutions de rechange, par exemple informer la haute direction de MSI de la situation, et évaluer les conséquences de chacune.

LA COMPTABILITÉ ET LA VALEUR TEMPORELLE DE L'ARGENT

CLASSEMENT DES TRAVAUX

	Sujets	Questions	Exercices courts	Exercices	Problèmes
1.	Notions de valeur actualisée	1, 2, 3, 4, 5, 9, 17			
2.	Utilisation des tables	13, 14	8	1	
3.	Problèmes de valeur capitalisée et de valeur actualisée				
	a) Montant capitalisé inconnu	7	1, 5, 13	2, 3, 4, 6, 8, 9, 13	
	b) Versements inconnus	10, 11, 12	6, 12, 17	8, 18, 20	2, 8
	c) Nombre de périodes inconnu		4, 9	9, 10, 17	2
	d) Taux d'intérêt inconnu	15, 18	3, 11, 16	9, 10, 20, 21, 22	2, 11
	e) Valeur actualisée inconnue	8, 19	2, 7, 8, 10, 14	3, 4, 5, 6, 7, 10, 14, 21, 22	1, 6, 11
4.	Valeur d'une série de versements inégaux; taux d'intérêt variables				3, 5, 10
5.	Évaluation de location-acquisition, de rentes de retraite, d'obligations; comparaison de projets	6	15	11, 12, 15, 16, 17, 19	4, 5, 7, 9, 12, 13, 14, 15, 16, 17, 18
6.	Versements différés	16			9, 16
*7.	Utilisation d'une calculatrice financière			23, 24, 25	19, 20, 21

*Note: Ce sujet se rapporte à la matière vue dans l'annexe de ce chapitre.

CARACTÉRISTIQUES DES TRAVAUX

Numéro	Description	Degré de difficulté	Durée (minutes)
E2-1	Utilisation des tables d'actualisation et de capitalisation des intérêts	Facile	5-10
E2-2	Calculs d'intérêts simples et composés	Facile	5-10
E2-3	Calculs des valeurs capitalisées et des valeurs actualisées	Facile	10-15
E2-4	Calculs des valeurs capitalisées et des valeurs actualisées	Modéré	15-20
E2-5	Calculs des valeurs actualisées	Facile	10-15
E2-6	Problèmes de valeurs actualisées et de valeurs capitalisées	Modéré	15-20
E2-7	Calcul de la valeur d'une obligation	Modéré	10-15
E2-8	Calcul de la valeur d'un fonds de retraite	Facile	10-15
E2-9	Taux d'intérêt inconnu	Modéré	10-15
E2-10	Taux d'intérêt et nombre de périodes inconnus	Facile	10-15
E2-11	Évaluation de diverses options de financement	Modéré	10-15
E2-12	Analyse de diverses options	Facile	10-15
E2-13	Montant en fiducie	Modéré	10-15
E2-14	Montant nécessaire au rachat d'actions	Modéré	15-20
E2-15	Calcul de la valeur des obligations	Modéré	15-20
E2-16	Calcul de l'obligation découlant d'un régime de retraite	Modéré	15-20
E2-17	Décision d'investissement	Modéré	15-20
E2-18	Remboursement de dette	Facile	10-15
E2-19	Valeur des obligations	Facile	10-15
E2-20	Évaluation du montant d'un loyer	Facile	10-15
E2-21	Remboursement le moins coûteux	Facile	10-15
E2-22	Remboursement le moins coûteux	Facile	10-15
*E2-23	Détermination du taux d'intérêt	Facile	5
*E2-24	Détermination du taux d'intérêt	Facile	5
*E2-25	Détermination du taux d'intérêt	Facile	5
P2-1	Problèmes de valeur temporelle	Modéré	15-20
P2-2	Problèmes de valeur temporelle	Modéré	15-20
P2-3	Problème d'investissement	Facile	10-15
P2-4	Analyse de possibilités	Modéré	20-30
P2-5	Problèmes de valeur temporelle	Modéré	15-20
P2-6	Évaluation de possibilités de versements	Modéré	10-15
P2-7	Analyse d'options	Modéré	20-25

P2-8	Problèmes de valeur temporelle	Modéré	15-20
P2-9	Détermination du prix d'achat d'une entreprise	Modéré	25-30
P2-10	Décision d'investissement	Modéré	20-25
P2-11	Valeur temporelle de l'argent appliquée à divers problèmes commerciaux	Difficile	30-35
P2-12	Analyse de possibilités	Modéré	20-30
P2-13	Analyse de problèmes commerciaux	Difficile	30-35
P2-14	Analyse de divers problèmes commerciaux	Difficile	30-35
P2-15	Analyse de possibilités: acheter ou louer	Difficile	30-35
P2-16	Problèmes commerciaux	Difficile	25-30
P2-17	Analyse de problèmes commerciaux	Difficile	20-25
P2-18	Financement d'un régime de retraite	Difficile	25-30
*P2-19	Problèmes de valeur temporelle de l'argent	Modéré	10-15
*P2-20	Problèmes de valeur temporelle de l'argent	Modéré	10-15
*P2-21	Problèmes de valeur temporelle de l'argent	Modéré	10-15

*Note: Les exercices, problèmes ou études de cas précédés d'un astérisque se rapportent à la matière vue dans l'annexe de ce chapitre.

RÉPONSES AUX QUESTIONS

1. L'argent a une valeur certaine. Grâce à l'argent, l'entreprise peut acquérir des biens ou des services, ou rembourser des dettes. Détenir de l'argent, en emprunter ou en prêter peut entraîner des coûts ou des avantages. Plus la période au cours de laquelle le montant est prêté est longue, plus les coûts ou les avantages seront importants. La valeur temporelle de l'argent n'est ni plus ni moins que la relation économique entre le passage du temps et la valeur de l'argent.

   Les experts-comptables doivent bien comprendre les notions d'intérêts composés, de versements périodiques et de valeurs actualisées en raison de leurs nombreuses applications dans les faits et opérations du monde des affaires. Voici certains des champs d'application pour lesquels on fait appel à ces notions: 1) les fonds d'amortissement; 2) les contrats à tempérament; 3) les régimes de retraite; 4) les contrats de location; 5) les billets à payer ou à recevoir; 6) les regroupements d'entreprises.

2. Les situations pour lesquelles la comptabilité s'appuie sur des valeurs actualisées peuvent comprendre:

   a) Les effets à recevoir et à payer. Ceux-ci ne comprennent généralement que des versements uniques (de la valeur nominale), mais ils peuvent également comprendre des versements multiples lorsqu'il y a versements périodiques d'intérêts.

   b) Les contrats de location-acquisition. Pour ce type de contrat, il faut évaluer des éléments d'actif et des engagements qui se fondent sur la valeur actualisée de versements multiples (versements du loyer) et de versements uniques (s'il reste un montant résiduel à verser à la fin de la location).

   c) Les rentes et autres ententes de rétribution différée. Pour ce type de situation, il faut établir la valeur actualisée des versements futurs qu'une entreprise aura à payer à ses employés au long de la retraite de ceux-ci.

   d) Attribution de prix à des obligations. Le prix d'un emprunt hypothécaire se compose de la valeur actualisée du principal de l'obligation, c'est-à-dire de sa valeur nominale, et de la valeur actualisée des versements en paiement de l'intérêt.

   e) Éléments d'actif à long terme. Pour évaluer divers investissements à long terme ou pour déterminer si un élément d'actif s'est déprécié, il faut déterminer la valeur actualisée des flux de trésorerie estimatifs (il peut s'agir de versements uniques ou de versements multiples).

3. Les intérêts constituent les montants versés en contrepartie de l'utilisation d'une somme d'argent, appelée capital ou principal. Ils peuvent représenter un coût ou un avantage selon que l'argent est emprunté ou prêté. Le montant d'intérêts dépend de la période de temps sur laquelle s'étale le prêt, du montant d'argent en cause et du risque de crédit (lequel se reflète dans le taux d'intérêt). On calcule les intérêts simples sur le montant du capital seulement, tandis qu'on calcule les intérêts composés à la fois sur le principal et sur tous les intérêts courus impayés. Autrement dit, contrairement aux intérêts simples, les intérêts composés comprennent l'intérêt sur l'intérêt.

4. Le taux d'intérêt comporte généralement trois composantes:

   a) Le rendement réel. Il représente le montant que réclamerait le prêteur s'il n'y avait aucun risque de défaillance de l'emprunteur et si aucune inflation n'était à prévoir.

   b) Le risque de crédit. Il représente le taux qu'exige l'investisseur à cause du risque de non-recouvrement. Les émissions d'obligations de l'État comportent peu ou pas de risque de crédit; par contre, une entreprise commerciale, selon sa stabilité financière, sa rentabilité, etc., peut présenter un niveau de risque de crédit plus ou moins élevé.

   c) Les perspectives inflationnistes. Les prêteurs savent que, en période d'inflation, ils seront remboursés en dollars ayant une valeur moindre. Par conséquent, ils augmentent leurs taux d'intérêt pour compenser la perte de pouvoir d'achat. Lorsqu'on prévoit un taux d'inflation élevé, les taux d'intérêt le sont aussi.

Il est important pour les experts-comptables de bien connaître ces composantes, car c'est en fonction de celles-ci qu'ils pourront choisir le taux d'actualisation approprié aux circonstances et, par conséquent, calculer des données pertinentes (le taux d'actualisation approprié pour un projet, par exemple).

5. a) Valeur actualisée de versements de fin de période de 1 à 6 % pendant 10 périodes (table 4).

   b) Valeur capitalisée de 1 à 6 % placée pendant 10 périodes (table 1).

   c) Valeur actualisée de 1 à 6 % à la fin de 10 périodes (table 2)

   d) Valeur capitalisée de versements de fin de période de 1 à 6 % pendant 10 périodes (table 3)

6. Il doit choisir l'intérêt composé trimestriellement, parce que le solde du compte sur lequel l'intérêt est calculé augmentera plus rapidement, ce qui aura pour conséquence que l'intérêt sur l'investissement sera plus élevé. Les calculs suivants en font la démonstration:

   Intérêt composé semestriellement, en supposant un investissement de 2 ans:
   $$n = 4$$
   $$1\ 000\ \$ \times 1,16986 = 1\ 169,86\ \$$$
   $$i = 4\ \%$$

   Intérêt composé trimestriellement, en supposant un investissement de 2 ans:
   $$n = 8$$
   $$1\ 000\ \$ \times 1,17166 = 1\ 171,66\ \$$$
   $$i = 2\ \%$$

   En conclusion, avec un intérêt composé trimestriellement, Jean gagnerait 1,80 $ de plus.

7. 24 208,02$ = 18 000 $ × 1,34489 (valeur capitalisée de 1 à 2,5 % [10% ÷ 4 trimestres] pour 12 périodes).

8. 27 919,50$ = 50 000 $ × 0,55839 (valeur actualisée de 1 à 6 % pour 10 périodes).

9. Les versements périodiques ou versements multiples comprennent des encaissements ou des décaissements périodiques, appelés versements; ceux-ci sont du même montant et répartis sur des intervalles d'égales durées; les intérêts de ces versements sont composés en fonction des mêmes intervalles de temps. Dans le cas des versements de fin de période, les versements sont effectués à la fin de chaque intervalle de temps, tandis que, dans le cas des versements de début de période, ils le sont au début de chaque intervalle.

10. 9 877,03 = 30 000,00 ÷ 3,03735 (valeur actualisée de versements de fin de période à 12 % pendant 4 ans).

11. 34 475,33 = 160 000,00 ÷ 4,641 (valeur capitalisée de versements de fin de période à 10 % pendant 4 ans).

12. 31 341,21 = 160 000,00 ÷ 5,1051 (montant des versements de début de période pour 4 ans (4,641 × 1,10).

13. Pour convertir le facteur de capitalisation qu'on trouve dans une table des versements de fin de période en facteur de capitalisation de versements de début de période, on multiplie le facteur de capitalisation en question par 1 plus le taux d'intérêt. Par exemple, le facteur de capitalisation de versements de début de période à 12 % pendant 4 ans est égal au facteur de capitalisation de versements de fin de période multiplié par 1,12.

14. Pour convertir le facteur d'actualisation qu'on trouve dans une table de versements de fin de période en facteur d'actualisation de versements de début de période, on multiplie le facteur d'actualisation de versements de fin de période par 1 plus le taux d'intérêt.

15. Valeur actualisée = Valeur actualisée de versements de fin de période de 25 000 $ pendant 20 périodes à un taux de? %

    210 000 $ = Valeur actualisée de versements de fin de période de 25 000 $ pendant 20 périodes à un taux de? %

    210 000 $ = Facteur d'actualisation × 25 000,00 $

Valeur actualisée de versements de fin de période pendant
20 périodes à ? %   = $\dfrac{210\ 000\ \$}{25\ 000\ \$}$ =   8,4

Le facteur 8,4 est celui qui se rapproche le plus de 8,51356 dans la colonne des 10 % (table 4). Le taux qu'on a utilisé pour déterminer le montant de la rente est donc de 10 %.

16. [Valeur actualisée de versements de fin de période à 12 % pour 8 périodes (4,96764)]

  –

  [Valeur actualisée de versements de fin de période à 12 % pour 3 périodes (2,40183)]

  =

  [Valeur actualisée de versements de fin de période à 12 % pour 8 périodes, comprenant le premier versement différé de 3 périodes (2,56581)]

  La valeur actualisée des 5 loyers se calcule donc comme suit: 2,56581 × 10 000 $ = 25 658,10 $

  On pourrait aussi calculer ce montant (25 658,10 $) de la façon suivante:
  Valeur actualisée de versements périodiques de 10 000 $ pendant 5 ans à 12 %:
   $VA = 10\ 000\ \$\ (VA_{5,12\%}) = 3\ 604\ 78 = 36\ 047,80\ \$$
  Valeur actualisée du montant de 36 047,80 $ à recevoir dans 3 ans:
   $VA = 36\ 047,80\ \$\ (VA_{3,12\%}) = 36\ 047,80\ \$ \times 0,71178$
   $VA = 25\ 658,10\ \$$

17. a)   Valeur actualisée de versements de début de période.

   b)   Valeur actualisée de 1 $.

   c)   Table des valeurs capitalisées de versements de fin de période multipliée par 1 + le taux d'intérêt.

   d)   Table des valeurs capitalisées de 1 $.

18.   27 000$ =   Valeur actualisée de versements de fin de période de 6 900 $ pour 5 périodes à ? %.

   $\dfrac{27\ 000\$}{6\ 900\$}$ =   Valeur actualisée de versements de fin de période pour 5 périodes à ? %.

   3,91   =   Valeur actualisée de versements de fin de période pour 5 périodes à ? %.

   3,91   =   approximativement 9 % (la table 4 nous donne le facteur 3,88965)

SOLUTIONS DES EXERCICES COURTS

Exercice court 2-1

Intérêt annuel de 8 %

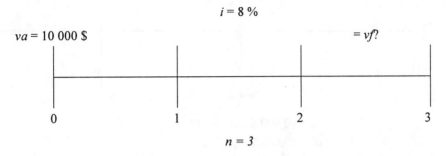

$$vf = 10\ 000\ \$\ (vf_{3,\ 8\,\%})^*$$
$$vf = 10\ 000\ \$\ (1{,}25971)$$
$$vf = 12\ 597{,}10\ \$$$

* $vf\ n,\ i$ = facteur de capitalisation

Intérêt annuel de 8 %, composé semestriellement

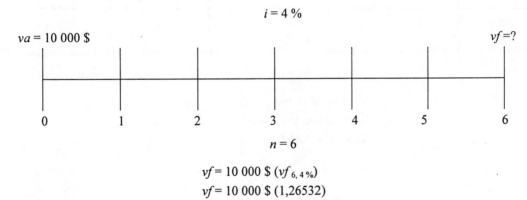

$$vf = 10\ 000\ \$\ (vf_{6,\ 4\,\%})$$
$$vf = 10\ 000\ \$\ (1{,}26532)$$
$$vf = 12\ 653{,}20\ \$$$

Exercice court 2-2

Intérêt annuel de 12 %

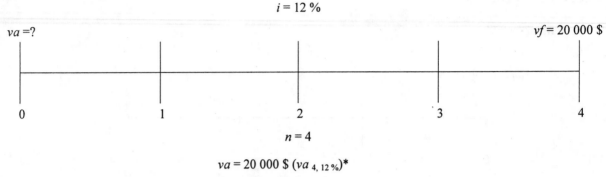

$i = 12 \%$

$va = ?$

$vf = 20\,000\,\$$

$n = 4$

$va = 20\,000\,\$ \ (va_{\,4,\,12\,\%})^*$

$va = 20\,000\,\$ \ (0{,}63552)$

$va = 12\,710{,}40\,\$$

* $va\ n,\ i$ = facteur d'actualisation

Intérêt annuel de 12 %, composé trimestriellement

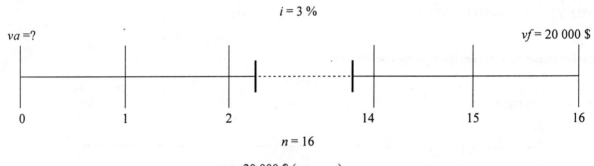

$i = 3 \%$

$va = ?$

$vf = 20\,000\,\$$

$n = 16$

$va = 20\,000\,\$ \ (va_{\,16,\,3\,\%})$

$va = 20\,000\,\$ \ (0{,}62317)$

$va = 12\,463{,}40\,\$$

Exercice court 2-3

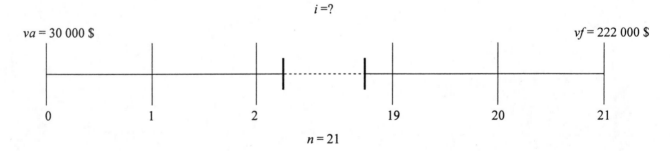

$i = ?$

$va = 30\,000\,\$$

$vf = 222\,000\,\$$

$n = 21$

$$vf = va\,(vf_{21,\,i})$$
$$222\ 000\ \$ = 30\ 000\ \$\ (vf_{21,\,i})$$
$$vf_{21,\,i} = 7,40000$$
$$i = 10\ \%$$

OU

$$va = vf\,(va\ 21,\ i)$$
$$30\ 000\ \$ = 222\ 000\ \$\ (va\ 21,\ i)$$
$$va\ 21,\ i = 0,13514$$
$$i = 10\ \%$$

Exercice court 2-4

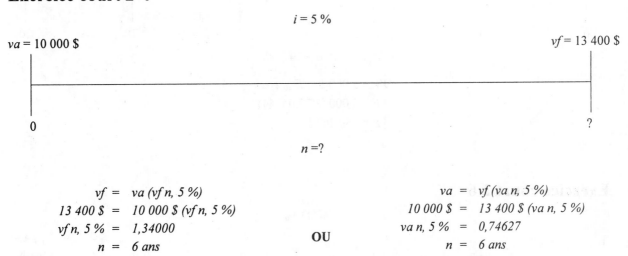

$$vf = va\,(vf\,n,\ 5\ \%)$$
$$13\ 400\ \$ = 10\ 000\ \$\ (vf\,n,\ 5\ \%)$$
$$vf\,n,\ 5\ \% = 1,34000$$
$$n = 6\ ans$$

OU

$$va = vf\,(va\ n,\ 5\ \%)$$
$$10\ 000\ \$ = 13\ 400\ \$\ (va\ n,\ 5\ \%)$$
$$va\ n,\ 5\ \% = 0,74627$$
$$n = 6\ ans$$

Exercice court 2-5

Premier paiement fait aujourd'hui

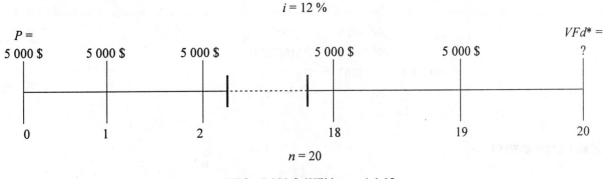

$$VFd = 5\ 000\ \$\ (VF^{**}_{20,\ 12\ \%})\ 1,12$$
$$VFd = 5\ 000\ \$\ (72,05244)\ 1,12$$
$$VFd = 403\ 494\ \$$$

* VFd = Valeur capitalisée (valeur future) de versements de début de période

** VF = Facteur de capitalisation de versements de fin de période

Premier paiement fait à la fin de l'année

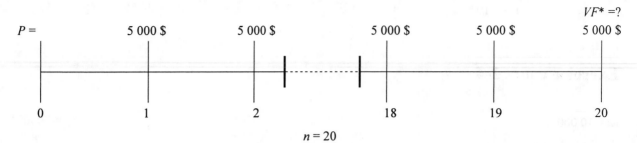

$i = 12\%$

$P =$ ... 5 000 \$ ... 5 000 \$ ... 5 000 \$ ... 5 000 \$ ... 5 000 \$ ... $VF^* = ?$

0 ... 1 ... 2 ... 18 ... 19 ... 20

$n = 20$

$$VF = 5\,000\ \$\ (VF_{20,\,12\%})$$
$$VF = 5\,000\ \$\ (72{,}05244)$$
$$VF = 360\,262\ \$$$

Exercice court 2-6

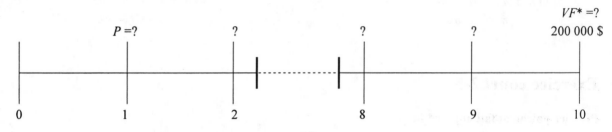

$i = 11\%$

$P = ?$ ... ? ... ? ... ? ... $VF^* = ?$ ... 200 000 \$

0 ... 1 ... 2 ... 8 ... 9 ... 10

$n = 10$

$$200\,000\ \$\ =\ P\ (VF_{10,\,11\%})$$
$$200\,000\ \$\ =\ P\ (16{,}72201)$$
$$200\,000\ \$\ \div\ 16{,}72201\ =\ P$$
$$P\ =\ 11\,960\ \$$$

Exercice court 2-7

$i = 12\%$

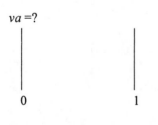

$va = ?$

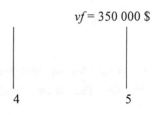

$vf = 350\,000\ \$$

0 ... 1 ... 2 ... 3 ... 4 ... 5

$n = 5$

$$va = 350\,000\ \$\ (va_{5,\,12\%})$$
$$va = 350\,000\ \$\ (0{,}56743)$$
$$va = 198\,600{,}50\ \$$$

Exercice court 2-8

Si l'intérêt de l'investissement était composé trimestriellement, il y aurait 20 périodes de capitalisation à un quart du taux d'intérêt annuel de 12%:

$$va = 350\ 000\ \$ \ (va_{20,\ 3\ \%})$$
$$va = 350\ 000\ \$ \ (0{,}55368)$$
$$va = 193\ 788\ \$$$

Exercice court 2-9

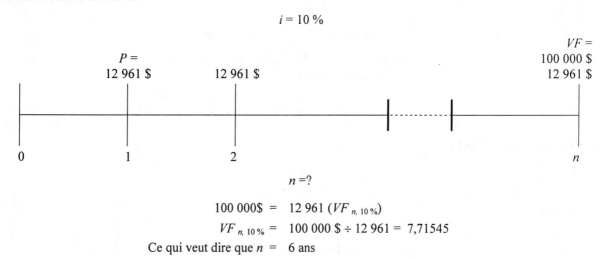

$$i = 10\ \%$$

$$
\begin{aligned}
100\ 000\$ &= 12\ 961\ (VF_{n,\ 10\ \%}) \\
VF_{n,\ 10\ \%} &= 100\ 000\ \$ \div 12\ 961 = 7{,}71545
\end{aligned}
$$

Ce qui veut dire que $n = 6$ ans

Exercice court 2-10

Premier retrait fait à la fin de l'année

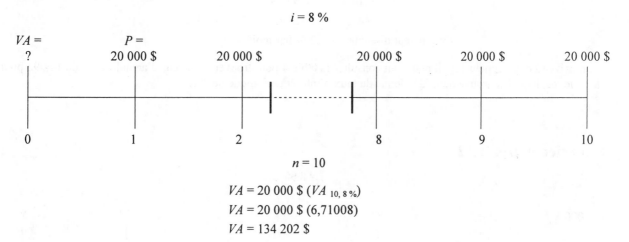

$$i = 8\ \%$$

$$n = 10$$

$$VA = 20\ 000\ \$ \ (VA_{10,\ 8\ \%})$$
$$VA = 20\ 000\ \$ \ (6{,}71008)$$
$$VA = 134\ 202\ \$$$

Premier retrait fait immédiatement (en début de période)

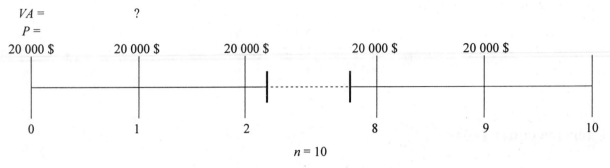

$$VAd = 20\,000\,\$\ (VA_{10,\,8\%})\ (1,08)$$
$$VAd = 20\,000\,\$\ (7,24689)$$
$$VAd = 144\,938\,\$$$

Exercice court 2-11

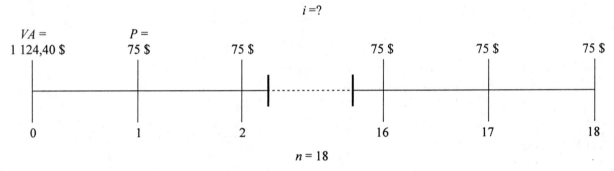

$$1\,124,40\,\$\ =\ 75\,\$\ (VA_{18,\,i})$$
$$VA_{18,\,i}\ =\ 1\,124,40\,\$ \div 75 = 14,992$$

Ce qui veut dire que $i = 2\,\%$ par mois

Pour arriver à cette conclusion, il nous faut consulter la table 4 pour trouver le facteur d'actualisation de 14,992 pour 18 périodes, lequel se trouve dans la colonne du taux d'intérêt périodique de 2%.

Exercice court 2-12

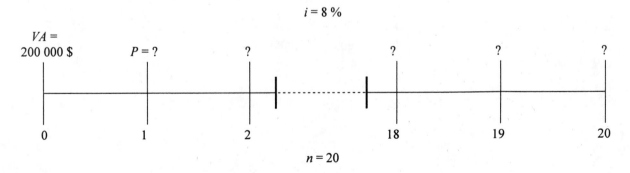

$$200\ 000\ \$ = P\ (VA_{\ 20,8\ \%})$$
$$200\ 000\ \$ = P\ (9{,}81815)$$
$$P = 20\ 370\ \$$$

Exercice court 2-13

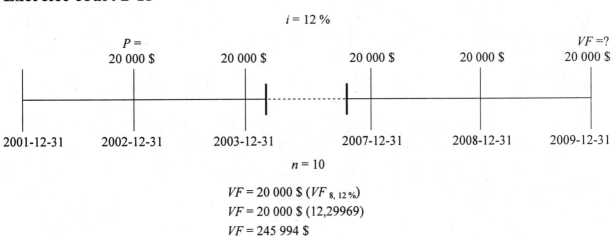

$$VF = 20\ 000\ \$\ (VF_{\ 8,\ 12\ \%})$$
$$VF = 20\ 000\ \$\ (12{,}29969)$$
$$VF = 245\ 994\ \$$$

Exercice court 2-14

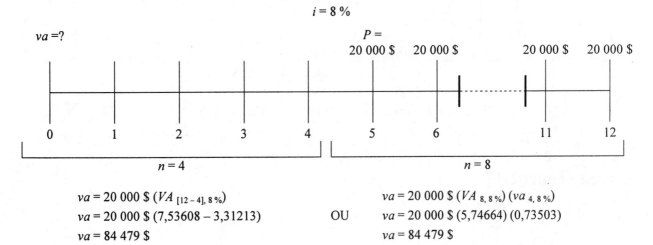

$$va = 20\ 000\ \$\ (VA_{\ [12-4],\ 8\ \%})$$
$$va = 20\ 000\ \$\ (7{,}53608 - 3{,}31213)$$ OU $$va = 20\ 000\ \$\ (VA_{\ 8,\ 8\ \%})\ (va_{\ 4,\ 8\ \%})$$
$$va = 84\ 479\ \$$$ $$va = 20\ 000\ \$\ (5{,}74664)\ (0{,}73503)$$
$$va = 84\ 479\ \$$$

Exercice court 2-15

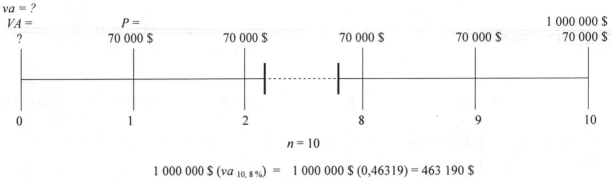

$$1\,000\,000 \$ \ (va_{\,10,\,8\%}) = 1\,000\,000 \$ \ (0,46319) = 463\,190 \$$$
$$70\,000 \$ \ (VA_{\,10,\,8\%}) = 70\,000 \$ \ (6,71008) = 469\,706 \$$$

$$463\,190 \$ + 469\,706 \$ = 932\,896 \$$$

Exercice court 2-16

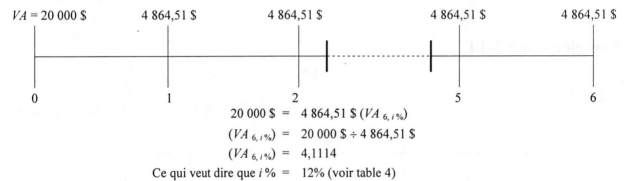

$$20\,000 \$ = 4\,864,51 \$ \ (VA_{\,6,\,i\%})$$
$$(VA_{\,6,\,i\%}) = 20\,000 \$ \div 4\,864,51 \$$$
$$(VA_{\,6,\,i\%}) = 4,1114$$

Ce qui veut dire que $i\% = 12\%$ (voir table 4)

Exercice court 2-17

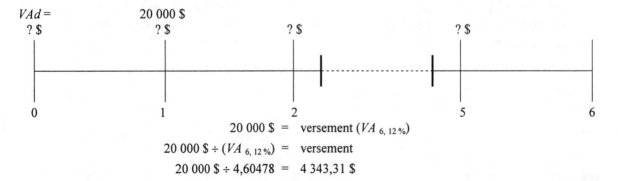

$$20\,000 \$ = \text{versement} \ (VA_{\,6,\,12\%})$$
$$20\,000 \$ \div (VA_{\,6,\,12\%}) = \text{versement}$$
$$20\,000 \$ \div 4,60478 = 4\,343,31 \$$$

SOLUTIONS DES EXERCICES

Exercice 2-1 (5-10 minutes)

		Taux d'intérêt	Nombre de périodes
1.	a)	9 %	9
	b)	3 %	20
	c)	5 %	30
2.	a)	9 %	25
	b)	5 %	30
	c)	3 %	28

Exercice 2-2 (5-10 minutes)

a) Intérêts simples de 1 600 $ par année × 8 =   12 800 $
    Principal   + 20 000
        Total retiré   32 800 $

b) Table 1 – Valeur capitalisée de 1 à 8 % pour 8 périodes   1,85093
       × 20 000 $
        Total retiré   37 018,60 $

c) Table 1 – Valeur capitalisée de 1 à 4 % pour 16 périodes   1,87298
       × 20 000 $
        Total retiré   37 459,60 $

Exercice 2-3 (10-15 minutes)

a)	7 000 $	×	1,46933	=	10 285,31 $
b)	7 000 $	×	0,43393	=	3 037,51 $
c)	7 000 $	×	31,77248	=	222 407,36 $
d)	7 000 $	×	12,46221	=	87 235,47 $

Exercice 2-4 (15-20 minutes)

a) Valeur capitalisée de versements de fin de période de 4 000 $ pendant 20 périodes
    à 8 % (4 000 $ × 45,76196)   183 047,84 $
    Facteur (1 + 0,08) – début de période   × 1,08
    Valeur capitalisée de versements de début de période de 4 000 $
    pendant 20 périodes à 8 %   197 691,67 $

    Autre présentation possible:
    4 000 $ (45,76196 × 1,08) = 197 691,67 $

b) Valeur actualisée de versements de fin de période de 2 500 $ pendant 30 périodes
    à 10 % (2 500 $ × 9,42691)   23 567,27 $
    Facteur (1 + 0,10)   × 1,10
    Valeur actualisée de versements de début de période de 1 500 $ pour 30 périodes
    à 10 %   25 924,00 $

    (Voir également la table 5 – 2 500 $ × 10,36961, qui donne 25 924,02 $.)

    Autre présentation possible: 2 500 $ × (9,42691 × 1,10) = 25 924,00 $

c) Valeur capitalisée de versements de fin de période de 2 000 $ pour 15 périodes
    à 10 % (2 000 $ × 31,77248)   63 544,96 $
    Facteur (1 + 0,10)   × 1,10
    Valeur capitalisée de versements de début de période de 2 000 $
    pendant 15 périodes   69 899,46 $

    Autre présentation possible: 2 000 $ × (31,77248 × 1,10) = 69 899,46 $

d) Valeur actualisée de versements de fin de période de 1 000 $ pour 6 périodes
    à 9 % (1 000 $ × 4,48592)   4 485,92 $
    Facteur (1 + 0,09)   × 1,09
    Valeur actualisée de versements de début de période de 500 $ pendant 6 périodes
    à 9 %   4 889,65 $

    (Voir également la table 5 – 1 000 $ × 4,88965, qui donne 4 889,65 $.)

    Autre présentation possible: 1 000 $ × (4,485 92 × 1,09) = 4 889,65 $

Exercice 2-5 (10-15 minutes)

a)   30 000 $ × 4,96764 = 149 029,20 $

b)   30 000 $ × 8,31256 = 249 376,80 $

c)   (30 000 $ × 3,03735) × 0,506 63 = 46 164,38 $

      OU

      (5,65022 − 4,11141) × 30 000 $ = 46 164,30 $

      (La différence de 0,08 $ est due à l'arrondissement.)

Exercice 2-6 (15-20 minutes)

a)   Valeur capitalisée de 12 000 $ à 10 % pendant 10 ans: 12 000 $ × 2,59374 = 31 124,88 $.

b)   Valeur capitalisée de versements de fin de période de 600 000 $ à 10 % pendant 15 ans:

      600 000 $ × 31,77248 = 19 063 488 $

      Le montant est par conséquent insuffisant.

    Montant déficitaire:

    20 000 000 $ − 19 063 488 $ = 936 512 $

c)   Montant de 70 000 $ actualisé à 8 % pendant 10 ans:

    70 000 $ × 0,46319 = 32 423,30 $

    Le président Grandchamp devrait accepter la prime de 40 000 $ maintenant. (Il faut également se demander si le taux de 8 % est approprié pour l'actualisation, étant donné que le président pourrait obtenir des intérêts composés à un taux plus élevé sans courir de risque supplémentaire.)

Exercice 2-7 (10-15 minutes)

a)

50 000 $ × 0,31524	=	15 762,00 $
+ 5 000 $ × 8,55948	=	42 797,40
		58 559,40 $

b)

50 000 $ × 0,23939	=	11 969,50 $
+ 5 000 $ × 7,60608	=	38 030,40
		49 999,90 $

c)

50 000 $ × 0,18270	=	9 135,00 $
+ 5 000 $ × 6,81086	=	34 054,30
		43 189,30 $

Exercice 2-8 (10-15 minutes)

a) Valeur actualisée de versements de fin de période de 1 pendant 4 périodes à 8 %   3,31213

Retrait annuel   × 20 000 $

Solde requis dans le fonds au 30 juin 2005   66 242,60 $

b) Solde du fonds au 30 juin 2005   66 242,60 $

Valeur capitalisée de versements de fin de période pendant 4 ans à 8 %   ÷ 4,50611

                                                                                                   14 700,62 $

Le montant de la cotisation annuelle est de 14 700,62 $

Exercice 2-9 (10-15 minutes)

On détermine le taux d'intérêt en divisant la valeur capitalisée (future) par la valeur actualisée, puis en trouvant dans la Table des facteurs de valeur capitalisée, à la ligne où $n = 2$, le facteur qui se rapproche le plus de ce nombre:

$$123\ 210\ \$ = 100\ 000\ \$\ (vf_{2,\,i\%})$$
$$123\ 210\ \$ \div 100\ 000\ \$ = (vf_{2,\,i\%})$$
$$1,2321 = (vf_{2,\,i\%})$$

En cherchant sur la ligne de $n = 2$, on trouve que $i = 11$ %.

Exercice 2-10 (10-15 minutes)

a) On calcule le nombre de périodes d'intérêt en divisant d'abord le montant futur de 1 000 000 $ par 92 296 $, ce qui donne 10,834706, soit le facteur de capitalisation de 1 $ à 10 % pour un nombre inconnu de périodes. L'on trouve le facteur 10,834706 ou son approximation dans la table des valeurs capitalisées de 1, en cherchant dans la colonne des 10 %, à la ligne des 25 périodes. Le nombre d'années qui devra s'écouler avant que David Colbert ne devienne millionnaire s'élève donc à 25.

b) On calcule le taux d'intérêt inconnu en divisant d'abord le montant futur de 1 000 000 $ par le chiffre du placement actuel, soit 182 696 $, ce qui donne 5,47357, c'est-à-dire la valeur capitalisée de 1 $ pendant 15 ans à un taux d'intérêt inconnu. On peut ensuite trouver le facteur de capitalisation ou son approximation dans la table des valeurs capitalisées en parcourant la ligne des 15 périodes, sur laquelle on le trouve sous la colonne des 12 %. Le taux d'intérêt que Gérard Champion doit obtenir de son placement s'il veut devenir millionnaire s'élève donc à 12 %.

Exercice 2-11 (10-15 minutes)

a) Total des versements – valeur due aujourd'hui = montant total de l'intérêt

162 745,30 $ [soit 10 × 16 274,53 $] – 100 000 $ = 62 745,30 $

b) Bouteur inc. devrait emprunter à la banque, étant donné que le taux d'intérêt de 9 % est inférieur au taux de 10 % que propose le fabricant, comme le montre le calcul qui suit:

$$VA_{10,\,i\%} = 100\ 000\ \$ \div 16\ 274,53\ \$$$
$$= 6,14557$$

En parcourant la ligne $n = 10$, on constate que ce facteur se trouve sous la colonne des 10 %.

Exercice 2-12 (10-15 minutes)

<u>Bâtiment A</u>

Valeur actualisée = 600 000 $

<u>Bâtiment B</u>

Loyer × (valeur actualisée de 25 versements de début de période à 12 %) = Valeur actualisée

69 000 $ × 8,78432 = 606 118,08 $ = Valeur actualisée

<u>Bâtiment C</u>

Loyer × (valeur actualisée de 25 versements de fin de période à 12 %) = Valeur actualisée

7 000 $ × 7,84314 = 54 901,98 $ = Valeur actualisée

Prix d'achat au comptant	650 000,00 $
Valeur actualisée des loyers	− 54 901,98
Valeur actualisée nette	595 098,02 $

Il faut donc conseiller à Louis Dupire de louer le bâtiment C puisqu'il présente la plus petite valeur actualisée.

Exercice 2-13 (10-15 minutes)

Valeur capitalisée des 4 premiers versements de fin de période de 1 $ chacun à 10 % au 10 janvier 2002		4,64100
Multipliée par la valeur capitalisée de 1 $ pendant 7 périodes à 11 %	×	2,07616
Valeur capitalisée des 4 premiers versements de 1 $ chacun au 10 janvier 2009	=	9,63546
Plus: Valeur capitalisée de 7 versements de fin de période de 1 $ à 11 %	+	9,78327
Valeur capitalisée des 11 premiers versements au 10 janvier 2009	=	19,41873
Multipliée par la valeur capitalisée de 1 $ pour 4 périodes à 12 %	×	1,57352
Valeur capitalisée des 11 premiers versements au 10 janvier 2013	=	30,55576
Plus: Valeur capitalisée de 4 versements de fin de période de 1 $ à 12 %	+	4,77933
Valeur capitalisée de 15 versements de 1 $ au 10 janvier 2013	=	35,33509
Multipliée par le montant de chaque versement	×	10 000,00 $
Total accumulé en fiducie au 10 janvier 2013	=	353 350,90 $

OU

Versements des années 1999 à 2002: 10 000 $ × 4,641 00 × 2,07616 × 1,57352   151 615,87 $

Versements des années 2003 à 2009: 10 000 $ × 9,78327 × 1,57352   153 941,71

Versements des années 2009 à 2013: 10 000 $ × 4,77933   47 793,30

353 350,88 $

OU

Versements des années 1999 à 2002:
10 000 $ × 3,310 × 1,10 × $(1 + 0,11)^7$ × $(1 + 0,12)^4$
10 000 $ × 3,641 × 2,07616 × 1,57352   118 947,07 $

Versements des années 2003 à 2009:
10 000 $ × 9,78327 × 1,11 × $(1 + 0,12)^4$
10 000 $ × 10,85943 × 1,57352   170 875,30

Versements des années 2010 à 2013:
10 000 $ × 4,77933 × 1,12   53 528,50

Versement du 10 janvier 2013   10 000,00

353 351,50 $

Note: Les différences de montant entre les trois méthodes sont dues à l'arrondissement.

Exercice 2-14 (15-20 minutes)

Diagramme: Natrox Ltée

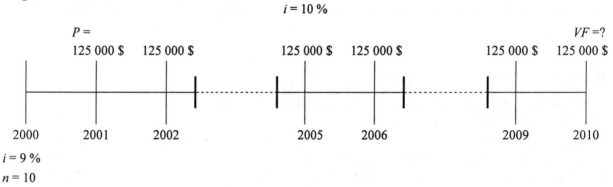

$i = 10 \%$

$P =$ $VF = ?$

125 000 $ 125 000 $ 125 000 $ 125 000 $ 125 000 $ 125 000 $

2000   2001   2002   2005   2006   2009   2010

$i = 9 \%$
$n = 10$

La formule de la valeur capitalisée du fonds d'amortissement est la suivante:

$VF = P (VF_{n, i})$
$VF = 125\ 000\ \$\ (VF_{10, 10\%})$
$VF = 125\ 000\ \$\ (15,93743)$
$VF = 1\ 992\ 178,08\ \$$

Pour trouver le montant à déposer le 1er janvier 2005, la formule qu'on doit utiliser est la suivante:

Montant additionnel requis pour rembourser les actions privilégiées:

2 500 000 $ – 1 992 178,08 $ = 507 821,92 $

$$vf = va\,(vf_{\,n,\,i})$$
$$507\ 821,92\$ = va\,(vf_{\,5,9\,\%})$$
$$507\ 821,92\$ = va\,(1,53862)$$
$$va = 507\ 821,92 \div 1,53862$$
$$va = 330\ 049,40\ \$$$

Jean Soucy doit donc déposer 330 049,40 $ le 1er janvier 2005.

Exercice 2-15 (15-20 minutes)

Diagramme: Les éditions Lafond ltée

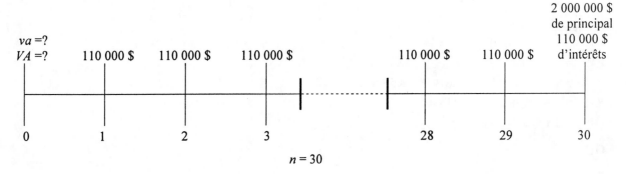

$$i = 6\ \%$$

$n = 30$

Formule des versements d'intérêts:

$$VA = P\,(VA_{\,n,\,i})$$
$$VA = 110\ 000\ \$\ (VA_{\,30,10\,\%})$$
$$VA = 110\ 000\ \$\ (9,42691)$$
$$VA = 1\ 036\ 960,10\ \$$$

Formule de calcul du principal:

$$va = vf\,(va_{\,n,\,i})$$
$$va = 2\ 000\ 000\ \$\ (VA_{\,30,10\,\%})$$
$$VA = 2\ 000\ 000\ \$\ (0,05731)$$
$$VA = 114\ 620\ \$$$

Prix de vente des obligations	=	1 036 960 $	+	114 620 $
	=	1 151 580 $		

Exercice 2-16 (15-20 minutes)

Diagramme: Harmonie ltée

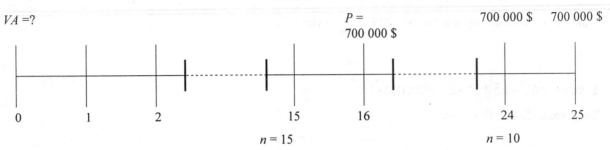

Formule:

VA = $P (VA\ n, i)$

VA = $700\ 000\ \$ \quad (VA_{25, 8\%} - VA_{15, 8\%})$

VA = $700\ 000\ \$ \quad (10,67478 - 8,55948)$

VA = $700\ 000\ \$ \quad (2,11530)$

VA = $1\ 480\ 710\ \$$

OU

Diagramme: Harmonie ltée

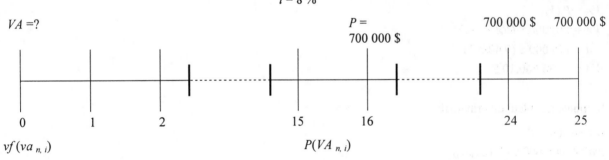

a) Valeur actualisée des versements annuels de retraite espérés à la fin de la 15e année:

VA = $P (VA\ n, i)$

VA = $700\ 000\ \$ \quad (VA_{10, 8\%})$

VA = $700\ 000\ \$ \quad (6,71008)$

VA = $4\ 697\ 056\ \$$

b) Valeur actualisée des versements annuels de retraite espérés au début de l'année en cours:

va = $vf (va\ n, i)$

va = $4\ 697\ 056\ \$ \quad (va_{15, 8\%})$

va = $4\ 697\ 056\ \$ \quad (0,31524)$

va = $1\ 480\ 700\ \$*$

* La différence de 10 $ est due à l'arrondissement.

L'obligation qui découle du régime de retraite s'élève à 1 480 700 $ pour la société.

Exercice 2-17 (15-20 minutes)

a)

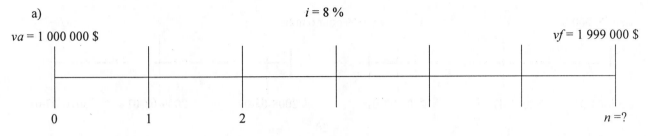

$$vf_{n,\,8\%} = 1\ 999\ 000\ \$ \div 1\ 000\ 000\ \$$$
$$= 1,999$$

Lorsqu'on parcourt la colonne de 8 %, on trouve que 1, 999 correspond à 9 périodes.

b)

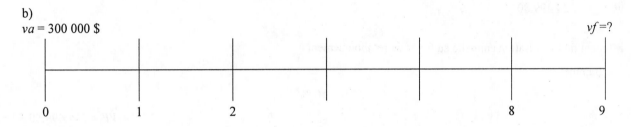

$$vf = 300\ 000\ \$\ (vf_{9,\,8\%})$$
$$= 300\ 000\ \$\ (1,999)$$
$$= 599\ 700\ \$$$

Ce qui signifie que le montant à partir duquel on peut déterminer à combien s'élèveront les versements équivaut à: 1 999 000 $ – 599 700 $ = 1 399 300 $.

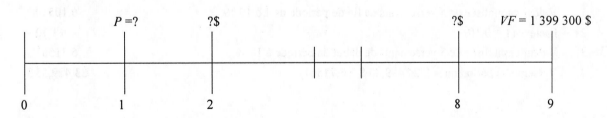

$$P\ (\text{versements}) = VF \div (VF_{9,\,8\%})$$
$$= 1\ 399\ 300\ \$ \div 12,48756$$
$$= 112\ 055,52\ \$$$

Exercice 2-18 (10-15 minutes)

Montant à rembourser le 1er mars 2010.

Diagramme: Jean Laviolette

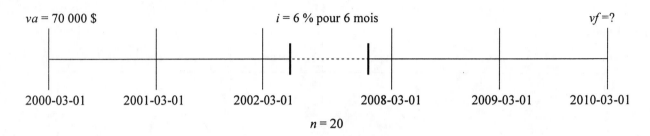

$va = 70\ 000\ \$$ $i = 6\ \%$ pour 6 mois $vf = ?$

2000-03-01   2001-03-01   2002-03-01   2008-03-01   2009-03-01   2010-03-01

$n = 20$

Formule:

vf = $va\ (vf_{n,i})$

vf = $70\ 000\ \$$ $(vf_{20,\ 6\ \%})$

vf = $70\ 000\ \$$ $(3,20714)$

vf = $224\ 499,80\ \$$

Montant de la cotisation annuelle au fonds de remboursement

Diagramme:

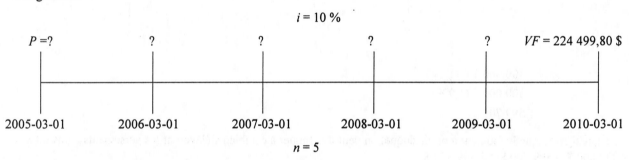

$i = 10\ \%$

$P = ?$?   ?   ?   ? $VF = 224\ 499,80\ \$$

2005-03-01   2006-03-01   2007-03-01   2008-03-01   2009-03-01   2010-03-01

$n = 5$

1.	Valeur capitalisée de 5 versements de fin de période de 1 à 10 %	6,10510
2.	Facteur (1 + 0,10)	× <u>1,10</u>
3.	Valeur capitalisée de 5 versements de début de période à 10 %	6,71561
4.	Versements périodiques (224 499,80 $ ÷ 6,71561)	33 429,55 $

Exercice 2-19 (10-15 minutes)

Diagramme: Universelle ltée

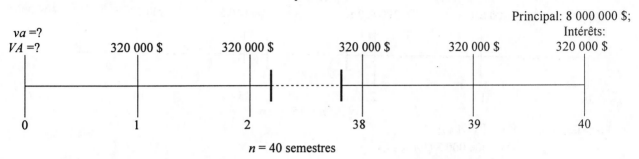

$i = 6\%$ par semestre

va =?
VA =?

320 000 $ 320 000 $ 320 000 $ 320 000 $

Principal: 8 000 000 $;
Intérêts:
320 000 $

0   1   2   38   39   40

$n = 40$ semestres

Valeur actualisée du principal
$va = vf\,(va_{\,40,\,6\%}) = 8\,000\,000\,\$\,(0{,}09722)$ 777 760,00 $

Valeur actualisée des versements d'intérêts
$VA = P\,(VA_{\,40,\,6\%}) = 320\,000\,\$\,(15{,}04630)$ 4 814 816,00

Valeur actualisée totale des obligations à inscrire au passif: 5 592 576,00 $

Exercice 2-20 (10-15 minutes)

Diagramme: Location Basprix ltée

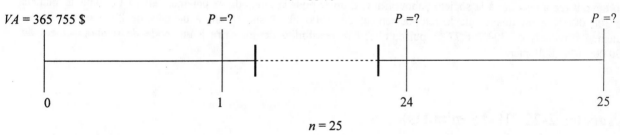

$i = 11\%$

VA = 365 755 $ P =?   P =?   P =?

0   1   24   25

$n = 25$

Formule:

$$VA = P(VA_{\,n,\,i})$$
$$365\,755\,\$ = P(VA_{\,25,\,11\%})$$
$$365\,755\,\$ = P(8{,}42174)$$
$$P = 365\,755\,\$ \div 8{,}42174$$
$$P = 43\,429{,}86\,\$$$

Exercice 2-21 (10-15 minutes)

Diagramme du calendrier:

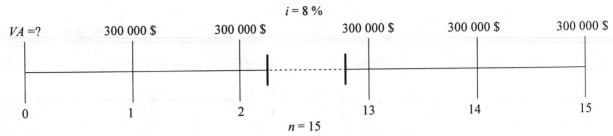

Formule:

$$VA = P (VA_{n,\,i})$$
$$VA = 300\ 000\ \$\ (VA_{15,\,8\,\%})$$
$$VA = 300\ 000\ \$\ (8{,}55948)$$
$$VA = 2\ 567\ 844\ \$$$

On devrait recommander à la société Sabourin inc. d'opter pour la méthode de paiement en 15 versements annuels de 300 000 $, étant donné que la valeur actualisée de ces versements (2 567 844 $) est inférieure aux 2 600 000 $ à verser immédiatement.

OU

Formule:

$$VA = P (VA_{n,\,i})$$
$$2\ 600\ 000 = P (VA_{15,\,8\,\%})$$
$$2\ 600\ 000 = 303\ 756{,}77\ \$$$
$$8{,}55948$$

On devrait recommander à la société Sabourin inc. d'opter pour la méthode de paiement en 15 versements annuels de 300 000 $, étant donné que le remboursement de 2 600 000 $ sur 15 ans à un taux de 8% commande des paiements annuels de 303 756,77 $, puisqu'elle a la possibilité de souscrire à un mode de remboursement de 300 000 $ annuellement.

Exercice 2-22 (10-15 minutes)

Diagramme du calendrier:

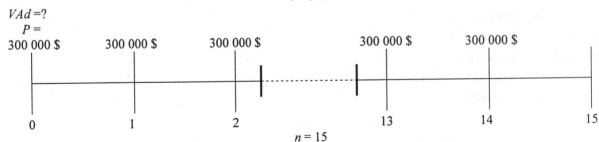

Formule:

En utilisant la table 4
$VAd = P(VA_{n,i})(1 + i)$
$VAd = 300\ 000\ \$ (8,55948 \times 1,08)$
$VAd = 300\ 000\ \$ (9,24424)$
$VAd = 2\ 773\ 272\ \$$

En utilisant la table 5
$VAd = P(VAd_{n,i})$
$VAd = 300\ 000\ \$ (VAd_{15,\ 8\ \%})$
$VAd = 300\ 000\ \$ (9,24424)$
$VAd = 2\ 773\ 272\ \$$

Dans ce cas, on devait recommander à la société Sabourin inc. d'opter pour le paiement immédiat de 2 600 000 \$, étant donné que ce montant est inférieur à la valeur actualisée des 15 versements annuels de 300 000 \$ (2 773 272 \$).

*Exercice 2-23 (5 minutes)

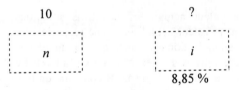

10	?	-19 000	0	49 000
n	i	PV	PMT	FV*
	9,94 %			

*FV = VF = valeur capitalisée

*Exercice 2-24 (5 minutes)

10	?	42 000	6 500	0
n	i	PV	PMT	FV
	8,85 %			

*Exercice 2-25 (5 minutes)

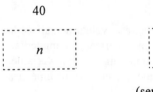

40	?	178 000	14 000	0
n	i	PV	PMT	FV
	7,49 % (semestriellement)			

DURÉES ET OBJECTIFS DES PROBLÈMES

Problème 2-1 (15-20 minutes)

Objectif – Donner à l'étudiant l'occasion d'apprendre à se servir des tables des facteurs de valeur actualisée dans diverses situations. Dans chacune des situations proposées, on met l'accent soit sur la valeur actualisée de 1, soit sur la valeur actualisée de versements de fin de période. Deux des situations sont légèrement plus difficiles à résoudre, car, dans un cas, il s'agit d'un effet ne portant pas d'intérêt et, dans l'autre, il s'agit de calculer la valeur des obligations.

Problème 2-2 (15-20 minutes)

Objectif – Donner à l'étudiant l'occasion de trouver la solution de quatre situations comportant des valeurs actualisées et capitalisées. On demande à l'étudiant de déterminer le nombre d'années pendant lesquelles certains montants vont s'accumuler, le taux d'intérêt nécessaire pour atteindre un certain montant et le montant inconnu de versements multiples. Le problème développe la capacité de l'étudiant à établir des équations relatives aux valeurs actualisées et capitalisées.

Problème 2-3 (10-15 minutes)

Objectif – Donner à l'étudiant l'occasion de trouver la valeur capitalisée d'une série de dépôts. On demande à l'étudiant de calculer la valeur capitalisée de versements de début de période et la valeur capitalisée d'une somme unique. Dans ce problème, la principale difficulté vient du fait que les taux d'intérêt changent au cours de la durée des versements.

Problème 2-4 (20-30 minutes)

Objectif – Donner à l'étudiant l'occasion de calculer la valeur actualisée de deux soumissions. Dans chaque situation, l'étudiant doit appliquer le facteur de valeur actualisée d'un montant unique et celui de versements multiples. L'étudiant doit décider laquelle des soumissions doit être acceptée.

Problème 2-5 (15-20 minutes)

Objectif – Donner à l'étudiant l'occasion d'appliquer les notions de valeur actualisée dans trois situations différentes. L'étudiant doit déterminer des quantités inconnues, notamment la valeur actualisée d'une rente, le taux d'intérêt nécessaire pour un montant qui a été investi et des retraits annuels donnés, ainsi que la durée des versements quand on connaît le montant de l'investissement, le montant des retraits annuels et le taux d'intérêt. Le problème offre des applications utiles des techniques relatives au calcul de la valeur actualisée. Il constitue un bon exercice pour utiliser les formules et les tables de valeur actualisée, et trouver des données inconnues.

Problème 2-6 (10-15 minutes)

Objectif – Donner à l'étudiant l'occasion de comparer deux différentes possibilités pour l'encaissement d'un paiement, dans un cas où les impôts influent sur les flux de trésorerie.

Problème 2-7 (20-25 minutes)

Objectif – Donner à l'étudiant l'occasion de déterminer entre quatre possibilités laquelle aura la valeur actualisée la plus élevée. L'étudiant doit déterminer la valeur actualisée de possibilités comprenant un encaissement immédiat, des versements de fin de période, des versements de début de période et des versements au montant variable. L'étudiant doit également calculer des intérêts composés trimestriellement. Ce problème est un bon résumé des techniques d'application de la valeur actualisée.

Problème 2-8 (15-20 minutes)

Objectif – Donner à l'étudiant l'occasion d'appliquer les techniques relatives à la valeur actualisée dans trois situations différentes. L'étudiant doit déterminer le montant de versements multiples dans chacune de celles-ci, lesquels sont de trois types, soit versements différés, versements de début de période et versements de fin de période.

Problème 2-9 (25-30 minutes)

Objectif – Donner à l'étudiant l'occasion de déterminer la valeur actualisée d'une série de versements différés. L'étudiant doit régler des questions tant d'encaissements que de décaissements pour parvenir à trouver la valeur actualisée de rentrées nettes de fonds. Ce problème favorise chez l'étudiant le développement de la capacité d'utilisation des tables d'actualisation pour résoudre efficacement un problème.

Problème 2-10 (20-25 minutes)

Objectif – Donner à l'étudiant l'occasion de déterminer la valeur actualisée de versements de fin de période, en fonction de taux d'intérêt variant au cours de la période de ces versements. Ce problème favorise chez l'étudiant le développement de la capacité d'utilisation des tables d'actualisation pour résoudre efficacement un problème. L'étudiant doit également avoir la capacité de reconnaître qu'il s'agit de versements de fin de période.

Problème 2-11 (30-35 minutes)

Objectif – Donner à l'étudiant l'occasion d'appliquer les notions de valeur temporelle de l'argent dans des situations d'affaires. Certaines de ces situations sont relativement compliquées et obligeront l'étudiant à bien réfléchir avant de répondre. Par exemple, dans l'une des situations, l'étudiant doit calculer l'escompte d'un effet et, dans une autre, il doit trouver le taux d'intérêt approprié à utiliser dans une opération d'achat.

Problème 2-12 (20-30 minutes)

Objectif – Donner à l'étudiant l'occasion de déterminer la valeur actualisée de versements de fin de période et de versements de début de période dans trois situations différentes de décaissements. L'étudiant doit ensuite décider lequel des plans de décaissement doit être adopté.

Problème 2-13 (30-35 minutes)

Objectif – Confronter l'étudiant à différents problèmes liés aux notions de valeur temporelle de l'argent, soit comparer un achat et une location-acquisition, déterminer la juste valeur d'un effet et décider de la pertinence de se prévaloir d'un escompte de caisse.

Problème 2-14 (30-35 minutes)

Objectif – Donner à l'étudiant l'occasion de prendre trois différents types de décisions financières: remplacer ou non la machinerie, dans quel projet investir des fonds et faire la comparaison entre un régime de primes et un régime de retraite.

Problème 2-15 (30-35 minutes)

Objectif – Donner à l'étudiant l'occasion d'évaluer si une société doit opter pour un achat ou pour une location-acquisition. Les calculs relatifs à ce problème sont relativement compliqués.

Problème 2-16 (25-30 minutes)

Objectif – Donner à l'étudiant l'occasion d'appliquer les techniques relatives au calcul de la valeur actualisée dans trois situations commerciales, notamment calculer la valeur actualisée d'un engagement concernant un régime de retraite et la valeur actualisée d'obligations.

Problème 2-17 (20-25 minutes)

Objectif – Donner à l'étudiant l'occasion d'appliquer les notions de valeur temporelle de l'argent pour résoudre quatre problèmes commerciaux: acheter ou louer pour acquérir; attribuer un prix à des obligations; changer le taux d'intérêt ou émettre des obligations; établir un fonds d'amortissement pour rembourser des obligations.

Problème 2-18 (25-30 minutes)

Objectif – Donner à l'étudiant l'occasion d'appliquer la valeur actualisée pour déterminer comment financer un régime de retraite, notamment grâce à des versements différés.

*Problèmes 2-19, 2-20 et 2-21 (10-15 minutes)

Objectif – Donner à l'étudiant l'occasion d'utiliser une calculatrice financière.

SOLUTIONS DES PROBLÈMES

Problème 2-1

a) Puisqu'on n'a pas de valeur déterminée pour le bâtiment, il faut calculer la juste valeur de marché de l'effet pour évaluer le bâtiment.

Diagramme:

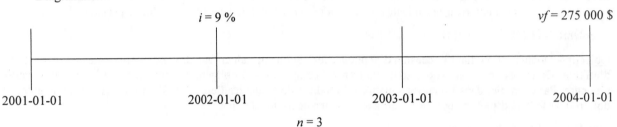

$$i = 9\ \% \qquad\qquad\qquad\qquad vf = 275\ 000\ \$$$

2001-01-01   2002-01-01   2003-01-01   2004-01-01

$$n = 3$$

Formule:

$$va = vf\,(va_{\,n,\,i\%})$$
$$va = 275\ 000\ \$ \quad (va_{\,3,\,9\%})$$
$$va = 275\ 000\ \$ \quad (0{,}77218)$$
$$va = 212\ 349{,}50\ \$$$

Équivalent en argent du prix du bâtiment	212 349,50 $
Moins: Valeur comptable (250 000 $ – 100 000 $)	– 150 000,00
Profit sur cession du bâtiment	62 349,50 $

b) Diagramme:

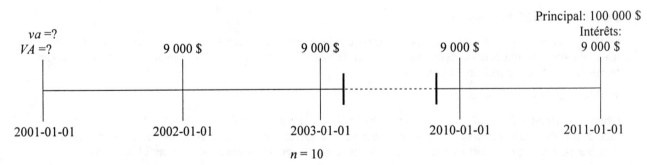

$$i = 11\ \%$$

Principal: 100 000 $
Intérêts:

$va =?$
$VA =?$ 9 000 $ 9 000 $ 9 000 $ 9 000 $

2001-01-01   2002-01-01   2003-01-01   2010-01-01   2011-01-01

$$n = 10$$

Valeur actualisée du principal
$vf(va_{\,10,\,11\%}) = 100\ 000\ \$\ (0{,}35218)$ 35 218,00 $

Valeur actualisée des versements d'intérêts
$P(VA_{\,10,\,11\%}) = 9\ 000\ \$\ (5{,}88923)$ 53 003,07

Valeur actualisée globale (prix d'achat)   88 221,07 $

c) Diagramme:

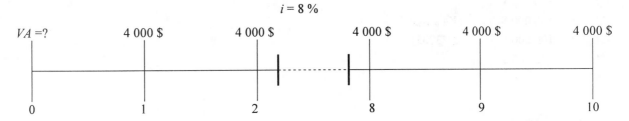

Formule:

VA = $P \, (VA_{n, i})$

VA = $4\,000\,\$ \ (VA_{10,\,8\,\%})$

VA = $4\,000\,\$ \ (6,71008)$

VA = $26\,840,32\,\$$ (coût de la machine)

d) Diagramme:

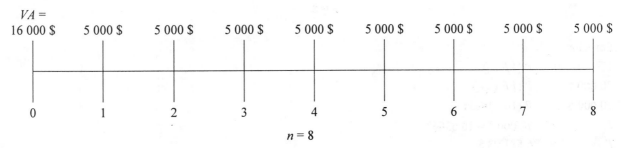

Formule:

VA = $P \, (VA\,n, i)$

VA = $5\,000\,\$ \ (VA\,8,\,12\,\%)$

VA = $5\,000\,\$ \ (4,96764)$

VA = $24\,838,20\,\$$

Coût de la machine: $20\,000\,\$ + 24\,838,20\,\$ = 44\,838,20\,\$$

e) Diagramme:

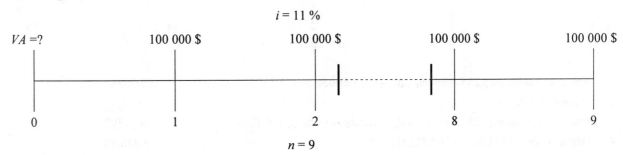

Formule:

$$VA = P(VA_{n,i})$$
$$VA = 100\ 000\ \$ \quad (VA_{9,\,11\%})$$
$$VA = 100\ 000\ \$ \quad (5{,}53705)$$
$$VA = 553\ 705\ \$$$

Problème 2-2

a)   Diagramme: Irène Longchamp

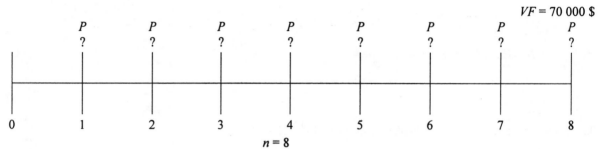

Formule:

$$VF = P(VF_{n,i})$$
$$70\ 000\ \$ = P(VF_{8,\,8\%})$$
$$70\ 000\ \$ = P(10{,}63663)$$
$$P = 70\ 000\ \$ \div 10{,}63663$$
$$P = 6\ 581{,}03\ \$$$

b)   Diagramme: Claudette Vanier

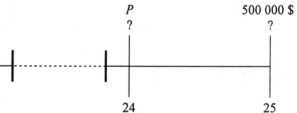

1. Valeur capitalisée de 25 versements de fin de période de 1, à 12 %		133,33387
2. Facteur (1 + 0,12)		× 1,12
3. Valeur capitalisée de 25 versements de début de période de 1, à 12 %		149,33393
4. Dépôt annuel (500 000 $ ÷ 149,33393)		3 348,20 $

c) Diagramme: Marc Côté

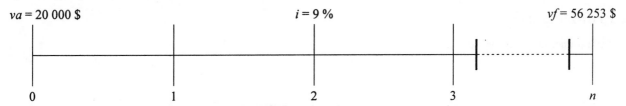

$va = 20\ 000\ \$$ $i = 9\ \%$ $vf = 56\ 253\ \$$

0   1   2   3   n

Méthode de la valeur capitalisée

$$vf = va\ (vf_{\ n,\ i})$$
$$56\ 253\ \$ = 20\ 000\ \$\ (vf_{n,\ 9\%})$$
$$(vf_{n,\ 9\%}) = 56\ 253\ \$ \div 20\ 000\ \$ = 2{,}81267$$

2,81267 correspond au montant de 1 \$ placé à 9 % pendant 12 ans.

Méthode de la valeur actualisée

$$va = vf\ (va_{\ n,\ i})$$
$$20\ 000\ \$ = 56\ 253\ \$\ (va_{n,\ 9\%})$$
$$(va_{n,\ 9\%}) = 20\ 000\ \$ \div 56\ 253\ \$ = 0{,}35553$$

0,35553 correspond à la valeur actualisée de 1 \$ à 9 % pendant 12 ans.

d) Diagramme: Clément Lesage

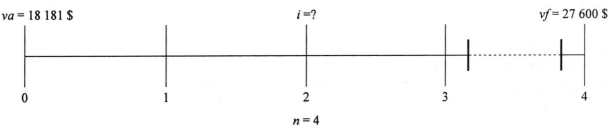

$va = 18\ 181\ \$$ $i = ?$ $vf = 27\ 600\ \$$

0   1   2   3   4

$n = 4$

Méthode de la valeur capitalisée

$$vf = va\ (vf_{n,\ i})$$
$$27\ 600\ \$ = 18\ 181\ \$\ (vf_{4,\ i})$$
$$(vf_{4,\ i}) = 27\ 600\ \$ \div 18\ 181\ \$ = 1{,}51807$$

1,518 07 correspond au montant de 1 \$ placé à 11 % pendant 4 ans.

Méthode de la valeur actualisée

$$va = vf\ (va_{\ n,\ i})$$
$$18\ 181\ \$ = 27\ 600\ \$\ (va_{4,\ i})$$
$$(va_{4,\ i}) = 18\ 181\ \$ \div 27\ 600\ \$ = 0{,}65873$$

0,65873 correspond à la valeur actualisée de 1 \$ placé à 11 % pendant 4 ans.

Problème 2-3

Diagramme: Guy Latraverse

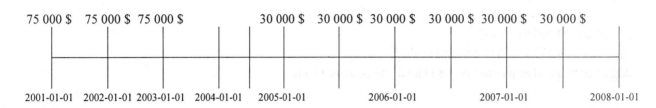

On peut résoudre ce problème plus facilement en calculant d'abord la valeur capitalisée des versements de 75 000 $ et en y ajoutant la valeur capitalisée des versements de 30 000 $.

Valeur capitalisée des versements de 75 000 $ de début de période jusqu'au 1er janvier 2004:

75 000 $ × (valeur capitalisée de 3 versements de fin de période à 9 % × 1,09)

75 000 $ × (3,27810 × 1,09)

75 000 $ × 3,57313

vf = 267 984,75 $

Valeur capitalisée des 267 984,75 $ au 1er janvier 2008:

vf = 267 984,75 ($vf_{8, 6\%}$)

vf = 267 984,75 $ (1,59385)

vf = 427 127,49 $

Valeur capitalisée des versements de 30 000 $ de début de période jusqu'au 1er janvier 2008:

30 000 $ × (valeur capitalisée de 6 versements de fin de période à 6 % × 1,06)

30 000 $ × (6,97532 × 1,06)

30 000 $ × 7,39384

vf = 221 815,20 $

Valeur capitalisée de 267 984,75 $ au 1er janvier 2008	427 127,49 $
Valeur capitalisée des versements de fin de période de 30 000 $ au 1er janvier 2008	+ 221 815,20
	648 942,69 $

Problème 2-4

Diagramme: soumission A

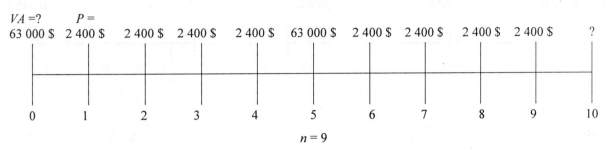

Valeur actualisée au coût initial

$12\,000 \times 5{,}25 = 63\,000$ \$ (engagés aujourd'hui)   63 000,00 \$

Valeur actualisée des frais d'entretien (années 1 à 4)

$12\,000 \times 0{,}20$ \$ $= 2\,400$ \$

$P\,(VA_{\,4,\,9\,\%}) = 2\,400$ \$ $(3{,}23972)$ 7 775,33

Valeur actualisée du revêtement renouvelé

$vf\,(VA_{\,5,\,9\,\%}) = 63\,000$ \$ $(0{,}64993)$ 40 945,59

Valeur actualisée des frais d'entretien (années 6 à 9)

$P\,(VA_{\,9,\,9\,\%} - (VA_{\,5,\,9\,\%})) = 2\,400$ \$ $(5{,}99525 - 3{,}88965)$ <u>5 053,44</u>

Valeur actualisée des sorties de fonds selon la soumission A   116 774,36 \$

Diagramme: soumission B

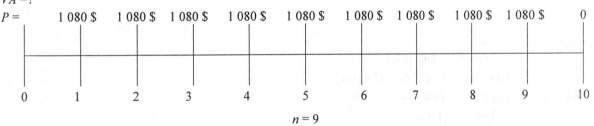

Valeur actualisée au coût initial

$12\,000$ \$ $\times 9{,}50$ \$ $= 114\,000$ \$ (engagés aujourd'hui)   114 000,00 \$

Valeur actualisée des frais d'entretien (années 1 à 4)

$12\,000 \times 0{,}09$ \$ $= 1\,080$ \$

$P\,(VA_{\,9,\,9\,\%}) = 1\,080$ \$ $(5{,}99525)$ <u>+ 6 474,87</u>

Valeur actualisée des sorties de fonds selon la soumission B   120 474,87 \$

Beaugeste ltée devrait retenir la soumission A puisqu'elle lui permettrait d'économiser 3 700,51\$, soit 120 474,87\$ – 116 774,36\$.

Problème 2-5

a) Diagramme: Les Vincent

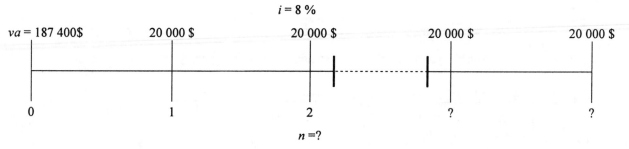

Formule:

$$va = P (VA_{n, 8\%})$$
$$187\ 400\ \$ = 20\ 000\ \$\ (VA_{n, 8\%})$$
$$187\ 400\ \$ = 20\ 000\ \$\ (VA_{n, 8\%})$$
$$187\ 400\ \$ \div 20\ 000\ \$ = (VA_{n, 8\%})$$
$$9,37 = (VA_{n, 8\%})$$

Nous trouvons le facteur d'actualisation 9,37189 dans la table d'actualisation de versements multiples à un taux d'intérêt de 8%, dans la ligne des 18 périodes, soit 18 ans.

b) Diagramme: Aristide Saccard

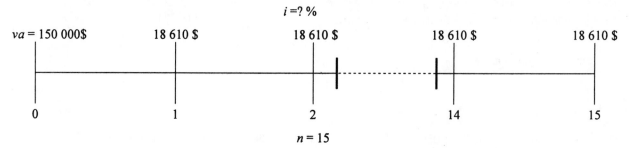

Formule:

$$VA = P (VA_{15, i\%})$$
$$150\ 000\ \$ = 18\ 610\ \$\ (VA_{15, i\%})$$
$$150\ 000\ \$ \div 18\ 610\ \$ = (VA_{15, i\%})$$
$$8,06 = (VA_{15, i\%})$$

Nous trouvons le facteur d'actualisation 8,06069 dans la table d'actualisation de versements multiples pour une période de 15 ans sous la colonne du taux d'intérêt de 9%.

c) Diagramme: Paul Francoeur

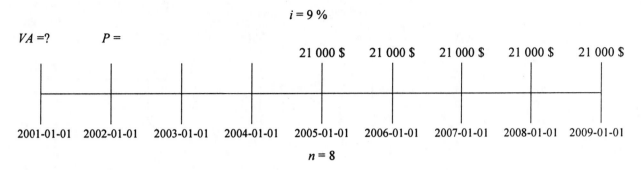

$VA = P (VA_{8, 9\%}) - (VA_{3, 9\%})$
$VA = 21\ 000\ [5,53482 - 2,53129]$
$VA = 116\ 231,22\ \$ - 53\ 157,09\ \$$
$VA = 63\ 074,13\ \$$

Problème 2-6

1re possibilité: versement unique
Valeur actuelle = 900 000 \$ × (1 − 0,46) = 486 000 \$

2e possibilité: versements multiples
Versements = 62 000 \$ × (1 − 0,25) = 46 500 \$

$\qquad VA = P (VA_{20, 8\%})$
$\qquad VA = \text{versements } (VA_{20, 8\%})$
$\qquad\quad = 46\ 500\ \$\ (10,60360)$
$\qquad\quad = 493\ 067,40\ \$$

Paul Anglade devrait opter pour la seconde possibilité, selon laquelle on lui remettra 20 versements égaux, car leur valeur actualisée est supérieure de 7 067,40 \$ au versement unique de la somme totale.

Problème 2-7

a) La valeur actualisée de 55 000 \$ payés aujourd'hui est de 55 000 \$.

b) Diagramme

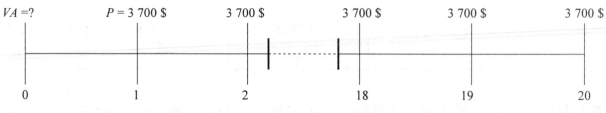

i = 2,5% par trimestre

VA =?   P = 3 700 $ 3 700 $ 3 700 $ 3 700 $ 3 700 $

0   1   2   18   19   20

n = 20 trimestres

Formule:

$VA = P (VA_{n,\, i})$

$VA = 3\ 700\ \$ (VA_{20,\, 2,5\,\%})$

$VA = 3\ 700\ \$ (15{,}58916)$

$VA = 57\ 679{,}89\ \$$

c) Diagramme

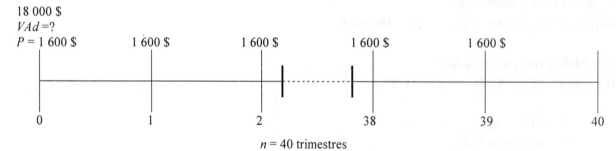

i = 2,5% par trimestre

18 000 $
VAd =?
P = 1 600 $ 1 600 $ 1 600 $ 1 600 $ 1 600 $

0   1   2   38   39   40

n = 40 trimestres

Formule:

$VAd = P (VAd_{n,\, i})$

$VAd = 1\ 600\ \$ (VAd_{40,\, 2,5\,\%})$

$VAd = 1\ 600\ \$ (25{,}73034)$

$VAd = 41\ 168{,}54\ \$$

La valeur actualisée de la possibilité c) s'élève à 18 000 $ + 41 168,54 $, soit 59 168,54 $.

d) Diagramme

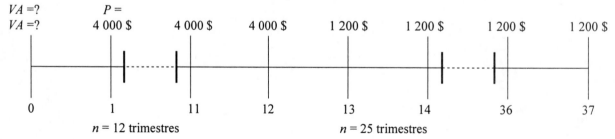

i = 2,5 % par trimestre

VA =?
VA =?   P =
     4 000 $ 4 000 $ 4 000 $ 1 200 $ 1 200 $ 1 200 $ 1 200 $

0   1   11   12   13   14   36   37

n = 12 trimestres   n = 25 trimestres

Formule:

$VA = P \, (VA_{n,\,i})$

$VA = 4\,000\,\$ \, (VA_{12,\,2,5\,\%})$

$VA = 4\,000\,\$ \, (10\,25776)$

$VA = 41\,031,04\,\$$

$VA = P \, (VA_{n,\,i})$

$VA = 1\,200\,\$ \, (VA_{37,\,2,5\,\%} - VA_{12,\,2,5\,\%})$

$VA = 1\,200\,\$ \, (23,95732 - 10,25776)$

$VA = 16\,439,47\,\$$

La valeur actualisée de la possibilité d) s'élève à 41 031,04 $ + 16 439,47 $, soit 57 470,51 $.

Valeurs actualisées des quatre possibilités:

a) 55 000 $

b) 57 679,89 $

c) 59 168,54 $

d) 57 470,51 $

En fonction de ces calculs et en ne se basant que sur les valeurs actualisées, on devrait recommander à Yvette Bernard d'opter pour la possibilité c).

Problème 2-8

a) Diagramme: Rose Anctil

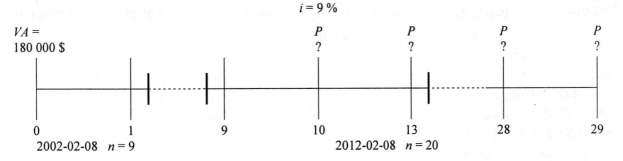

Formule:

$VA = P \, (VA_{n,\,i})$

$VA = P \, (VA_{29,\,9\,\%} - VA_{9,\,9\,\%})$

$180\,000\,\$ = P \, (10,19828 - 5,99525)$

$180\,000\,\$ = P \, (4,20303)$

$P = 180\,000\,\$ \div 4,20303)$

$P = 42\,826,18\,\$$

b)   Diagramme: Serge Desrosiers

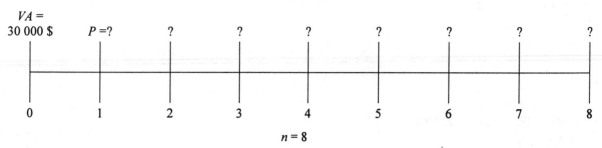

Formule:

$$VA = P \ (VA_{\,n,\,i})$$
$$30\ 000\ \$ = P \ (VA_{\,8,\,8\%})$$
$$30\ 000\ \$ = P \ (5{,}74664)$$
$$P = 30\ 000\ \$ \div 5{,}74664$$
$$P = 5\ 220{,}44\ \$$$

c)   Diagramme: Jean-Claude Bernier

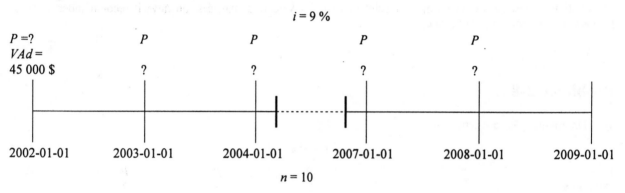

Formule:

$$VAd = P \ (VAd_{\,n,\,i})$$
$$45\ 000\ \$ = P \ (VAd_{\,10,\,9\%})$$
$$45\ 000\ \$ = P \ (6{,}99525)$$
$$P = 45\ 000\ \$ \div 6{,}99525$$
$$P = 6\ 432{,}94\ \$$$

Problème 2-9

Diagramme: Claude Vigor

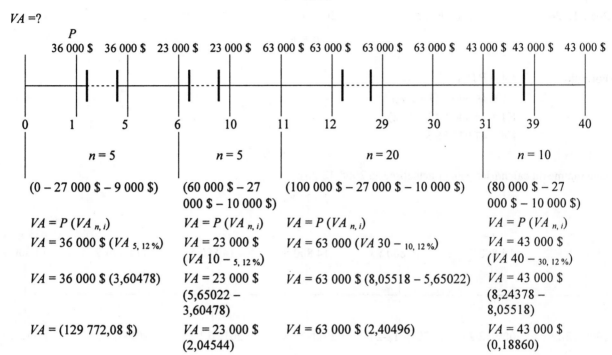

$i = 12\%$

$VA = ?$

P

| 36 000 \$ | 36 000 \$ | 23 000 \$ | 23 000 \$ | 63 000 \$ | 63 000 \$ | 63 000 \$ | 63 000 \$ | 43 000 \$ | 43 000 \$ | 43 000 \$ |

0   1   5   6   10   11   12   29   30   31   39   40

$n = 5$ $n = 5$ $n = 20$ $n = 10$

$(0 - 27\,000\,\$ - 9\,000\,\$)$

$(60\,000\,\$ - 27\,000\,\$ - 10\,000\,\$)$

$(100\,000\,\$ - 27\,000\,\$ - 10\,000\,\$)$

$(80\,000\,\$ - 27\,000\,\$ - 10\,000\,\$)$

$VA = P\,(VA_{n,\,i})$

$VA = 36\,000\,\$ \,(VA_{5,\,12\%})$

$VA = 36\,000\,\$ \,(3,60478)$

$VA = (129\,772,08\,\$)$

$VA = P\,(VA_{n,\,i})$

$VA = 23\,000\,\$ \,(VA\,10 - _{5,\,12\%})$

$VA = 23\,000\,\$ \,(5,65022 - 3,60478)$

$VA = 23\,000\,\$ \,(2,04544)$

$VA = 47\,045,12\,\$$

$VA = P\,(VA_{n,\,i})$

$VA = 63\,000\,(VA\,30 - _{10,\,12\%})$

$VA = 63\,000\,\$ \,(8,05518 - 5,65022)$

$VA = 63\,000\,\$ \,(2,40496)$

$VA = 151\,512,48\,\$$

$VA = P\,(VA_{n,\,i})$

$VA = 43\,000\,\$ \,(VA\,40 - _{30,\,12\%})$

$VA = 43\,000\,\$ \,(8,24378 - 8,05518)$

$VA = 43\,000\,\$ \,(0,18860)$

$VA = 8\,109,80\,\$$

Valeur actualisée des rentrées de fonds futures

(129 772,08) \$

47 045,12

151 512,48

<u>8 109,80</u>

76 895,32 \$

On devrait conseiller à Claude Vigor de ne pas accepter moins de 76 895,32 \$ pour son exploitation viticole.

Problème 2-10

Retrait annuel: $4 \times 3\,700\,\$ = 14\,800\,\$$

Diagramme du calendrier (valeur actualisée au 2014-12-26):

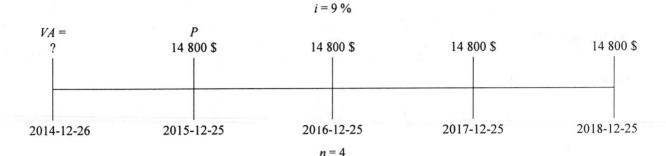

Formule: $VA = P\,(VA_{n,\,i})$

$VA = 14\ 800\ \$\ (VA_{4,\,9\%})$

$VA = 14\ 800\ \$\ (3{,}23972)$

$VA = 47\ 947{,}86\ \$$

Diagramme du calendrier (valeur actualisée au 2008-12-26):

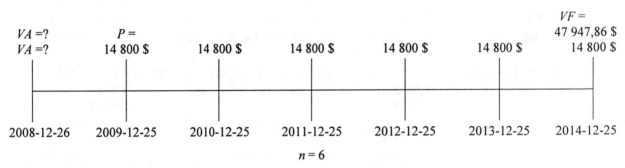

Formules:

$VA = P\,(VA_{n,\,i})$

$VA = 14\ 800\ \$\ (VA_{6,\,11\%})$

$VA = 14\ 800\ \$\ (4{,}23054)$

$VA = 62\ 611{,}99\ \$$

$VA = VF\,(VA_{n,\,i})$

$VA = 47\ 947,\ 86\ \$\ (VA_{6,\,11\%})$

$VA = 47\ 947{,}86\ \$\ (0{,}535464)$

$VA = 25\ 634{,}84\ \$$

Soit un total de 62 611,99 + 25 634,84 = **88 246,83 \$**.

Diagramme du calendrier (valeur actualisée au 2003-12-26):

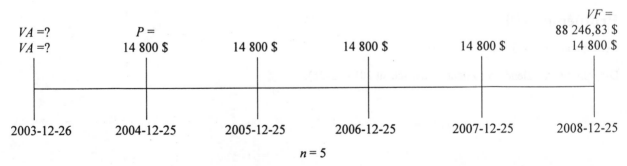

Formules:

$VA = P (VA_{n, i})$ $VA = VF (VA_{n, i})$

$VA = 14\ 800\ \$\ (VA_{5,\ 12\%})$ $VA = 88\ 246,83\ \$\ (VA_{5,\ 12\%})$

$VA = 14\ 800\ \$\ (3,60478)$ $VA = 88\ 246,83\ \$\ (0,56743)$

$VA = 53\ 350,74\ \$$ $VA = 50\ 073,90\ \$$

Valeur actualisée totale et montant à investir le 2003-12-26:

$53\ 350,74\ \$ + 50\ 073,90\ \$ = 103\ 424,64\ \$$

Problème 2-11

a)   Diagramme: premier type de placement

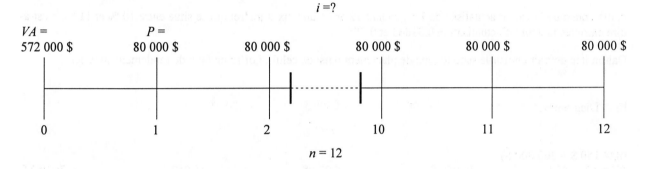

Formule:

$$VA = P (VA_{n, i})$$
$$572\ 000\ \$ = 80\ 000\ \$\ (VA_{12,\ i})$$
$$(VA_{12,\ i}) = 572\ 000\ \$ \div 80\ 000\ \$$$
$$(VA_{12,\ i}) = 7,15$$

7,15 représente la valeur actualisée de 12 versements périodiques de 1 \$ à 9 % approximativement, puisque le facteur d'actualisation pour un taux d'intérêt de 9% correspond à 7,16073.

Diagramme: second type de placement

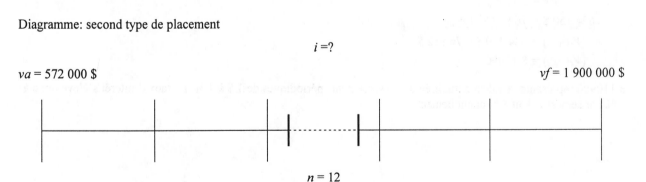

<u>Méthode de la valeur capitalisée</u>

$$vf = va\ (vf_{n,\,i})$$
$$1\ 900\ 000\ \$ = 572\ 000\ \$\ (vf_{12,\,i})$$
$$(vf_{12,\,i}) = 1\ 900\ 000\ \$ \div 572\ 000\ \$$$
$$(vf_{12,\,i}) = 3{,}3216$$

3,3216 représente le montant de 1 $ placé pendant 12 ans à un taux d'intérêt qui se situe entre 10 % et 11 %, c'est-à-dire entre les facteurs de capitalisation 3,13843 et 3,49845.

<u>Méthode de la valeur actualisée</u>

$$va = vf\ (va_{n,\,i})$$
$$572\ 000\ \$ = 1\ 900\ 000\ \$\ (va_{12,\,i})$$
$$(va_{12,\,i}) = 572\ 000\ \$ \div 1\ 900\ 000\ \$$$
$$(va_{12,\,i}) = 0{,}301$$

0,301 constitue la valeur actualisée de 1 $ pendant 12 ans à un taux d'intérêt qui se situe entre 10 % et 11 %, c'est-à-dire entre les facteurs d'actualisation 0,31863 et 0,28584.

Dalton ltée devrait choisir le second type de placement puisque celui-ci offre un taux de rendement supérieur.

b) Diagramme:

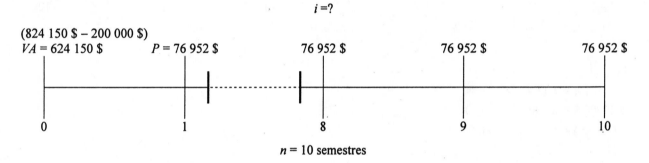

$$i = ?$$

Formule:

$$VA = P\ (VA_{10,\,i})$$
$$624\ 150\ \$ = 76\ 952\ \$\ (VA_{10,\,i})$$
$$(VA_{10,\,i}) = 624\ 150\ \$ \div 76\ 952\ \$$$
$$(VA_{10,\,i}) = 8{,}110900$$

8,110900 représente la valeur actualisée de 10 versements périodiques de 1 $ à 4 %. Le taux d'intérêt s'élève donc à 4 % par semestre, soit 8 % annuellement.

c) Diagramme

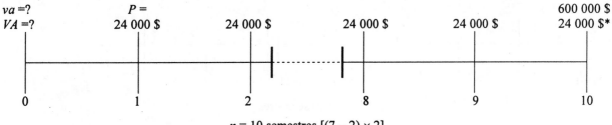

$i = 4\%$ par semestre

$va = ?$
$VA = ?$

$P = 24\,000\,\$$ 24 000 \$ 24 000 \$ 24 000 \$ 600 000 \$
24 000 \$*

0   1   2   8   9   10

$n = 10$ semestres $[(7 - 2) \times 2]$

* 24 000 \$ (600 000 \$ $\times 8\% \times 6/12$)

Formule:
$VA = P\,(VA_{\,n,\,i})$
$VA = 24\,000\,\$\,(VA_{\,10,\,5\%})$
$VA = 24\,000\,\$\,(7{,}72173)$
$VA = 185\,321{,}64\,\$$

$va = vf\,(va_{\,n,\,i})$
$va = 600\,000\,\$\,(va_{\,10,\,5\%})$
$va = 600\,000\,\$\,(0{,}61391)$
$va = 368\,347{,}95\,\$$

Valeur actualisée combinée (montant que Dalton ltée obtiendra pour la cession de son billet):
$185\,321{,}64\,\$ + 368\,347{,}95\,\$ = 553\,669{,}59\,\$$

d) Diagramme (valeur capitalisée du dépôt de 300 000 \$):

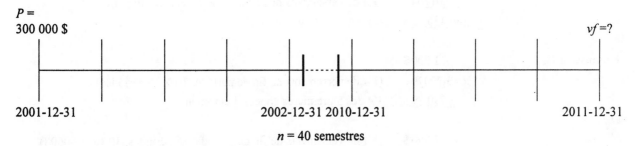

$i = 2{,}5\%$ par semestre

$P = 300\,000\,\$$ $vf = ?$

2001-12-31   2002-12-31 2010-12-31   2011-12-31

$n = 40$ semestres

Formule:
$vf = va\,(vf_{\,n,\,i})$
$vf = 300\,000\,\$\,(vf_{\,40,\,2{,}5\%})$
$vf = 300\,000\,\$\,(2{,}68506)$
$vf = 805\,518\,\$$

Montant que doivent atteindre les dépôts trimestriels: $1\,300\,000\,\$ - 805\,518\,\$ = 494\,482\,\$$

Diagramme (valeur capitalisée des dépôts trimestriels):

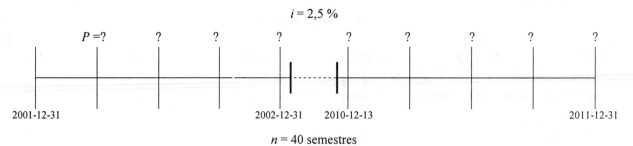

$i = 2,5 \%$

P =?   ?   ?   ?   ?   ?   ?   ?   ?

2001-12-31   2002-12-31   2010-12-13   2011-12-31

$n = 40$ semestres

Formule:

$VF = P\,(VF_{n,\,i})$

$VF = 494\ 482\ \$ = P\,(VF_{40,\,2,5\,\%})$

$P = 494\ 482\ \$ \div 67{,}40255$

$P = 7\ 336{,}25\ \$$

Problème 2-12

Fournisseur A:		
	15 000 $	Versements annuels
×	6,14457	(VA de versements de fin de période, 10 %, 10 périodes)
	92 168,55	
+	45 000,00	Versement en acompte
+	10 000,00	Contrat d'entretien
	147 168,55 $	Coût total – Fournisseur A

Fournisseur B:		
	8 000 $	Versements semestriels
×	18,01704	(VA de versements de début de période, 5 %, 40 périodes)
	144 136,32 $	Coût total – Fournisseur B

Fournisseur C:		
	1 000 $	
×	3,79079	(VA de versements de fin de période, 10 %, 5 périodes)
	3 790,79 $	VA des 5 premières années d'entretien

	2 000 $	[VA de versements de fin de période, 15 périodes, 10 % (7,60608)
×	3,81529	–VA de versements de fin de période, 5 périodes, 10 % (3,79079)]
	7 630,58 $	VA des 10 années suivantes d'entretien

	3 000 $	[VA de versements de fin de période, 20 périodes, 10 % (8,51356)
x	0,90748	–VA de versements de fin de période, 15 périodes, 10 % (7,60608)]
	2 722,44 $	VA des 5 dernières années d'entretien

Coût total de la presse à découper et de son entretien – Fournisseur C:

125 000,00 $	Prix d'achat au comptant
3 790,79	Entretien pour les années 1 à 5
7 630,58	Entretien pour les années 6 à 15
2 722,44	Entretien pour les années 16 à 20
139 143,81 $	

La société Casiers Gagnon ltée devrait opter pour la presse à découper du fournisseur C, étant donné que la valeur actualisée du décaissement total liée à l'offre de ce fournisseur est la plus basse des trois.

Problème 2-13

a) Diagramme pour les 10 premiers versements: Extel ltée

$i = 10\%$

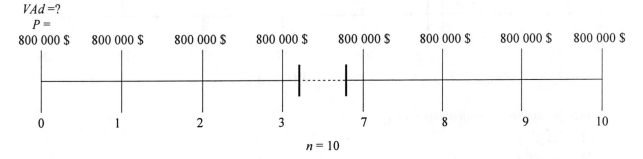

$n = 10$

Formule pour les 10 premiers versements:

$VAd = P(VAd_{n,\,i})$

$VAd = 800\,000\,\$ \ (VAd_{10,\,10\%})$

$VAd = 800\,000\,\$ \ (6{,}75902)$

$VAd = 5\,407\,216\,\$$

Diagramme pour les 10 derniers versements:

$i = 10\%$

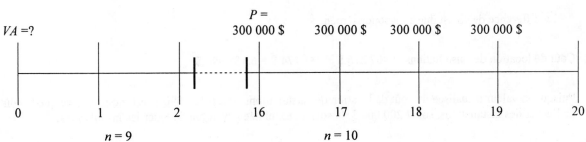

Formule pour les 10 derniers versements:

$VA = P \, (VA_{n,\,i})$

$VA = 300\,000 \ \$ \, (VA_{19,\,10\,\%} - VA_{9,\,10\,\%})$

$VA = 300\,000 \ \$ \, (8,36492 - 5,75902)$

$VA = 300\,000 \ \$ \, (2,6059)$

$VA = 781\,770 \ \$$

Note: On a utilisé ici la valeur actualisée d'un versement périodique de fin de période et non celle de versements de début de période.

OU

Diagramme pour les 10 derniers versements:

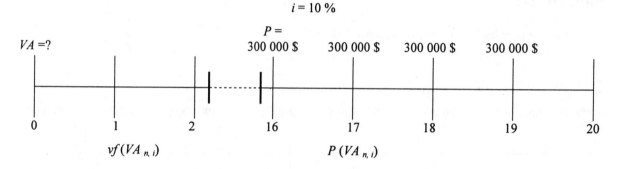

Formule pour les 10 derniers versements:

$VA = P \, (VA_{n,\,i})$

$VA = 300\,000 \ \$ \, (VA_{10,\,10\,\%})$

$VA = 300\,000 \ \$ \, (6,14457)$

$VA = 1\,843\,371 \ \$$

Valeur actualisée des 10 derniers versements au début de l'année en cours:

$va = vf \, (va_{n,\,i})$

$va = 1\,843\,371 \ \$ \, (va_{9,\,10\,\%})$

$va = 1\,843\,371 \ \$ \, (0,42410)$

$va = 781\,774 \ \$*$

*   La différence de 4\$ est due à l'arrondissement.

Coût de location des installations: 5 407 216 \$ + 781 774 \$ = 6 188 990 \$.

Puisque la valeur actualisée du coût de location des installations, soit 6 188 990 \$, est moins élevée que le coût de l'achat des installations, soit 7 200 000 \$, la société Extel ltée a bien fait de louer les installations.

b)   Diagramme

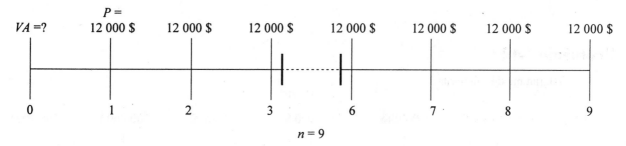

$i = 11\ \%$

Formule:

$VA = P\ (VA_{\,n,\,i})$

$VA = 12\ 000\ \$\ (VA_{\,9,\,11\,\%})$

$VA = 12\ 000\ \$\ (5,53705)$

$VA = 66\ 444,60\ \$$

La juste valeur du billet s'élève à 66 444,60 $.

c)   Diagramme:

Montant payé:
784 000 $

Escompte de caisse: 800 000 $ (2 %) = 16 000 $

Paiement net: 800 000 $ – 16 000 $ = 784 000 $

Si la société décide de ne pas se prévaloir de l'escompte de caisse, elle peut conserver et utiliser 784 000 $ pendant 20 jours de plus. Le taux d'intérêt relatif au report du paiement peut être calculé comme suit:

1.   Intérêt pour la période s'écoulant entre la date de la fin de l'escompte et la date d'échéance:

Escompte de caisse perdu si les marchandises ne sont pas payées durant la période d'escompte ÷ paiement net reporté

= 16 000 $ ÷ 784 000 $

= 0,020408

2.   Conservation de l'intérêt calculé sur une base annuelle:

Intérêt quotidien = 0,020408 ÷ 20 = 0,00102041

Intérêt annuel: = 0,00102041 × 365 jours = 37,24 %

Puisque le coût du capital d'Extel ltée est de 10 %, ce qui est moins élevé que le taux d'intérêt implicite de l'escompte de caisse, soit 37,24 %, la société devrait poursuivre sa politique, qui consiste à se prévaloir des escomptes de caisse.

Problème 2-14

a)   Diagramme du calendrier:

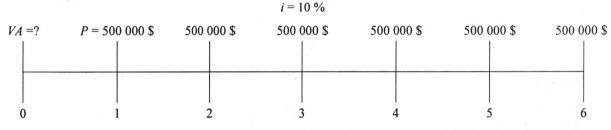

–   2 000 000 $ (coût de la machinerie automatisée)

+   50 000 $ (valeur de récupération de la vieille machinerie)

Formule pour calculer les économies estimatives des coûts:

$VA = P \, (VA_{n,\,i})$

$VA = 500\ 000\ \$ \, (VA_{6,\,10\,\%})$

$VA = 500\ 000\ \$ \, (4,35526)$

$VA = 2\ 177\ 630\ \$$

Décaissement net pour l'achat de la machinerie automatisée:

Coût pour l'achat de la machinerie automatisée	2 000 000 $
Moins: valeur de récupération de la vieille machinerie	50 000
Décaissement net	1 950 000 $

L'étudiant devrait désapprouver la décision de la société Pommel inc. de ne pas remplacer son ancienne installation. En effet, étant donné que la valeur actualisée des économies estimatives des coûts, soit 2 177 630 $, est supérieure au décaissement nécessaire pour l'achat de la nouvelle machinerie, soit 1 950 000 $, la société Pommel devrait remplacer sa vieille machinerie par la nouvelle machinerie automatisée.

b)   **Projet 1**

Diagramme du calendrier:

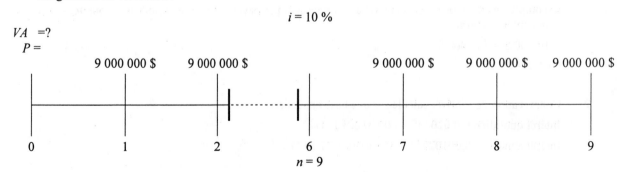

Formule pour calculer les rentrées de fonds attendues:

$VA = P \ (VA_{\,n,\,i})$

$VA = 9\ 000\ 000\ \$ \ (VA_{\,9,\,10\,\%})$

$VA = 9\ 000\ 000\ \$ \ (5,75902)$

$VA = 51\ 831\ 180\ \$$

Valeur actualisée nette du projet 1:

Valeur actualisée des rentrées de fonds attendues	51 831 180 $
Somme à investir	25 000 000
Valeur actualisée nette	26 831 180 $

Projet 2

Diagramme du calendrier:

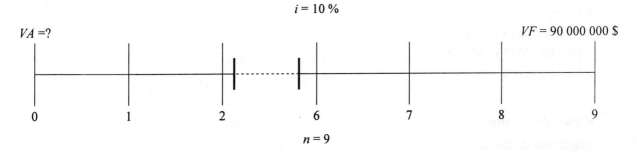

Formule pour calculer les rentrées de fonds attendues:

$VA = VF \ (VA_{\,n,\,i})$

$VA = 90\ 000\ 000\ \$ \ (VA_{\,9,\,10\,\%})$

$VA = 90\ 000\ 000\ \$ \ (0,42410)$

$VA = \underline{38\ 169\ 000\ \$}$

Valeur actualisée nette du projet 2:

Valeur actualisée des rentrées de fonds attendues	38 169 000 $
Moins: Somme à investir	25 000 000
Valeur actualisée nette	13 169 000 $

L'étudiant devrait approuver la décision de la société Pommel inc. d'investir les fonds dans le projet 1, étant donné que la valeur actualisée de celui-ci, soit 26 831 180 $, est supérieure à la valeur actualisée du projet 2, soit 13 169 000 $.

c) Régime de primes

Diagramme du calendrier:

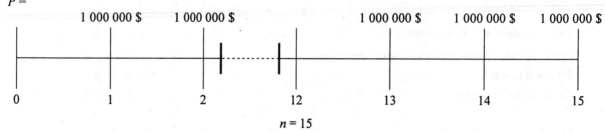

Formule pour calculer les versements annuels de primes prévus:

$VA = P\ (VA_{n,\,i})$

$VA = 1\ 000\ 000\ \$\ (VA_{15,\,10\,\%})$

$VA = 1\ 000\ 000\ \$\ (7{,}60608)$

$VA = 7\ 606\ 080\ \$$

Régime de retraite

Diagramme du calendrier:

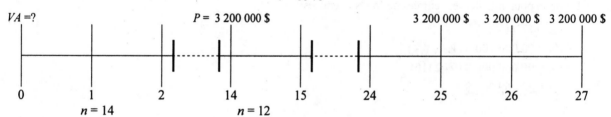

Formule:

(Calcul des versements de fin de période)

$VA = P\ (VA_{n,\,i})$

$VA = 3\ 200\ 000\ \$\ (VA_{26-14,\,10\,\%})$

$VA = 3\ 200\ 000\ \$\ (9{,}16095 - 7{,}36669)$

$VA = 3\ 200\ 000\ \$\ (1{,}794260)$

$VA = 5\ 741\ 632\ \$$

OU

(Calcul des versements de début de période)

$VAd = P\ (VAd_{n,\,i})$

$VAd = 3\ 200\ 000\ \$\ (VAd_{27-15,\,10\,\%})$

$VAd = 3\ 200\ 000\ \$\ (10{,}16095 - 8{,}36669)$

$VAd = 3\ 200\ 000\ \$\ (1{,}794260)$

$VAd = 5\ 741\ 632\ \$$

OU

1. Valeur actualisée des versements annuels de retraite prévus au début de la 16ᵉ année:

$$VAd = P\,(VAd_{n,\,i})$$
$$VAd = 3\ 200\ 000\ \$\ (VAd_{12,\,10\,\%})$$
$$VAd = 3\ 200\ 000\ \$\ (7{,}49506)$$
$$VAd = 23\ 984\ 192\ \$$$

2. Valeur actualisée des versements annuels de retraite prévus au début de l'année en cours:

$$VA = VF\,(VA_{n,\,i})$$
$$VA = 23\ 984\ 192\ \$\ (VA_{15,\,10\,\%})$$
$$VA = 32\ 984\ 192\ \$\ (0{,}23939)$$
$$VA = 5\ 741\ 576\ \$^{*}$$

* La différence de 56\$ est est due à l'arrondissement.

L'étudiant devrait approuver la décision de la société Pommel inc. d'opter pour le régime de retraite, étant donné que la valeur actualisée des versements de retraite prévus, soit 5 741 632 \$, est inférieure à la valeur actualisée des versements de primes prévus, qui serait de 7 606 080 \$.

Problème 2-15

1ʳᵉ POSSIBILITÉ: ACHAT

<u>Diagrammes</u>

Versements

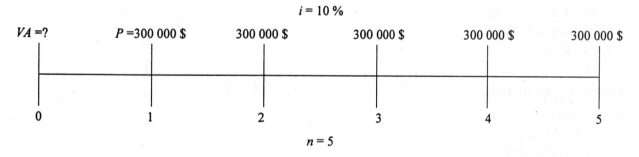

Impôts fonciers et autres coûts

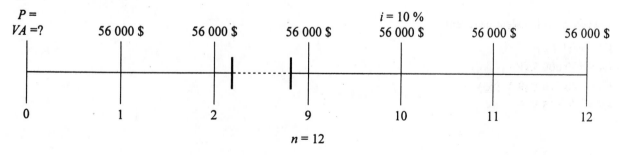

Assurances

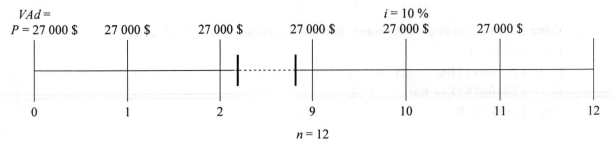

$n = 12$

Valeur de revente

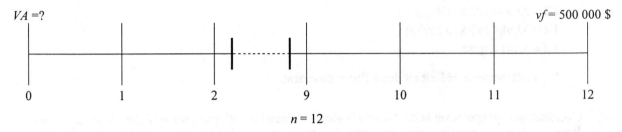

$n = 12$

Formule pour les versements:

$VA = P (VA_{n, i})$
$VA = 300\ 000\ \$ (VA_{5,\ 10\%})$
$VA = 300\ 000\ \$ (3,79079)$
$VA = 1\ 137\ 237\ \$$

Formule pour les impôts fonciers et les autres coûts:

$VA = P (VA_{n, i})$
$VA = 56\ 000\ \$ (VA_{12,\ 10\%})$
$VA = 56\ 000\ \$ (6,81369)$
$VA = 381\ 567\ \$$

Formule pour les assurances:

$VAd = P (VAd_{n, i})$
$VAd = 27\ 000\ \$ ((VAd_{12,\ 10\%})$
$VAd = 27\ 000\ \$ (7,49506)$
$VAd = 202\ 367\ \$$

Formule pour la valeur de revente:

$VA = vf (VA_{n, i})$
$VA = 500\ 000\ \$ (VA_{12,\ 10\%})$
$VA = 500\ 000\ \$ (0,31863)$
$VA = 159\ 315\ \$$

Valeur actualisée des coûts d'achat nets:

Acompte	400 000 $
Versements	1 137 237
Impôts fonciers et autres coûts	381 567
Assurances	202 367
Coût total	2 121 171 $
Moins: Valeur de revente	159 315
Coûts nets	1 961 856 $

2e POSSIBILITÉ: LOCATION

Diagrammes

Loyers

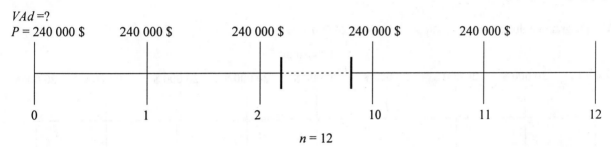

Intérêts perdus sur le dépôt

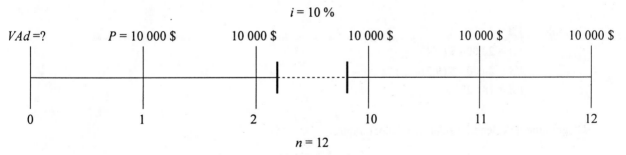

Formule pour les loyers:

$VAd = P \ (VAd_{n,\,i})$

$VAd = 240\ 000\ \$ \ (VAd_{12,10\,\%})$

$VAd = 240\ 000\ \$ \ (7,49506)$

$VAd = 1\ 798\ 814\ \$$

Formule pour les intérêts perdus sur le dépôt:

Intérêts perdus sur le dépôt chaque année: 100 000 \$ (10 %) = 10 000 \$

$VAd = P (VA_{n, i})$

$VAd = 10\ 000\ \$ (VA_{12,\ 10\%})$

$VAd = 10\ 000\ \$ (6,81369)$

$VAd = 68\ 137\ \$$

Coût de la location des installations: 1 798 814 \$ + 68 137 \$ = 1 866 951 \$

La société Quincatout ltée devrait louer les installations parce que la valeur actualisée des coûts de location, soit 1 866 951 \$, est moins élevée que la valeur actualisée des coûts liés à l'achat des installations, soit 1 961 856 \$.

Problème 2-16

a)   Diagramme du calendrier relatif aux dépôts de 20 000 \$:

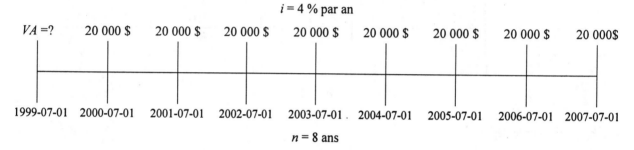

Formule: $VA = P (VA_{n, i})$

$VA = 20\ 000\ \$ (VA_{8,\ 4\%})$

$VA = 20\ 000\ \$ (9,21423)$

$VA = 184\ 285\ \$$

Diagramme du calendrier relatif au dépôt unique:

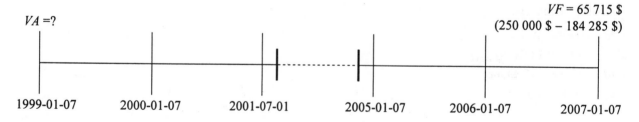

Formule: $VA = VF (VA_{n, i})$

$VA = 65\ 715\ \$ (VA_{8,\ 4\%})$

$VA = 65\ 715\ \$ (0,73069)$

$VA = 48\ 017\ \$$, montant à déposer le 1999-01-07

b) Diagramme du calendrier:

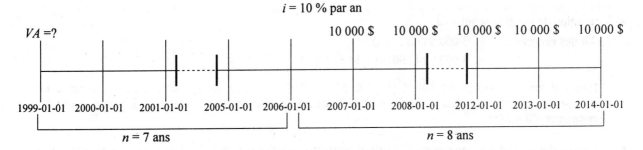

$i = 10\ \%$ par an

Formules:

$VA = P\ (VA_{n,\ i})$

$VA = 10\ 000\ \$ \ (VA_{15-7,\ 10\%})$

$VA = 10\ 000\ \$ \ (7{,}60608 - 4{,}86842)$

$VA = 10\ 000\ \$ \ (2{,}73766)$

$VA = 27\ 376{,}60\ \$$

OU

$VA = P\ [(VA_{n,\ i})\ (VA_{n,\ i})]$

$VA = 10\ 000\ \$ \ [(VA_{8,\ 10\%})\ (VA_{7,\ 10\%})]$

$VA = 10\ 000\ \$ \ [(5{,}33493)\ (0{,}51316)]$

$VA = 10\ 000\ \$ \ (2{,}73767)$

$VA = 27\ 376{,}70\ \$ *$

* La différence de 0,10$ est due à l'arrondissement.

c) Diagramme du calendrier:

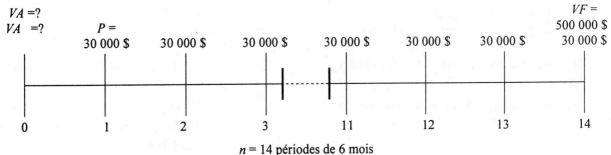

$i = 8\ \%$ par semestre

$n = 14$ périodes de 6 mois

$VA = P\ (VA_{n,\ i})$

$VA = 30\ 000\ \$ \ (VA_{14,\ 8\%})$

$VA = 30\ 000\ \$ \ (8{,}24424)$

$VA = 247\ 327\ \$$

$VA = VF\ (VA_{n,\ i})$

$VA = 500\ 000\ \$ \ (VA_{14,\ 8\%})$

$VA = 500\ 000\ \$ \ (0{,}34046)$

$VA = 170\ 230\ \$$

Valeur actualisée combinée = 247 327 $ + 170 230 $ = 417 557 $

Problème 2-17

a)   Solution de location-acquisition:

VA des versements   =   3 000 $ ($VA_{6,\,10\%}$)

   =   3 000 $ (4,79079) = 14 372,37 $

Puisqu'il lui en coûterait 14 300 $ (13 900 $ + 400 $) pour acheter le camion, Legendre ferait mieux d'emprunter l'argent à la banque et de rejeter la location-acquisition, plus coûteuse. Il n'aura que 14 300 $ à emprunter s'il achète.

b)   Le prix des obligations correspond à la valeur actualisée du principal, soit la valeur nominale des obligations, à laquelle on additionne la valeur actualisée des versements effectués pour payer les intérêts:

VA du principal	= 100 000 $ ($VA_{14,\,6\%}$)		
	= 100 000 $ (0,44230)	=	44 230 $
Versements des intérêts	= 5 500 $ (100 000 $ × 11 % ×1/2)		
VA des intérêts	= 5 500 $ ($VA_{14,\,6\%}$)		
= 5 500 $ (9,29498)		=	<u>51 122,39 $</u>
		Total	<u>95 352,39 $</u>

c)   Si le taux d'intérêt baisse, que la rentrée de fonds reste la même, mais que le taux d'intérêt diminue, voici le montant qu'obtiendra Legendre pour ses obligations:

VA du principal	= 100 000 $ ($VA_{14,\,5\%}$)		
	= 100 000 $ (0,50507)	=	50 507 $
Versements des intérêts	= 5 500 $ (100 000 $ × 11 % × 1/2)		
VA des intérêts= 5 500 $ ($VA_{14,\,5\%}$)			
	= 5 500 $ (9,89864)	=	<u>54 442,52 $</u>
		Total	<u>104 949,52 $</u>

d)   Montant nécessaire pour rembourser les obligations: 100 000 $

Moins le montant de 20 000 $ qui atteindra le montant A: <u>(A)</u>

Valeur capitalisée de la totalité des versements: B

A   =   20 000 $ ($VF_{5,\,8\%}$)

   =   20 000 $ (1,46933) = 29 386,60 $

B   =   100 000 $ – 29 386,60 $ = 70 613,40 $

Versements que Legendre devra effectuer dans le fonds   = $VF \div (VF_{5,\,8\%})$

   =   70 613,40 ÷ 5,8666

   =   12 036,51 $

Problème 2-18

a)   Rente de retraite annuelle:

Salaire actuel de Marguerite   40 000,00 $

                   ×   2,56330   (Valeur actualisée de 1, 24 périodes, 4 %)

                102 532,00 $ Salaire annuel de sa dernière année de travail

                   ×   0,50   Pourcentage de la rente de retraite

                 51 266,00 $ Rente de retraite annuelle

Salaire actuel de Sylvain   30 000,00 $

                   ×   3,11865   (Valeur actualisée de 1, 29 périodes, 4 %)

                93 559,50 $ Salaire annuel de sa dernière année de travail

                   ×   0,40   Pourcentage de la rente de retraite

                 37 424,00 $ Rente de retraite annuelle

Salaire actuel de Diane   15 000,00 $

                   ×   2,10685   (Valeur actualisée de 1, 19 périodes, 4 %)

                31 602,75 $ Salaire annuel de sa dernière année de travail

                   ×   0,40   Pourcentage de la rente de retraite

                 12 641,00 $ Rente de retraite annuelle

Salaire actuel de René   15 000,00 $

                   ×   1,73168   (Valeur actualisée de 1, 14 périodes, 4 %)

                31 602,75 $ Salaire annuel de sa dernière année de travail

                   ×   0,40   Pourcentage de la rente de retraite

                 10 390,00 $ Rente de retraite annuelle

b)   Fonds nécessaire après 15 ans de dépôts à 12 %:

Marguerite partira à la retraite 10 ans après l'arrêt des dépôts.

    51 266,00 $ Montant annuel du régime

   × 2,69356   [*VA* des versements de début de période pendant 30 périodes – *VA* des versements de début de période pendant 10 périodes (9,02181 – 6,32825)]

    138 088,00 $

Sylvain partira à la retraite 15 ans après l'arrêt des dépôts.

    37 424,00 $ Montant annuel du régime

   × 1,52839   [*VA* des versements de début de période pendant 35 périodes – *VA* des versements de début de période pendant 15 périodes (9,15656 – 7,62817)]

    57 198,00 $

Diane partira à la retraite 5 ans après l'arrêt des dépôts.

12 641,00 $	Montant annuel du régime
× 4,74697	[VA des versements de début de période pendant 25 périodes – VA des versements de début de période pendant 5 périodes (8,78432 – 4,03735)]
60 006,00 $	

René partira à la retraite au début de l'année qui suit l'arrêt des dépôts.

10 390,00 $	Montant annuel du régime
× 8,36578	[VA des versements de début de période pendant 20 périodes]
86 920,00 $	

138 088,00 $	Marguerite
57 198,00 $	Sylvain
60 006,00 $	Diane
86 920,00 $	René
342 212,00 $	Montant auquel doit s'élever le régime de retraite à la fin des 15 années allouées à sa création.

c) Dépôts à effectuer au début de chaque année, à 12 %:

Dépôt × (valeur capitalisée des versements de début de période, 15 périodes, à 12 %) = VFd

Dépôt × (37,27972 × 1,12) = 342 212,00 $

Dépôt = 342 212,00 $ ÷ 41,753286

Dépôt = 8 196,00 $

*Problème 2-19

a)

Saisir:	8	7,25	0	?	70 000
	n	i	PV	PMT	FV
Réponse:				−6 761,57	

b) Note: il faut régler la calculatrice financière en mode «début de période».

Saisir:	25	9,65	0	?	500 000
	n	i	PV	PMT	FV
Réponse:				−4 886,59	

c)

Saisir:	4	?	−17 000	0	26 000
	n	i	PV	PMT	FV
Réponse:				11,21	

*Problème 2-20

a)

Saisir:	15	?	−150 000	20 000	0
	n	i	PV	PMT	FF
Réponse:				10,25	

b)

Saisir:	7	7,35	?	−16 000	0
	n	i	PV	PMT	FF
Réponse:				85 186,34	

c)

Saisir:	10	10,65	?	16 000	200 000
	n	i	PV	PMT	FV
Réponse:				−168 323,64	

*Problème 2-21

a)

Saisir:	20	5,25	−180 000	?	0
	n	i	PV	PMT	FV
Réponse:				−14 751,41	

b) Note: il faut régler la calculatrice financière pour 12 versements par an.

Saisir:

96	9,1	35 000	?	0
n	i	PV	PMT	FV

Réponse: −514,57

c) Note: il faut régler la calculatrice financière en mode «début de période».

Saisir:

5	8,25	8 000	?	0
n	i	PV	PMT	FV

Réponse: −1 863,16

d) Note: il faut remettre la calculatrice financière en mode «fin de période».

Saisir:

5	8,25	8 000	?	0
n	i	PV	PMT	FV

Réponse: −2 016,87

EXERCEZ VOTRE JUGEMENT

PROBLÈME DE COMPTABILITÉ: LA SOCIÉTÉ NESTLÉ

a)   Voici les postes du bilan de Nestlé pour lesquels il a fallu avoir recours à la notion de valeur actualisée:

Instruments financiers dérivés actifs

Pour tous les instruments dérivés non cotés, la juste valeur est déterminée à l'aide de techniques d'estimation telles que les modules d'évaluation des options et la méthode de la valeur actualisée des flux de trésorerie (note: *Instruments financiers dérivés*).

Actifs financiers circulants

Les instruments financiers autres que ceux cotés sont évalués à l'aide de techniques d'actualisation des flux de trésorerie (note: *Actifs financiers circulants*)

Immobilisations financières

Les créances ne portant pas intérêt sont escomptées à leur valeur actuelle, laquelle est déterminée au taux d'escompte original. Les instruments financiers autres que ceux cotés sont évalués à l'aide de techniques d'actualisation des flux de trésorerie (note: *Immobilisations financières*).

Immobilisations

La valeur recouvrable est la valeur la plus élevée entre le prix de vente net de l'actif et sa valeur d'utilité. Nestlé détermine celle-ci en estimant les flux financiers futurs que génère l'actif et en escomptant ceux-ci au taux d'emprunt moyen du pays où il est situé, ce taux étant ajusté pour les risques spécifiques inhérents à l'actif (note: *Altération de valeur des actifs*).

Dettes à court, à moyen et à long terme

La différence entre les valeurs d'émission et de remboursement est amortie en fonction de la durée de l'engagement ou de la dette sur la base du taux d'intérêt effectif (note: *Engagements et dettes à court, moyen et long terme*).

Engagements envers le personnel

Les hypothèses actuarielles utilisées pour déterminer les engagements varient selon les conditions économiques prévalant dans le pays dans lequel le régime est effectif (note: *Engagements envers le personnel*).

Les contrats de crédit-bail

La différence entre la somme des paiements minimaux de crédit-bail et leur valeur actualisée correspond à l'escompte sur les engagements de crédit-bail (notes 20 et 33)

b)   1.   Les taux d'intérêt ayant servi à calculer les intérêts et les valeurs actualisées sont présentés à la note 20, *Dettes financières à moyen/long terme*, où se trouvent présentés les taux effectifs, qui varient de la façon suivante:

- entre 3,79% et 7,48% pour les émissions de Nestlé Holding Inc., aux États-Unis;
- entre 7,84% et 9,50% pour les émissions de Nestlé Purina PetCare Company, aux États-Unis;
- 11,52% et 13,07% pour les émissions de Nestlé Finance-France SA, en France;
- entre 4,75% et 5,35% pour les émissions de Nestlé Holding (UK) PLC, au Royaume-Uni;
- 6,07% pour l'émission de Nestlé Australia Ltd, en Australie;
- 5,47% pour l'émission de Nestlé Capital Canada Ltd, au Canada;

- 5,31% pour l'émission de Nestlé Japan Ltd, au Japon.

Dans les principales hypothèses actuarielles, on note les taux d'actualisation suivants (note 21: *Engagements envers le personnel*):

Europe: 4 - 6%

Amériques: 3 - 15,5%

Asie, Océanie et Afrique: 3 - 15%

2. Les aspects qui suivent expliquent pourquoi il existe tant de taux d'intérêt différents:
    - Les dates d'échéance – le court terme par opposition au long terme;
    - La protection ou le manque de protection des créances – hypothécaires et garanties par opposition aux emprunts sans garantie;
    - Taux fixes et taux variables;
    - Émission de titres à des dates différentes, à des moments où les taux du marché étaient différents;
    - Différents risques courus ou assumés;
    - Différences dans les devises – certains investissements et certaines dettes sont indiqués en devises différentes.

ANALYSE D'ÉTATS FINANCIERS

a) Encaissements (350 000 $) moins décaissements (125 000 $) = flux de trésorerie (225 000 $)

225 000 $ × 2,48685 ($VA_{3, 10\%}$) = 559 541,25 $

b) Encaissements (275 000 $) moins décaissements (175 000 $) = flux de trésorerie (100 000 $)

100 000 $ × 2,48685 ($VA_{3, 10\%}$) = 248 685 $

c) Les données prévisionnelles relatives aux flux de trésorerie futurs sont très utiles. Elles permettent de déterminer si la valeur des installations gazières et pétrolières est en hausse ou en baisse d'une année à l'autre. Bien qu'il ne s'agisse que d'une estimation, celle-ci donne un aperçu de la tendance des changements de valeur. Les données prévisionnelles peuvent également fournir des renseignements utiles à l'égard de la constatation d'une moins-value d'éléments d'actif.

TRAVAIL DE RECHERCHE

a) Les techniques relatives aux valeurs actualisées sont conçues pour comprendre les rapports qui existent entre 1) les montants et les moments prévus pour un ensemble de flux de trésorerie (lesquels constituent un élément d'actif ou de passif) et 2) la valeur de marché de cet élément d'actif ou de passif.

b) 1. La découverte d'un élément d'actif ou de passif ayant un flux de trésorerie futur prévisible, mais pas de valeur de marché observable;

2. La découverte des éléments semblables d'actif ou de passif ayant un flux de trésorerie futur prévisible et une valeur de marché observable; utilisation de ces faits pour prévoir le taux d'escompte estimatif du marché;

3. L'estimation de la valeur de marché inconnue de l'élément d'actif ou de passif par l'actualisation des flux de trésorerie futurs prévus, au moyen du taux d'escompte estimatif du marché (voir étape 2);

4. La surveillance des renseignements au sujet des flux de trésorerie futurs, du taux d'escompte du marché et des fluctuations de la situation générale du marché. Au besoin, il s'agit ici d'appliquer de nouveau les trois premières étapes.

c) Les prochains efforts des organismes normalisateurs et des autres décideurs qui œuvrent à étendre la portée de l'actualisation à titre de technique d'évaluation devraient suivre ce processus et ses quatre étapes. Le FASB devrait publier un cadre conceptuel sur l'évaluation à l'aide du calcul de la valeur actualisée.

PROBLÈME DE DÉONTOLOGIE

a) La valeur temporelle de l'argent permet de conclure que le taux d'escompte de la compagnie d'assurances Viagère inc. est considérablement inférieur à celui de la firme La Financière. C'est que les actuaires de la compagnie Viagère inc. s'appuient sur des hypothèses différentes pour prévoir l'inflation, la rotation des employés, l'espérance de vie de la main-d'œuvre, les niveaux futurs des salaires et autres rémunérations, le rendement du fonds de pension accumulé, etc. Il est possible également que la compagnie Viagère inc. retienne des marges brutes et nettes moins élevées, et qu'elle fournisse moins de services.

b) À titre de contrôleur de la société KBS, Jean-Pierre Renaud assume une responsabilité de fiduciaire à l'égard des retraités présents et futurs de la société. Par conséquent, il a l'obligation de s'assurer que le fonds de pension est adéquatement provisionné, et protégé des risques les plus prévisibles. Toutefois, parallèlement, Jean-Pierre Renaud est responsable de la situation financière de la société KBS. En d'autres termes, il a l'obligation de trouver des moyens conformes à l'éthique pour augmenter les profits de la société KBS, même si cela signifie qu'il doit transférer le fonds de pension dans un régime moins coûteux. Il est évident que les rôles que Jean-Pierre Renaud doit jouer envers les retraités et envers sa société peuvent parfois entrer en conflit, et ce, tout particulièrement s'il est membre d'une association professionnelle telles les CA, CGA ou les CMA.

c) 1. Si la KBS transfère le fonds à la compagnie d'assurances Viagère inc:

- Les principaux bénéficiaires de la décision de Jean-Pierre Renaud seraient la société KBS et ses nombreux actionnaires, étant donné que les coûts annuels du régime de retraite seront réduits 8 millions de dollars.

- Les retraités, présents et futurs, de la société KBS, seront également touchés par cette décision, mais de façon nettement moins positive, en raison du risque qu'ils courent de perdre certains avantages futurs, risque lié à une protection moins sûre (qu'illustrent le taux d'escompte moins élevé et la faible réputation de la compagnie Viagère inc.).

2. Si la société KBS continue à confier le fonds à la firme La Financière:

- À court terme, les principaux bénéficiaires de la décision de Jean-Pierre Renaud seraient les employés et les retraités de la société KBS, puisque les risques liés à la gestion du régime de retraite sont moins grands que si le fonds avait été transféré à la société Viagère inc.

- La société KBS et ses nombreux actionnaires pourraient, quant à eux, avoir à «souffrir» des effets négatifs de la décision de Jean-Pierre Renaud, en raison de la difficulté que pourrait éprouver la société à tirer 8 millions de dollars de ses dépenses d'exploitation.

CHAPITRE
3　LES PLACEMENTS

CLASSEMENT DES TRAVAUX

	Sujets	Questions	Exercices courts	Exercices	Problèmes	Études de cas
1.	Titres de créance	1, 2, 3				8
	a) Intérêts sur obligations	4, 9, 11	3, 4	1, 2, 3, 4	1, 2,3, 6, 10	
	b) Titres détenus jusqu'à l'échéance	5, 6, 8	1, 2	1, 2, 3, 4	1, 6	4
	c) Titres de transaction	5, 7, 8, 13	5	5, 6		4
	d) Titres susceptibles de vente	5, 8, 10, 12	3, 4	3, 7, 8	1, 2, 3, 6, 10	1, 4
2.	Titres de capitaux propres	15, 16, 19	6, 7, 8, 9, 10	10, 11, 13	9, 10, 11	1, 2, 3, 5
	a) Titres susceptibles de vente	8, 26	6, 10	7, 8, 10	4, 5, 7, 8, 9, 11, 12, 13	1, 2, 3
	b) Titres de transaction	17, 18, 26	7	11, 13, 14	5, 7	1, 3
	c) Méthode de la mise en équivalence	20, 21, 22, 23, 24, 25	8, 9	5, 6, 13, 11, 12, 14, 15, 16, 18	11, 12, 13	5, 6
3.	Résultat étendu	27	10	9	9, 13	
4.	Présentation dans les états financiers	26		5, 8	7, 8, 9, 13	
5.	Moins-value	29		17		3
6.	Reclassement d'une catégorie à l'autre	28				1, 3
*7.	Droit de souscription et dividende	30, 31, 32	11, 12	18, 19, 20	14	
*8.	Valeur de rachat d'un contrat d'assurance-vie		13	21		7
*9.	Fonds et réserves	33, 34	14	22, 23	15	8, 9
*10.	Instruments dérivés	35, 36, 42		24	16, 17, 18	
*11.	Couverture de la juste valeur	37, 38, 39		25, 27, 28	19, 21	
*12.	Couverture du flux de trésorerie	40, 41	26	20		

*Note: Ces sujets se rapportent à la matière vue dans les annexes de ce chapitre.

CARACTÉRISTIQUES DES TRAVAUX

Numéro	Description	Degré de difficulté	Durée (minutes)
E3-1	Écritures pour titres de créance.	Facile	10-15
E3-2	Écritures pour titres détenus jusqu'à l'échéance	Facile	15-20
E3-3	Écritures pour titres susceptibles de vente	Facile	10-15
E3-4	Intérêt réel contre amortissement linéaire des obligations	Facile	20-30
E3-5	Écritures et présentation, titres de transaction	Facile	10-15
E3-6	Écritures, titres de transaction.	Facile	10-15
E3-7	Écritures – titres susceptibles de vente	Facile	5-10
E3-8	Écritures – titres susceptibles de vente	Facile	10-15
E3-9	Présentation du résultat étendu	Modéré	20-25
E3-10	Écritures, titres de capitaux propres	Facile	10-15
E3-11	Écritures – juste valeur et méthode de la comptabilisation de la mise en équivalence	Facile	15-20
E3-12	Réévaluation de l'actif, méthode de comptabilisation de la mise en équivalence	Modéré	20-25
E3-13	Écritures, achat et cession de titres	Modéré	15-20
E3-14	Comparaison – comptabilisation de la mise en équivalence et comptabilisation à la juste valeur	Facile	15-20
E3-15	Réévaluation de l'actif –m éthode de comptabilisation de la mise en équivalence	Modéré	20-25
E3-16	Réévaluation de l'actif –m éthode de comptabilisation de la mise en équivalence	Modéré	10-15
E3-17	Dépréciation – titres de créance	Modéré	15-20
*E3-18	Détermination du bénéfice	Modéré	15-20
*E3-19	Écritures, droits de souscription	Modéré	20-25
*E3-20	Écritures, droits de souscription	Modéré	20-25
*E3-21	Placement – contrat d'assurance-vie	Facile	10-15
*E3-22	Écritures et présentation d'obligations à fonds d'amortissement	Facile	10-15
*E3-23	Écritures au fonds d'agrandissement d'immobilisation de production, sans montant	Facile	10-15
*E3-24	Opération d'instrument dérivé	Facile	15-20
*E3-25	Couverture de juste valeur	Modéré	20-25
*E3-26	Couverture de flux de trésorerie	Modéré	20-25
*E3-27	Couverture de juste valeur	Facile	15-20
*E3-28	Couverture de juste valeur	Modéré	15-20

P3-1	Titres de créance	Modéré	30-40
P3-2	Titres de créance susceptibles de vente	Modéré	30-40
P3-3	Titres de créance susceptibles de vente	Modéré	25-35
P3-4	Écritures et présentation – titres de capitaux propres	Modéré	25-35
P3-5	Écritures, titres de transaction et titres susceptibles de vente	Facile	25-35
P3-6	Écritures, titres de créance susceptibles de vente et titres détenus jusqu'à l'échéance	Modéré	25-35
P3-7	Application de la méthode de comptabilisation à la juste valeur	Modéré	20-30
P3-8	Présentation dans les états financiers – placements susceptibles de vente	Facile	20-30
P3-9	Profits sur vente de titres et résultat étendu	Modéré	20-30
P3-10	Titres susceptibles de vente et méthode de la comptabilisation de la mise en équivalence	Modéré	25-30
P3-11	Titres susceptibles de vente et méthode de comptabilisation de la mise en équivalence	Difficile	35-45
P3-12	Juste valeur et méthode de comptabilisation de la mise en équivalence	Modéré	20-30
P3-13	Titres susceptibles de vente – présentation dans les états financiers	Difficile	20-30
*P3-14	Droits de souscription	Modéré	20-30
*P3-15	Fonds d'amortissement	Facile	20-25
*P3-16	Instrument dérivé	Modéré	20-25
*P3-17	Instrument dérivé	Modéré	20-25
*P3-18	Instruments dérivés	Modéré	20-25
*P3-19	Couverture de juste valeur et swap de taux d'intérêt	Modéré	30-40
*P3-20	Couverture de flux de trésorerie	Difficile	25-35
*P3-21	Couverture de flux de trésorerie	Difficile	25-35
C3-1	Problèmes relatifs aux placements en titres	Modéré	25-30
C3-2	Titres de capitaux propres	Modéré	25-30
C3-3	Effets des titres de capitaux propres sur les états financiers	Facile	20-30
C3-4	Titres de capitaux propres, court terme et long terme	Modéré	20-25
C3-5	Comptabilisation des placements selon la méthode de comptabilisation de la mise en équivalence	Facile	15-25
C3-6	Placement en titres de capitaux propres	Modéré	25-35
*C3-7	Placement enassurance-vie	Modéré	25-35
*C3-8	Principes de base des placements et classement d'un fonds d'amortissement	Facile	30-35
*C3-9	Classement de fonds d'amortissement	Facile	5-10

Note: Les exercices, problèmes ou études de cas précédés d'un astérisque se rapportent à la matière vue dans l'annexe de ce chapitre.

RÉPONSES AUX QUESTIONS

1. Titre de créance

   Un titre de créance est un effet qui représente la relation entre un créancier et une entreprise. Les titres de créance comprennent les titres d'État, les titres municipaux, les obligations des sociétés, les obligations convertibles, les effets de commerce et tous les titres de créance titrisés. Les comptes clients et les prêts non remboursés ne constituent pas des titres de créance, car ils ne correspondent pas à la définition d'un titre.

   Titre de capitaux propres

   Un titre de capitaux propres est un titre qui représente une participation sous la forme d'une action ordinaire, d'une action privilégiée ou de toute autre forme de capital-action. Font aussi partie de cette catégorie les droits d'acquisition ou de cession d'une participation, à un prix convenu ou déterminable, tels les bons de souscription d'actions, les droits de souscription, les options d'achat ou de vente. Les titres de créance convertibles et les actions privilégiées rachetables ne sont pas considérés comme des titres de capitaux propres.

2. Les différentes caractéristiques propres aux obligations ainsi que la variabilité des taux d'intérêt offrent aux investisseurs la possibilité de choisir le placement correspondant exactement à ce qu'ils recherchent sur les plans de la sécurité, du rendement et de la facilité de négociation, et permettent aux émetteurs de créer l'effet de créance le plus approprié à leurs besoins.

3. Le coût comprend les frais de courtage et les autres coûts accessoires relatifs à la vente.

4. La comptabilisation des placements en obligation entre les dates de versement d'intérêt comporte la constatation des intérêts courus depuis le dernier versement.

5. Les trois catégories sont:

   a) Les titres détenus jusqu'à l'échéance, c'est-à-dire les titres de créance que le détenteur a la ferme intention et la capacité de détenir jusqu'à son échéance.

   b) Les titres de transaction, ou titres de créance, que l'entreprise achète et détient avec l'intention de les revendre à court terme afin de générer des bénéfices sur les différences de prix.

   c) Les titres susceptibles de vente, qu'une entreprise ne détient pas principalement dans le but de les vendre à court terme, mais qu'elle n'a pas non plus l'intention ferme de détenir jusqu'à leur échéance.

6. Une entreprise devrait classer un titre de créance parmi les titres détenus jusqu'à l'échéance uniquement lorsqu'elle a: 1) la ferme intention et 2) la capacité de le détenir jusqu'à son échéance.

7. On inscrit les titres de transaction à leur juste valeur, et on inscrit les plus-values ou les moins-values non réalisées dans le bénéfice net. Puisque l'on détient principalement les titres de transaction dans le but de les revendre à court terme, il n'y a aucun amortissement sur les escomptes et les primes.

8. On devrait inscrire les titres de transaction et les titres susceptibles de vente à leur juste valeur, tandis que les titres détenus jusqu'à l'échéance devraient l'être au coût après amortissement.

9. On devrait inclure les plus-values ou les moins-values non réalisées des titres de transaction dans le bénéfice net pour l'exercice en cours. En revanche, il faudrait inscrire les plus-values ou les moins-values non réalisées des titres susceptibles de vente dans les autres éléments du résultat étendu et comme un élément distinct des capitaux propres. On ne constate pas les plus-values ou les moins-values non réalisées des titres détenus jusqu'à l'échéance.

10. a) Plus-values ou moins-values non réalisées

  – Capitaux propres   70 000

       Ajustement des titres à leur juste valeur

       (titres susceptibles de vente)   70 000

   b) Plus-value ou moins-value non réalisées

  – Capitaux propres   80 000

       Ajustement des titres à leur juste valeur

       (titres susceptibles de vente)   80 000

11. 1 750 000 $ × 10 % = 175 000 $; 175 000 $ ÷ 2 = 87 500 $

12. Ajustement des titres à leur juste valeur

(titres susceptibles de vente)   44 500

       Plus-values ou moins-values non réalisées

       – Capitaux propres   44 500

       [1 802 000 $ – (1 750 000 $ + 7 500 $)]

13. Il n'est pas nécessaire de procéder à l'amortissement de la prime ou de l'escompte pour les titres de transaction. Étant donné la brièveté du moment de la vente, l'amortissement procure peu d'informations utiles.

14. Il convient d'inscrire les actions acquises en échange d'une contrepartie autre qu'en argent: 1) à la juste valeur de la contrepartie offerte ou 2) à la juste valeur des actions reçues, suivant qu'il est plus facile de déterminer l'une ou l'autre de ces deux valeurs.

15. On classe les placements en titres de capitaux propres de la manière suivante:

1. Participation inférieure à 20 % (méthode de la juste valeur). L'investisseur est passif.

2. Participation comprise entre 20 et 50 % (méthode de la comptabilisation de la mise en équivalence). L'investisseur jouit d'une influence notable.

3. Participation supérieure à 50 % (états financiers consolidés). L'investisseur détient une participation majoritaire.

16. Les placements en actions n'ont pas de date d'échéance.

17.

Prix de vente brut de 10 000 actions à 27,50 $	275 000 $
Moins: frais de courtage	(1 770)
Produit de la vente	273 230
Coût de 10 000 actions	(250 000)
Profit sur vente d'actions	23 230 $

Caisse   273 230

       Titres de transaction   250 000

       Profit sur disposition d'actions   23 230

18. On inscrit à leur juste valeur les titres de capitaux propres de transaction et les titres de capitaux propres susceptibles de vente. Toutefois, pour les titres de transaction, on inscrit toute plus-value ou moins-value non réalisées dans le bénéfice net, alors que pour les titres susceptibles de vente, on inscrit cette plus-value ou cette moins-value dans les autres éléments du résultat étendu et comme un élément distinct des capitaux propres.

19. Une influence notable à l'égard d'une entité émettrice se manifeste de différentes façons: représentation au conseil d'administration, participation au processus de prise de décision, opérations intersociétés importantes, échange de personnel de gestion ou dépendance sur le plan technologique. Un placement (direct ou indirect) de 20 % ou plus dans les actions avec droit de vote d'une entité émettrice constitue une influence notable, jusqu'à preuve du contraire.

20. En vertu de la méthode de comptabilisation de la mise en équivalence, le placement est d'abord inscrit au coût. On le rajuste ensuite en fonction des variations de l'actif net de la société émettrice. La valeur du compte Placement de la société participante augmente (diminue) proportionnellement à sa quote-part des bénéfices (pertes) de la société émettrice, et diminue en fonction de tous les dividendes versés à la société participante par la société émettrice. La valeur du placement diminue également selon l'amortissement d'éventuelles différences entre le coût initial pour la société participante et sa quote-part dans la valeur comptable sous-jacente dans la société émettrice à la date d'acquisition.

21. Les renseignements suivants relatifs aux états financiers de la société participante s'appliquent généralement à la méthode de comptabilisation de la mise en équivalence:

    1.   Le nom de chaque société émettrice et le pourcentage d'actions ordinaires détenues;

    2.   Les normes comptables de la société participante se rapportant à ses placements en actions ordinaires;

    3.   La différence, s'il y a lieu, entre la valeur du compte Placement et la valeur des capitaux propres sous-jacents à l'actif net de la société émettrice;

    4.   La valeur globale de chacun des placements selon le cours du marché (s'il est disponible);

    5.   Lorsque les placements de 20 % ou plus représentent des éléments importants liés à la situation financière et aux résultats d'exploitation de la société participante, il peut s'avérer nécessaire de présenter un résumé des données concernant les actifs, les passifs et les résultats d'exploitation des sociétés émettrices, individuellement ou en groupe, selon le cas.

22. On doit comptabiliser les dividendes excédentaires aux bénéfices réalisés à titre de diminution de la valeur du placement dans le compte Actions ordinaires.

23. Il convient d'amortir cet excédent par rapport à la durée de vie utile de ces biens amortissables en réduisant le compte Produit de placement et en diminuant le placement en actions ordinaires.

24. Pour amortir le coût excédentaire par rapport à la valeur comptable sous-jacente attribuable aux actifs immobilisés amortissables, la société effectue une passation en charges, sans toutefois amortir l'écart attribuable au fonds commercial. Lorsque le coût du placement est inférieur à la valeur comptable sous-jacente acquise, on amortit l'excédent en produit de placement par rapport au reste de la durée de vie des biens, si cet excédent est attribuable aux biens amortissables.

25. Normalement, la société Elizabeth doit cesser d'appliquer la méthode de comptabilisation de la mise en équivalence et elle ne doit pas couvrir les pertes additionnelles à la valeur comptable du placement. Toutefois, si la perte de la société Elizabeth ne se limite pas à son placement (à cause d'un cautionnement des obligations de Dole ou de tout autre engagement de soutien financier, ou encore si le retour imminent de Dole à des activités profitables semble assuré), la société Elizabeth peut assumer la totalité de sa quote-part de 248 000 $ de la perte de 620 000 $.

26. On doit inscrire à leur juste valeur les titres de transaction comme des actifs à court terme et on doit classer les titres individuels détenus jusqu'à l'échéance ou susceptibles de vente comme des titres à court ou à long terme, selon les circonstances. En règle générale, on classe les titres détenus jusqu'à l'échéance parmi les titres à court ou à long terme, selon la date d'échéance de chaque titre pris individuellement. On doit classer les titres de créance reconnus comme susceptibles de vente parmi les titres à court ou à long terme, selon les dates d'échéance et les prévisions de vente et de rachat au cours de l'exercice suivant. On doit classer les titres de capitaux propres reconnus comme susceptibles de vente parmi les titres à court terme s'ils sont disponibles pour utilisation dans les activités courantes.

27. Il est nécessaire de procéder à des ajustements de reclassement pour éviter la double comptabilisation lorsqu'on inscrit des profits ou des pertes à la fois comme des éléments du bénéfice net et comme d'autres éléments du résultat étendu pour l'exercice en cours et au cours des exercices précédents.

28. Lorsqu'un titre est reclassé dans une autre catégorie, on doit inscrire le reclassement à sa juste valeur, ce qui, le cas échéant, devient le nouveau coût pour ce titre. Toute plus-value ou moins-value non réalisées en date du reclassement augmente ou diminue les capitaux propres. La plus-value ou la moins-value non réalisées en date du reclassement sont constatées dans le bénéfice.

29. Un titre de créance subit une dépréciation lorsqu'il s'avère que «la société participante sera probablement incapable de collecter tous les montants exigibles en vertu des termes du contrat». En cas de dévaluation, le titre est dévalué à sa juste valeur, laquelle devient alors le nouveau prix de base du titre. On constate le montant de cette diminution à titre de perte réalisée.

*30. La comptabilisation par le bénéficiaire d'un dividende en actions et d'un fractionnement d'actions est identique. On ne passe aucune écriture dans les comptes. Toutefois, on doit tenir compte de la réception d'actions additionnelles dans le calcul de la valeur comptable de chacune des actions.

*31. Les trois dates importantes en matière de droits de souscription sont: 1) la date d'annonce des droits, 2) la date d'émission des droits, et 3) la date d'expiration des droits. Le bénéficiaire des droits de souscription peut: 1) exercer les droits, 2) vendre les droits, ou 3) laisser les droits expirer.

*32. La valeur comptable des droits s'établit en multipliant le coût des actions initiales par le prorata représenté, par la valeur de marché des droits de souscription divisée par la valeur de marché de l'action additionnée de la valeur de marché des droits de souscription

= 12 000 \$ × 5 ÷ (50 + 5) = 1 090,91 \$

Calcul du profit sur disposition des droits:	
Prix de disposition 300 × 5 \$	1 500,00 \$
Moins: frais de courtage	(90,00)
Prix net de disposition	1 410,00
Valeur comptable des droits	1 090,91
Profit sur disposition des droits	319,09 \$

*33. Un fond est toujours un actif et possède toujours un solde débiteur. Une réserve est une affectation des bénéfices non répartis et possède toujours un solde créditeur.

*34. Les deux types généraux de fonds sont: a) ceux dont une caisse est mise de côté pour faire face à des obligations spécifiques à court terme, et b) ceux qui ne sont pas liés directement aux activités courantes et que l'on doit donc considérer comme des placements à long terme.

Fonds de type a)	Fonds de type b)
Fonds de caisse	Fonds d'amortissement
Compte des salaires	Fonds pour expansion des installations
Compte des dividendes	Fonds de rachat d'actions
Fonds d'intérêts	Fonds pour éventualités

*35. Les valeurs sous-jacentes comprennent les taux d'intérêt spéciaux, les cours de titre, les prix de marchandises, les indices de prix ou de taux, et toutes les autres variables liées au marché. Les variations de ces valeurs sous-jacentes déterminent les variations de la valeur des produits dérivés. On détermine les versements par l'interaction de la valeur sous-jacente avec la valeur nominale et le nombre d'actions, ou toute autre unité spécifiée dans le contrat dérivé (ces éléments sont appelés montants nominaux de référence).

*36. Voir le tableau ci-dessous.

Caractéristique	Instrument financier traditionnel (par exemple un titre de transaction)	Instrument financier dérivé (par exemple une option d'achat)
Provision pour versement	Prix de l'action multiplié par le nombre d'actions	Variations dans le prix de l'action (valeur sous-jacente) par rapport au prix d'exercice, multipliées par le nombre d'actions
Investissement initial	Coût entier à la charge de l'investisseur	Investissement initial inférieur à la totalité du coût
Liquidation	Remise de l'action en échange d'espèces	Réception du paiement en espèces, basé sur la variation du cours de l'action multiplié par le nombre d'actions.

Dans le cas d'un instrument financier traditionnel, un investisseur doit généralement payer la totalité du coût, tandis que les produits dérivés requièrent un investissement minime au départ. De plus, le détenteur d'un titre traditionnel s'expose à tous les risques inhérents au droit de propriété, tandis que la plupart des produits dérivés sont exempts des risques associés au droit de propriété de la valeur sous-jacente. Par exemple, la valeur des options d'achat ne peut que s'accroître. Finalement, contrairement aux instruments financiers traditionnels, le détenteur du produit dérivé peut réaliser un bénéfice sans avoir à posséder la valeur sous-jacente. Cette caractéristique est appelée liquidation nette et sert à réduire les frais d'opération associés aux produits dérivés.

*37. Le principal objectif de la couverture de juste valeur est de compenser l'exposition aux variations de juste valeur d'un actif, d'un passif déjà constaté ou d'un engagement ferme non constaté.

*38. La comptabilisation des emprunts obligataires dérivera du coût après amortissement quand on considère que les obligations représentent l'élément couvert d'une opération de couverture de la juste valeur admissible. Si l'opération de couverture respecte les critères spéciaux de la comptabilité de couverture (désignation, documentation et efficacité), on comptabilisera à leur juste valeur à la fois les emprunts obligataires et l'instrument de couverture (par exemple un swap de taux d'intérêt).

*39. Probablement si une entreprise veut couvrir la juste valeur d'un titre de créance à taux fixe. Les versements fixes reçus lors de l'échange compenseront les versements fixes du titre de créance. Par conséquent, en cas de baisse des taux d'intérêt, la valeur du contrat d'échange augmentera (un profit), parallèlement à celle du titre de créance à taux fixe (une perte). L'échange est un outil de gestion des risques efficace dans ce cas parce que sa valeur est en lien avec la même valeur sous-jacente (taux d'intérêt) qui affecte la valeur du titre de créance à taux fixe. Par conséquent, l'augmentation de la valeur de l'échange compensera la perte de valeur du titre de créance.

*40. On utilise la couverture du flux de trésorerie pour couvrir l'exposition aux risques de flux de trésorerie, c'est-à-dire l'exposition à la variabilité des flux de trésorerie. Les flux de trésorerie reçus de l'instrument de couverture (produit dérivé) compenseront les flux de trésorerie reçus de l'élément couvert. Parfois, l'élément couvert est une opération qui se déroulera éventuellement dans un avenir plus ou moins rapproché.

* 41. Les produits dérivés utilisés dans les opérations de couverture sont comptabilisés au bilan à leur juste valeur, tandis que les plus-values ou les moins-values sont inscrites dans les capitaux propres dans les autres éléments du résultat étendu.

* 42. Un titre hybride est un titre dont les caractéristiques s'apparentent à celles des titres de créance et des titres de capitaux propres. Ce type de titres est souvent une combinaison d'instruments financiers traditionnels et dérivés. Par exemple, une obligation convertible (dont il a été question précédemment) est un instrument hybride, car elle est constituée d'un titre de créance, appelé dans ce cas titre hôte, combiné à une option de conversion de l'obligation en actions, le produit dérivé intégré.

SOLUTIONS DES EXERCICES COURTS

Exercice court 3-1

a) Titres détenus jusqu'à l'échéance   46 304

     Caisse   46 304

b) Caisse   4 500

     Titres détenus jusqu'à l'échéance   593

        Intérêt créditeur (46 304 × 11 %)   5 093

Exercice court 3-2

a) Titres détenus jusqu'à l'échéance   43 412

     Caisse   43 412

b) Caisse   1 600

        Titres détenus jusqu'à l'échéance   298

        Intérêt créditeur (43 412 × 6 % × 6/12)   1 302

Exercice court 3-3

a) Titres susceptibles de vente   46 304

     Caisse   46 304

b) Caisse   4 500

     Titres susceptibles de vente   593

        Intérêt créditeur   5 093

c) Ajustement des titres à leur juste valeur
(titres susceptibles de vente) (47 200 – 46 897)   303

        Plus-value ou moins-value non
réalisées - capitaux propres   303

Exercice court 3-4

a) Titres susceptibles de vente   43 412

     Caisse   43 412

b) Caisse   1 600

        Titres susceptibles de vente   298

        Intérêt créditeur   1 302

c) Plus-value ou moins-value non
   réalisées – Capitaux propres 214

       Ajustement des titres à leur juste valeur
       (titres susceptibles de vente) 214

Exercice court 3-5

a) Titres de transaction 22 500

       Caisse 22 500

b) Caisse 2 000

       Intérêt créditeur 2 000

c) Plus-value ou moins-value
   non réalisées – Bénéfice 1 600

       Ajustement des titres à leur juste valeur
       (titres de transaction) 1 600

Exercice court 3-6

a) Titres susceptibles de vente 9 900

       Caisse 9 900

b) Caisse 975

       Dividende 975

c) Ajustement des titres à leur juste valeur
   (titres susceptibles de vente) 450

       Plus-value ou moins-value
       non réalisées – Capitaux propres 450

Exercice court 3-7

a) Titres de transaction 9 900

       Caisse 9 900

b) Caisse 975

       Dividende 975

c) Ajustement des titres à leur juste valeur
   (titres de transaction) 450

       Plus-value ou moins-value
       non réalisées – Bénéfice 450

Exercice court 3-8

Placement actions société Tellier	300 000	
Caisse		300 000
Placement actions société Tellier	45 000	
Produit de placement		45 000
(25 % × 180 000 $)		
Caisse	15 000	
Placement actions société Tellier		15 000
(25 % × 60 000 $)		

Exercice court 3-9

Produit de placement		3 000	
Placement actions société Ali			3 000
(Coût du placement	630 000 $)		
Valeur comptable acquise			
(30 % × 1 900 000 $)	<u>570 000</u>		
Excédent du coût par			
rapport à la valeur comptable	60 000		
	÷ 20		
	<u>3 000</u> $		

Exercice court 3-10

a) Autres éléments du résultat étendu
   pour 2001 :   20 000 $

b) Résultat étendu pour 2001 :   820 000 $ (800 000 $ + 20 000 $)

c) Cumul des autres éléments
   du résultat étendu :   80 000 $ (60 000 $ + 20 000 $)

*Exercice court 3-11

<u>Réception du dividende en actions</u>
    Aucune écriture

<u>Vente</u>

Caisse	3 340	
Titres susceptibles de vente		3 000*
Profit sur disposition de titres		340
* 60 × (11 000 $ ÷ 220)		

*Exercice court 3-12

<u>Réception des droits</u>

Titres susceptibles de vente (droits de souscription)	533	
Titres susceptibles de vente		533

Valeur marchande totale des actions (200 × 42 $)		8 400 $
Valeur marchande totale des droits (50 × 12 $)		<u>600</u>
Valeur marchande totale		<u>9 000</u> $

Répartition du coût des actions (8 400 $ ÷ 9 000 $ × 8 000 $)		7 467 $
Répartition du coût des droits (600 $ ÷ 9 000 $ × 8 000 $)		<u>533</u>
Total		8 000 $

<u>Vente des droits</u>

Caisse	625	
Titres susceptibles de vente (droits de souscription)		533
Profit sur disposition de titres		92

*Exercice court 3-13

Charge assurance-vie	1 232	
Valeur de rachat assurance-vie	1 918	
Caisse		3 150

* Exercice court 3-14

Caisse du fonds d'amortissement	100 000	
Caisse		100 000

Bénéfices non répartis	100 000	
Réserve rachat d'obligations		100 000

SOLUTIONS DES EXERCICES

Exercice 3-1 (10-15 minutes)

a) 1) Titres détenus jusqu'à l'échéance   185 216

          Caisse   185 216

    2) Caisse (200 000 $ × 0,045)   9 000

        Titres détenus jusqu'à l'échéance   1 187

           Intérêt créditeur   10 187
           (185 216 $ × 0,055)

b) 1) Titres susceptibles de vente   185 216

          Caisse   185 216

    2) Caisse   9 000

        Titres susceptibles de vente   1 187

           Intérêt créditeur   10 187

    3) Ajustement des titres à leur juste valeur
        (titres susceptibles de vente)   2 097

           Plus-value ou moins-value non réalisées
           – Capitaux propres   2 097
           [188 500 $ – (185 216 $ + 1 187 $)]

Exercice 3-2 (15-20 minutes)

a) 1er janvier 2001

    Titres détenus jusqu'à l'échéance   322 744,44

       Caisse   322 744,44

b)

Tableau des produits d'intérêts et de l'amortissement
de la prime d'émission d'obligations
Méthode des intérêts effectifs
Obligations de 12 % portant un intérêt de 10 %

Date	Encaissement	Intérêt créditeur	Amortissement de la prime	Valeur comptable des obligations
2001-01-01	-	-	-	322 744,44 $
2001-12-31	36 000 $	32 274,44 $	3 725,56 $	319 018,88
2002-12-31	36 000	31 901,89	4 098,11	314 920,77
2003-12-31	36 000	31 492,08	4 507,92	310 412,85
2004-12-31	36 000	31 041,29	4 958,71	305 454,14
2005-12-31	36 000	30 545,41	5 454,14 [a]	300 000,00

a. Arrondis à 45 ¢.

c)   <u>31 décembre 2001</u>

Caisse	36 000	
Titres détenus jusqu'à l'échéance		3 725,56
Intérêt créditeur		32 274,44

d)   <u>31 décembre 2002</u>

Caisse	36 000	
Titres détenus jusqu'à l'échéance		4 098,11
Intérêt créditeur		31 901,89

Exercice 3-3 (10-15 minutes)

a)   <u>1er janvier 2001</u>

Titres susceptibles de vente	322 744,44	
Caisse		322 744,44

b)   <u>31 décembre 2001</u>

Caisse	36 000	
Titres susceptibles de vente		3 725,56
Intérêt créditeur		32 274,44
Ajustement des titres à leur juste valeur (titres susceptibles de vente)	1 481,12	
Plus-values ou moins-values non réalisées – Capitaux propres (320 500,00 \$ – 319 018,88 \$)		1 481,12

c)

Plus-value ou moins-value non réalisées – Capitaux propres	7 401,89	
Ajustement des titres à leur juste valeur (titres susceptibles de vente)		7 401,89

	Coût	Juste valeur	Plus-value (moins-value) <u>non réalisée</u>
Obligations susceptibles de vente	314 920,77	309 000,00	(5 920,77) \$
Solde précédent Ajustement des titres à leur juste valeur – Dt			<u>1 481,12</u>
Ajustement des titres à leur juste valeur – Ct			<u>(7 401,89)</u> \$

Exercice 3-4 (20-30 minutes)

a)

Tableau de l'intérêt créditeur et de l'amortissement de l'escompte d'émission d'obligations

Méthode linéaire

Obligations de 9 % portant un intérêt de 12 %

Date	Encaissement	Intérêt créditeur	Amortissement de l'escompte	Valeur comptable des obligations
2001-01-01	-	-	-	185 589 $
2001-12-31	18 000 $	22 804 $	4 804 $ *	190 393
2002-12-31	18 000	22 804	4 804	195 197
2003-12-31	18 000	22 803 **	4 803	200 000

* (200 000 $ – 185 589 $) ÷ 3 = 4 804 $
** Arrondis à 1 $

b)

Tableau de l'intérêt créditeur et de l'amortissement
de l'escompte d'émission d'obligations
Méthode des intérêts effectifs

Obligations de 9 % portant un intérêt de 12 %

Date	Encaissement	Intérêt créditeur	Amortissement de l'escompte	Valeur comptable des obligations
2001-01-01	-	-	-	185 589,00 $
2001-12-31	18 000 $	22 270,68 $*	4 270,68 $	189 859,68
2002-12-31	18 000	22 783,16	4 783,16	194 642,84
2003-12-31	18 000	23 357,16 **	5 357,16	200 000,00

* 185 589 $ × 0,12 = 22 270,68 $
** Arrondis à 0,02 $

c) 31 décembre 2002

Caisse	18 000,00	
Titres détenus jusqu'à l'échéance	4 804,00	
Intérêt créditeur		22 804,00

b) 31 décembre 2001

Caisse	36 000	
Titres susceptibles de vente		3 725,56
Intérêt créditeur		32 274,44

d) 31 décembre 2002

Caisse	18 000,00	
Titres détenus jusqu'à l'échéance	4 783,16	
Intérêt créditeur		22 783,16

Exercice 3-5 (10-15 minutes)

a) Ajustement des titres à leur juste valeur
(titres de transaction)   5 000

    Plus-value ou moins-value
    non réalisées – Bénéfice   5 000

b) Ajustement des titres à leur juste valeur
– titres susceptibles de vente   5 000

    Plus-value ou moins-value
    non réalisées – Capitaux propres   5 000

c) On inscrit le compte Plus-value ou moins-value non réalisées – Bénéfice dans l'état des résultats sous la rubrique Autres produits et profits. Quant au compte Plus-value ou moins-value non réalisées – Capitaux propres. On l'inscrit dans les autres éléments du résultat étendu et comme un élément distinct des capitaux propres jusqu'à sa réalisation. Enfin, on additionne le compte Ajustement des titres à leur juste valeur au coût des titres susceptibles de vente ou des titres de transaction pour obtenir la juste valeur.

Exercice 3-6 (10-15 minutes)

a) <u>31 décembre 2001</u>

Plus-values ou moins-values
non réalisées – Bénéfice   1 400

    Ajustement des titres à leur juste valeur
    (titres de transaction)   1 400

b) <u>Au cours de 2002</u>

Caisse   9 400

Perte sur cession de titres   600

    Titres de transaction   10 000

c) <u>31 décembre 2002</u>

Titres	Coût	Juste valeur	Plus-value (moins-value) non réalisée
Actions société Céléson	20 000 $	19 100 $	(900) $
Actions société Buffalo	20 000	20 500	500
Total portefeuille	40 000 $	39 600 $	(400)
Solde précédent Ajustement des titres à leur juste valeur – Ct.			(1 400)
Ajustement des titres à leur juste valeur – Dt.			(1 000) $

Ajustement des titres à leur juste valeur
(titres de transaction)   1 000

    Plus-values ou moins-values
    non réalisées – Bénéfice   1 000

Exercice 3-7 (5-10 minutes)

a) On comptabilise les profits ou pertes non réalisés qui résultent de variations de la juste valeur des titres susceptibles de vente dans un compte Plus-value ou moins-value non réalisées. On inscrit ce compte dans les autres éléments du résultat étendu et comme un élément distinct des capitaux propres jusqu'à leur réalisation. Le compte Ajustement des titres à leur juste valeur (susceptibles de vente) est un compte de contrepartie lié au compte Placement. Voici donc l'écriture de régularisation à passer en fin d'exercice:

Plus-value ou moins-values non réalisées – Capitaux propres	8 000	
Ajustement des titres à leur juste valeur des titres (susceptibles de vente)		8 000

Exercice 3-8 (10-15 minutes)

a) On doit inscrire le portefeuille à la juste valeur de 54 500 $. Étant donné que le coût du portefeuille est de 53 000 $, la plus-value non réalisée est de 1 500 $, dont la somme de 400 $ a déjà été constatée. Par conséquent, l'écriture de régularisation au 31 décembre 2000 devrait être la suivante:

Ajustement des titres à leur juste valeur (titres susceptibles de vente)	1 100	
Plus-value ou moins-value non réalisées – Capitaux propres		1 100

b) On doit présenter le profit de détention non réalisé de 1 500 $ (y compris le solde précédent de 400 $) comme un ajout aux capitaux propres, tandis que le solde de 1 500 $ du compte Ajustement des titres à leur juste valeur des titres (susceptibles de vente) doit être ajouté au coût du compte Titres.

Société Steffi Graf

Bilan

Au 31 décembre 2000

Actifs à court terme:		
Placement actions, à la juste valeur	54 500 $	
Capitaux propres		
Actions ordinaires		xxx xxx
Capital d'apport additionnel		xxx xxx
Bénéfices non répartis		xxx xxx
		xxx xxx
Ajouter: Cumul des autres éléments du résultat étendu		1 500 *
Total capitaux propres		xxx xxx $

* Note: on doit également présenter la plus-value non réalisée.

c) Calcul du profit ou de la perte réalisés sur la vente d'actions:

Produit net de la vente du titre A	15 100 $	
Coût du titre A	17 500	
Perte sur disposition d'action	(2 400) $	

20 janvier 2001

Caisse	15 100	
Perte sur cession de titres	2 400	
Titres susceptibles de vente		17 500

Exercice 3-9 (20-25 minutes)

a)

Société STEFFI GRAF

Résultat étendu

pour l'exercice se terminant le 31 décembre 2000

Bénéfice net	120 000 $
Autres éléments du résultat étendu	
Plus-value non réalisée survenue en cours d'exercice	1 100
Résultat étendu net	121 100 $

b)

Société STEFFI GRAF

État du résultat étendu

pour l'exercice se terminant le 31 décembre 2001

Bénéfice net		140 000 $
Autres éléments du résultat étendu		
Plus-value non réalisée survenue en cours d'exercice	40 000 $	
Ajouter: Reclassement de la régularisation de la perte incluse dans le bénéfice net	2 400	42 400
Résultat étendu net		182 400 $

Exercice 3-10 (10-15 minutes)

a) Voici le coût total d'acquisition de ces placements:

Saché:	(10 000 × 33,50 $) + 1 980 $ = 336 980 $	
Vicario:	(5 000 × 52,00 $) + 3 370 $ = 263 370 $	
WTA:	(7 000 × 26,50 $) + 4 910 $ = 190 410 $	

Voici les écritures à passer pour ces acquisitions:

15 janvier 2001

Titres susceptibles de vente	336 980	
Caisse		336 980

1er avril 2001

Titres susceptibles de vente	263 370	
Caisse		263 370

10 septembre 2001

Titres susceptibles de vente	190 410	
Caisse		190 410

b)

Prix de vente brut de 4 000 actions à 35 $	140 000 $	
Moins: Commissions, taxes et frais	(3 850)	
Produit net de la vente	136 150	
Coût de 4 000 actions (336 980 $ × 0,4)	(134 792)	
Profit sur disposition de titres	1 358 $	

20 mai 2001

Caisse	136 150	
Titres susceptibles de vente		134 792
Profit sur disposition de titres		1 358

c)

Titres	Coût	Juste valeur	Plus-value (moins-value) non réalisée
Société Saché	202 188$*	180 000 $	(22 188) $
Société Vicario	263 370	275 000	11 630
Société WTA	190 410	196 000	5 590
Valeur totale du portefeuille	655 968 $	651 000 $	(4 968)
Solde précédent			
Ajustement des titres à leur juste valeur			0
Ajustement des titres à leur juste valeur – Ct.			(4 968) $

* 336 980 × 0,6 = 202 188 $

31 décembre 2001

Plus-value ou moins-value non réalisées		
– Capitaux propres	4 968	
Ajustement des titres à leur juste valeur (titres susceptibles de vente)		4 698

Exercice 3-11 (15-20 minutes)

Situation 1

Écritures à passer par la société Conchita:

Pour inscrire l'achat de 20 000 actions de Martinez au coût de 13 $ l'action:

18 mars 2001

Titres susceptibles de vente	260 000	
Caisse		260 000

Pour inscrire le dividende reçu de la société Martinez:

30 juin 2001

Caisse	7 500	
Produits de dividende		7 500

Pour inscrire le placement à sa juste valeur.

31 décembre 2001

Ajustement des titres à leur juste valeur (titres susceptibles de vente)	40 000	
Plus-value ou moins-value non réalisées – Capitaux propres		40 000 *

    * (15 $ – 13 $) × 20 000 actions = 40 000 $

Situation 2

Écritures à passer par la société Monica:

Pour inscrire l'acquisition de 30 % des actions ordinaires de la société Sallatra:

1er janvier 2001

Placement actions société Sallatra	81 000	
Caisse		81 000

Étant donné que la société Monica détient une influence notable sur la société Sallatra, Monica utilise dorénavant la méthode de comptabilisation de la mise en équivalence.

Pour inscrire la réception du dividende en argent de la société Sallatra:

15 juin 2001

Caisse (36 000 $ × 30 %)	10 800	
Placement actions société Sallatra		10 800

Voici comment inscrire la quote-part (30 %) de Monica de 85 000 $ dans le bénéfice net de Sallatra:

31 décembre 2001

Placement actions société Sallatra (30 % × 85 000 $)	25 500	
Produit de placement		25 500

Exercice 3-12 (20-25 minutes)

a)	Placement actions société Novotna	355 000	
	Caisse		355 000

b)	Coût		355 000 $
	Valeur comptable		
	Actifs	1 300 000 $	
	Passifs	100 000	
		1 200 000	
		× 25 %	300 000
	Excédent		55 000 $

Répartition

Amortissement actifs	15 000 $ [(860 000 – 800 000 $) × 25 %]	
Fonds commercial	<u>40 000</u>	
	<u>55 000</u> $	

Caisse (120 000 $ × 0,25)	30 000	
Placement actions société Novotna		30 000
Placement actions société Novotna	67 500	
Produit de placement (ordinaire)		50 000 *
Profit placement (extraordinaire)		17 500**

*   200 000 $ × 0,25

** 70 000 $ × 0,25

Produit de placement (ordinaire)	1 500	
Placement actions société Novotna		1 500
(Sous-évaluation amortissement		
de l'actif (15 000 $ ÷ 10) =1 500 $)		

Exercice 3-13 (15-20 minutes)

a)	Plus-value ou moins-value non réalisées – Bénéfice	7 900	
	Ajustement des titres à leur juste valeur (titres de transaction)		7 900
b)	Caisse	66 300	
	Perte sur cession de titres		7 200
	Titres de transaction		73 500
c)	Titres de transaction	53 800	
	Caisse		53 800

d)

Titres	Coût	Juste valeur	Plus-value (moins-value) <u>non réalisée</u>
Actions ordinaires société Ritchie	180 000 $	175 000 $	(5 000) $
Actions ordinaires société Roberto	53 800	50 400	(3 400)
Actions privilégiées société Alessandro	<u>60 000</u>	<u>58 000</u>	<u>(2 000)</u>
Total portefeuille	<u>293 800</u> $	<u>282 400</u> $	(10 400)
Solde précédent Ajustement des titres à leur juste valeur– Ct.			<u>(7 900)</u>
Ajustement des titres à leur juste valeur– Ct			<u>(2 500)</u> $

| Plus-value ou moins-value non réalisées – Bénéfice | 2 500 | |
| Ajustement des titres à leur juste valeur (titres de transaction) | | 2 500 |

Exercice 3-14 (15-20 minutes)

a) <u>31 décembre 2000</u>

| Titres susceptibles de vente | 1 200 000 | |
| Caisse | | 1 200 000 |

<u>30 juin 2001</u>

| Caisse | 42 500 | |
| Produit de dividendes | | 42 500 |

<u>31 décembre 2001</u>

| Caisse | 42 500 | |
| Produit de dividendes | | 42 500 |

| Ajustement des titres à leur juste valeur (titres susceptibles de vente) | 150 000 | |
| Plus-value ou moins-value non réalisées – Capitaux propres | | 150 000 |

(27 $ × 50 000 = 1 350 000 $
1 350 000 $ – 1 200 000 $ = 150 000 $)

b) <u>31 décembre 2000</u>

| Placement actions société Thérésa | 1 200 000 | |
| Caisse | | 1 200 000 |

<u>30 juin 2001</u>

| Caisse | 42 500 | |
| Placement actions société Thérésa | | 42 500 |

<u>31 décembre 2001</u>

| Caisse | 42 500 | |
| Placement actions société Thérésa | | 42 500 |

| Placement actions société Thérésa | 146 000 | |
| Produit de placement | | 146 000 |

(20 % × 730 000 $)

c)

	Méthode de comptabilisation à la juste valeur	Méthode de comptabilisation de la mise en équivalence
Valeur placement (bilan)	1 350 000 $	1 261 000 $*
Produit de dividendes (état des résultats)	85 000	0
Produit de placement (état des résultats)		146 000

* 1 200 000 $ + 146 000 $ – 42 500 $ – 42 500 $

Exercice 3-15 (20-25 minutes)

a) Placement actions société Amy   400 000
        Caisse   400 000

b) Coût   400 000
        Valeurs comptables
            Actifs   800 000 $
            Passifs   100 000
                                                        700 000
                                                        × 40 %   280 000
        Excédent   120 000 $

    Répartition
        Amortissement actifs   32 000 $ [(680 000 $ – 600 000 $) × 40 %]
        Écart d'acquisition   88 000
                                                120 000 $

    Caisse   50 000
        Placement actions société Amy   50 000

    Placement actions société Amy   64 000
        Produit de placement   64 000
        (160 000 $ × 0,40)

    Produit de placement   4 000
        Placement actions société Amy   4 000
        [Sous-évaluation amortissement
        actifs (32 000 $ ÷ 8)   4 000 $]

c) Perte sur placement (extraordinaire)*   12 000
    Placement actions société Amy   64 000
        Produit de placement   76 000
        (190 000 $ × 0,40)

    * 30 000 $ × 0,40 = 12 000 $

Produit de placement		4 000	
Placement actions société Amy			4 000

Exercice 3-16 (10-15 minutes)

a)	Placement actions société Vermeil	180 000	
	Caisse		180 000
	Caisse (20 000 $ × 0,30)	6 000	
	Placement actions société Vermeil		6 000
	Placement actions société Vermeil	24 000	
	Produit de placement		24 000
	(0,30 × 80 000 $)		
	Produit de placement	1 500	
	[(180 000 − 150 000) ÷ 20 ans]		
	Placement action société Vermeil		1 500
b)	Placement actions société Vermeil	180 000	
	Caisse		180 000
	Caisse (20 000 $ × 0,30)	6 000	
	Placement actions société Vermeil		6 000
	Perte sur placement (extraordinaire)	3 000	
	Placement actions société Vermeil	24 000	
	Produit de placement		27 000
	(90 000 $ × 0,30)		
	Produit de placement	1 500	
	Placement action société Vermeil		1 500
	[180 000 $ − (500 000 $ × 0,30)] ÷ 20 jours		

Exercice 3-17 (15-20 minutes)

a)	Ajustement des titres à leur juste valeur		
	− (titres susceptibles de vente)	80 000	
	Perte sur dépréciation (800 000 $ − 720 000 $)	80 000	
	Titres susceptibles de vente		80 000
	Plus-value ou moins-value		
	non réalisées – Capitaux propres		80 000

b)   Le nouveau coût de revient est de 720 000 $.On ne doit pas accroître la différence entre la valeur comptable et la valeur à l'échéance. Si les obligations subissent une dépréciation, il est déconseillé d'augmenter la valeur de l'actif puisqu'on parle d'une baisse de valeur permanente.

c) Ajustement des titres à leur juste valeur
    (titres susceptibles de vente)   40 000

        Plus-value ou moins-value
        non réalisées – Capitaux propres   40 000
        (760 000 $ – 720 000 $)

*Exercice 3-18 (15-20 minutes)

1. a) 12 000, produit de dividendes (méthode de comptabilisation à la juste valeur).

    b) Aucun dividende inscrit – diminution de la valeur du placement dans le compte Actions (méthode de comptabilisation de la mise en équivalence).

    c) Aucun dividende inscrit – dividende en actions (aucun produit réalisé).

2. Coût d'acquisition (5 000 × 79 $)   =   395 000 $
    Prix de vente (5 000 × 102 $)   =   510 000
    Profit sur disposition (réalisé)   115 000 $

    Le profit sur cession inscrit est de 115 000 $. S'il s'était agi d'un profit extraordinaire (ce qui n'est pas le cas), on aurait dû inscrire ce profit sur cession net d'impôt à 74 750 $ (115 000 $ – 40 250 $).

3. 620 000 $
    × 0,05
    31 000 $

    On inscrit le produit de dividendes au moment où il est réalisé (dans l'exercice où il est déclaré). Le dividende de liquidation est un remboursement de capital et ne devrait pas être inscrit dans le bénéfice.

Exercice 3-19 (20-25 minutes)

On doit répartir le coût des actions détenues entre les actions et les droits de souscription.

    Valeur de marché totale des actions
    240 × 120 $ =   28 800
    Valeur de marché totale des droits
    de souscription,
    120 × 30 $ =   3 600
                                                     32 400 $

Répartition du coût par action: 28 800 $ ÷ 32 400 $ × 24 000 $ = 21 333 $, ou 88,89 $ par action.

Répartition du coût par droit de souscription: 3 600 $ ÷ 32 400 $ × 24 000 $ = 2 667 $, ou 22,22 $ par droit de souscription
2001-07-30

    Titres susceptibles de vente
    (Droits de souscription)   2 667

        Titres susceptibles de vente   2 667

2001-08-10

Caisse (50 × 29 $)	1 450	
Titres susceptibles de vente		
(Droits de souscription) (50 × 22,22 $)		1 111
Profit sur disposition de titres		339

2001-08-11

Titres susceptibles de vente	8 555	
(70 × 122,22 $)		
Caisse (70 × 100 $)		7 000
Titres susceptibles de vente		
(Droits de souscription) (70 × 22,22 $)		1 555
(Ce coût doit être réparti entre chaque action		
= 100 $ + 22,22 $ = 122,22 $)		

2001-11-15

Caisse (50 × 128 $)	6 400	
Titres susceptibles de vente		4 821
Profit sur vente de titres		1 955

[Coût des titres vendus: (24 000 − 2 667 + 8 555) ÷ (240 + 70) × 50 actions = 4 821]

Exercice 3-20 (20-25 minutes)

06-30

Aucune écriture requise.

07-15

Répartir le coût des actions détenues entre les actions et les droits.

Valeur de marché totale des actions: 240 × 120 $	=	28 800 $	
Valeur de marché totale des droits: 120 × 20 $	=	2 400	
		31 200 $	

Répartition du coût par action: 28 800 $ ÷ 31 200 $ × 27 300 $ = 25 333 $, ou 105 $ par action.

Répartition du coût par droit de souscription: 2 400 $ ÷ 31 200 $ × 27 300 $ = 2 100 $, ou 17,50 $ par droit de souscription.

Titres susceptibles de vente		
(Droits de souscription)	2 100	
Titres susceptibles de vente		2 100

08-05

Titres susceptibles de vente		8 225	
(70 × 11750 $)			
Caisse			7 000
Titres susceptibles de vente			
(Droits de souscription) (70 × 17,50 $)			1 225
(Ce coût doit être réparti entre chaque action			
= 100 $ + 17,50 $ = 117,50 $)			

08-12

Caisse (50 × 23 $)	1 150	
Titres susceptibles de vente		
(Droits de souscription) (50 × 17,50 $)		875
Profit sur disposition de titres		275

09-28

Caisse (50 × 124 $)	6 200	
Titres susceptibles de vente		5 391
Profit sur vente de titres		809
(Coût des titres vendus: (27 300 − 2 100 + 8 225) ÷ (240 + 70) × 50 actions = 5 391 $)		

*Exercice 3-21 (10-15 minutes)

a)

Valeur de rachat polices d'assurance-vie	2 900*	
Charge d'assurance-vie	2 660**	
Caisse		5 560

* 37 900 $ − 35 000 $
** 5 560 $ − 2 900 $

Charge d'assurance-vie	3 000	
Caisse		3 000

b)

Caisse	250 000	
Valeur de rachat polices d'assurance-vie		37 900
Profit sur disposition des polices d'assurance-vie		212 100

*Exercice 3-22 (10-15 minutes)

a)

Intérêts débiteurs	80 000	
Caisse (1/2 × 10 % × 1 600 000 $)		80 000

Fonds d'amortissement	20 000	
Caisse (1/2 × 10 % × 400 000 $)		20 000

b) PLACEMENTS

Fonds d'amortissement

Caisse   16 000 $

Titres de créances et titres
de participation
d'autres entreprises   511 000   527 000 $

CRÉANCES À LONG TERME

Dette obligataire   2 000 000 $

Obligations fonds d'amortissement   (400 000)

                           1 600 000 $

Il faut déduire les obligations du fonds d'amortissement de la dette obligataire.

* Exercice 3-23 (10-15 minutes)

1.	Caisse fonds pour expansion des installations	X	
	Caisse		X
2.	Placements fonds pour expansion des installations	X	
	Caisse fonds pour expansion des installations		X
3.	Placements fonds pour expansion des installations	X	
	Produit fonds pour expansion des installations	X	
	Caisse fonds pour expansion des installations		X
4.	Charges fonds pour expansion des installations	X	
	Caisse fonds pour expansion des installations		X
5.	Caisse fonds pour expansion des installations	X	
	Produit fonds pour expansion des installations		X

(Cette écriture suppose que l'escompte sur les obligations est amorti à la fin de l'exercice. Si on l'amortissait à ce moment, le compte Placements fonds pour expansion des installations serait débité.)

6.	Caisse fonds pour expansion des installations	X	
	Produit fonds pour expansion des installations		X
	Placements fonds pour expansion des installations		X
	Profit sur disposition, Placements fonds pour expansion des installations		X
7.	Caisse fonds pour expansion des installations	X	
	Produit fonds pour expansion des installations		X

8.	Caisse fonds pour expansion des installations	X	
	Perte sur disposition, Placements fonds pour expansion des installations	X	
	Placements fonds pour expansion des installations		X
9.	Bâtiments (ou passif approprié)	X	
	Caisse fonds pour expansion des installations		X
10.	Caisse	X	
	Caisse fonds pour expansion des installations		X

*Exercice 3-24 (15-20 minutes)

a)	Option d'achat	300	
	Caisse		300
b)	Plus-values ou moins-values non réalisées – Bénéfice	100	
	Option d'achat (300 $ – 200 $)		100
	Option d'achat	3 000	
	Plus-values ou moins-values non réalisées – Bénéfice (1 000 × 3 $)		3 000

c)   Profit de détention non réalisé: 2 900 $ (3 000 $ - 100 $).

*Exercice 3-25 (20-25 minutes)

	2001-06-30	2001-12-31
Créance taux fixe	100 000 $	100 000 $
Taux fixe (6 % ÷ 2)	3 %	3 %
Versements semestriels	3 000	3 000
Encaissement fixe échange	3 000	3 000
Effet bénéfice net	0 $	0 $
Taux échange		
5,7 % × ½ × 100 000 $	2 850 $	
6,7 % × ½ × 100 000 $	0	3 350 $
Charge d'intérêts	2 850 $	3 350 $

Note à l'enseignant: Un swap de taux d'intérêt au cours duquel une entreprise échange ses versements d'intérêts fixes pour des versements d'intérêts variables est une opération de couverture de juste valeur. En effet, les variations de la juste valeur de l'instrument de couverture et du passif qui est l'objet d'une opération de couverture se contrebalancent.

* Exercice 3-26 (20-25 minutes)

a) et b)	2000-12-31	2001-12-31
Créance taux variable	10 000 000 $	10 000 000 $
Taux variable	5,8 %	6,6 %
Versement créance	580 000 $	660 000 $
Versement créance	580 000 $	660 000 $
Échange taux variable	(580 000)	(660 000)
Effet bénéfice net	0 $	0 $
Échange payable – taux fixe	600 000	600 000
Charge d'intérêts	600 000 $	600 000 $

*Exercice 3-27 (15-20 minutes)

a)	Charge d'intérêts	75 000	
	Caisse (7,5 % × 1 000 000)		75 000
b)	Caisse	13 000	
	Charge d'intérêts		13 000
c)	Contrat d'échange	48 000	
	Plus-values ou moins-values non réalisées – Bénéfice		48 000
d)	Plus-values ou moins-values non réalisées – Bénéfice	48 000	
	Emprunt obligataire		48 000

*Exercice 3-28 (15-20 minutes)

a)	Caisse (7,5 % × 1 000 000)	75 000	
	Produit d'intérêt		75 000
b)	Produit d'intérêt	13 000	
	Caisse		13 000
c)	Plus-values ou moins-values non réalisées – Bénéfice	48 000	
	Contrat d'échange		48 000
d)	Ajustement des titres à leur juste valeur (titres susceptibles de vente)	48 000	
	Plus-values ou moins-values non réalisées – Bénéfice		

DURÉES ET OBJECTIFS DES PROBLÈMES

Problème 3-1 (30-40 minutes)

Objectif – L'étudiant devra passer les écritures de journal et les écritures de régularisation nécessaires sur une période de trois exercices pour les titres de créance d'abord classés comme détenus jusqu'à l'échéance, puis classés comme susceptibles de vente. Ces écritures comprennent également l'amortissement de la prime d'émission d'obligations.

Problème 3-2 (30-40 minutes)

Objectif – L'étudiant devra passer les écritures de journal et les écritures de régularisation nécessaires pour les titres de créance susceptibles de vente, préparer un tableau d'amortissement et expliquer comment les présenter dans les états financiers.

Problème 3-3 (25-35 minutes)

Objectif – L'étudiant devra faire la distinction entre l'existence d'une prime ou d'un escompte à l'émission d'obligations et entre l'utilisation des méthodes de l'intérêt réel et de l'amortissement linéaire. L'étudiant devra également passer les écritures de régularisation de titres susceptibles de vente pour deux fins d'exercice.

Problème 3-4 (25-35 minutes)

Objectif – L'étudiant devra passer les écritures nécessaires pour l'achat et la vente de titres de capitaux propres susceptibles de vente, passer les écritures de régularisation de fin d'exercice pour les profits ou les pertes non réalisées; il devra aussi expliquer leur présentation dans les états financiers.

Problème 3-5 (25-35 minutes)

Objectif – L'étudiant devra passer les écritures en cours d'exercice et en fin d'exercice pour les titres de capitaux propres d'opération; il devra aussi expliquer en quoi les écritures différeraient si ces titres étaient classés comme susceptibles de vente.

Problème 3-6 (25-35 minutes)

Objectif – L'étudiant devra passer les écritures en cours d'exercice et en fin d'exercice pour les titres de créance susceptibles de vente; il devra aussi expliquer en quoi les écritures différeraient si ces titres étaient classés comme détenus jusqu'à l'échéance.

Problème 3-7 (20-30 minutes)

Objectif – Permettre à l'étudiant de comprendre la comptabilisation des titres de capitaux propres d'opération et des titres de capitaux propres susceptibles de vente. L'étudiant devra appliquer la méthode de comptabilisation de la mise en équivalence à ces deux catégories de titres et expliquer comment ces opérations se refléteraient dans les états financiers et les notes complémentaires.

Problème 3–8 (20–30 minutes)

Objectif – Permettre à l'étudiant de comprendre le traitement comptable des titres de capitaux propres susceptibles de vente et l'effet découlant du reclassement des titres susceptibles de vente en titres de transaction[1]. L'étudiant devra analyser les descriptions et les montants à inscrire au bilan pour ces placements, puis il devra préparer les informations à présenter par voie de notes, s'il y a lieu.

Problème 3-9 (20-30 minutes)

Objectif – Permettre à l'étudiant de passer les écritures relatives aux opérations de titres susceptibles de vente et d'inscrire les résultats dans l'état du résultat étendu et dans le bilan.

---

[1] Notons qu'au Canada il est interdit de reclasser des titres de transaction ou des titres provenant de cette catégorie.

Problème 3-10 (25-30 minutes)

Objectif – Permettre à l'étudiant de comprendre la différence entre le traitement comptable des titres de créance et le traitement comptable des titres de capitaux propres. L'étudiant devra passer les écritures nécessaires pour refléter adéquatement les opérations relatives aux titres de créances et aux titres de capitaux propres.

Problème 3-11 (35-45 minutes)

Objectif – Permettre à l'étudiant de faire la distinction entre les méthodes de comptabilisation de la mise en équivalence et de comptabilisation à la juste valeur. L'étudiant devra indiquer les caractéristiques des placements susceptibles de vente et des placements détenus jusqu'à l'échéance. Il devra également indiquer si les écritures de journal présentées sont correctes ou erronées. Finalement, l'étudiant devra déterminer les circonstances dans lesquelles il ne conviendrait pas de comptabiliser une participation de 25 % dans les actions ordinaires à l'aide de la méthode de comptabilisation à la juste valeur.

Problème 3-12 (20-30 minutes)

Objectif – Permettre à l'étudiant de comparer la comptabilisation des placements en capitaux propres selon les méthodes de comptabilisation de la mise en équivalence et de comptabilisation à la juste valeur.

Problème 3-13 (20-30 minutes)

Objectif – Permettre à l'étudiant de comprendre les problèmes de présentation associés aux titres de capitaux propres susceptibles de vente. L'étudiant doit indiquer les descriptions et les montants à présenter dans les états financiers comparatifs.

*Problème 3-14 (20-30 minutes)

Objectif – Permettre à l'étudiant de comprendre les écritures comptables utilisées pour refléter adéquatement les opérations comportant l'émission et la cession des droits de souscription, ainsi que la valeur attribuée aux actions et aux droits de souscription. L'étudiant devra passer les écritures nécessaires pour inscrire les opérations mentionnées ci-dessus, incluant les trois méthodes utilisées lors de la cession des droits de souscription.

*Problème 3-15 (20-25 minutes)

Objectif – Permettre à l'étudiant de comprendre la comptabilisation des écritures nécessaires pour refléter adéquatement les opérations relatives au fonds d'amortissement pour le remboursement des dettes à long terme. L'étudiant devra passer les écritures nécessaires pour inscrire ces opérations.

*Problème 3-16 (20-25 minutes)

Objectif – L'étudiant devra passer les écritures lors de l'acquisition des produits dérivés autonomes (option d'achat) pendant leur durée de vie et quand ils arrivent à expiration.

*Problème 3-17 (Durée 20-25 minutes)

Objectif – L'étudiant devra passer les écritures lors de l'acquisition des produits dérivés autonomes (option de vente) pendant leur durée de vie et quand ils arrivent à expiration.

*Problème 3-18 (20-25 minutes)

Objectif – L'étudiant devra passer les écritures lors de l'acquisition des produits dérivés autonomes (option de vente) pendant leur durée de vie et quand ils arrivent à expiration. Ce produit dérivé s'éteint à l'expiration des fonds.

*Problème 3-19 (30-40 minutes)

Objectif – Permettre à l'étudiant de passer les écritures d'une opération de couverture de la juste valeur dans un contexte de swap de taux d'intérêt, y compris la façon d'inscrire les effets de l'échange dans les états financiers.

*Problème 3-20 (25-35 minutes)

Objectif – Permettre à l'étudiant de passer les écritures d'une opération de couverture du flux de trésorerie dans un contrat de vente d'acquisition de stock, y compris la façon d'inscrire les effets de l'opération de couverture dans les états financiers.

*Problème 3-21 (25-35 minutes)

Objectif – Permettre à l'étudiant de passer les écritures de couverture de la juste valeur dans un contexte d'utilisation d'une option de vente pour couvrir un titre susceptible de vente, y compris la façon d'inscrire les effets de l'opération de couverture et de l'élément couvert dans les états financiers.

SOLUTIONS DES PROBLÈMES

Problème 3-1

a) <u>31 décembre 1999</u>

Titres détenus jusqu'à l'échéance	108 660	
Caisse		108 660

b) <u>31 décembre 2000</u>

Caisse	7 000	
Titres détenus jusqu'à l'échéance		1 567
Produit d'intérêt		5 433

c) <u>31 décembre 2002</u>

Caisse	7 000	
Titres détenus jusqu'à l'échéance		1 728
Produit d'intérêt		5 272

d) <u>31 décembre 1999</u>

Titres susceptibles de vente	108 660	
Caisse		108 660

e) <u>31 décembre 2000</u>

Caisse	7 000	
Titres susceptibles de vente		1 567
Produit d'intérêt		5 433
Plus-value ou moins-value non réalisées – Capitaux propres (107 093 \$ – 106 500 \$)	593	
Ajustement des titres à leur juste valeur (titres susceptibles de vente)		593

f) <u>31 décembre 2002</u>

Caisse	7 000	
Titres susceptibles de vente		1 728
Produit d'intérêt		5 272

Titres susceptibles de vente

	Coût après amortissement	Juste valeur	Plus-value (moins-value) non réalisée
Obligations 7 %	103 719 $	105 650 $	1 931 $
Solde précédent – Ajustement des titres à leur juste valeur– Dt.			2 053
Ajustement des titres à leur juste valeur– Ct.			(122) $
Plus-values ou moins-values non réalisées – Capitaux propres		122	
Ajustement des titres à leur juste valeur (titressusceptibles de vente)		122	

Problème 3-2

a) Écriture à l'acquisition, 1er janvier 2002:

Titres susceptibles de vente	184 557	
Caisse		184 557

b) Voici le tableau d'amortissement:

Tableau d'amortissement du produit d'intérêt

et de l'amortissement de l'escompte

– méthode des intérêts réels

Obligations à 8 % donnant un rendement de 10 %

Date	Encaissement	Produit d'intérêt	Amortissement de la prime	Valeur comptable des obligations
2002-01-01				184 557 $
2002-07-01	8 000 $	9 228 $	1 228 $	185 785
2002-12-31	8 000	9 289	1 289	187 074
2003-07-01	8 000	9 354	1 354	188 428
2003-12-31	8 000	9 421	1 421	189 849
2004-07-01	8 000	9 492	1 492	191 341
2004-12-31	8 000	9 567	1 567	192 908
2005-07-01	8 000	9 645	1 645	194 553
2005-12-31	8 000	9 728	1 728	196 281
2006-07-01	8 000	9 814	1 814	198 095
2006-12-31	8 000	9 905	1 905	200 000
Totaux	80 000 $	95 443 $	15 443 $	

c) Écritures de l'intérêt:

30 juin 2002

Caisse	8 000	
Titres susceptibles de vente	1 228	
Produit d'intérêt		9 228

31 décembre 2002

Intérêt à recevoir	8 000	
Titres susceptibles de vente	1 289	
Produit d'intérêt		9 289

d) Écritures de régularisation, 31 décembre 2003

Titres	Coût portefeuille titres susceptibles de vente	Juste valeur	Plus-value (moins-value) non réalisée
Mercury (valeur totale portefeuille)	189 849 *	186 363 $	(3 486) $
Solde précédent Ajustement des titres à leur juste valeur– Dt.			3 375
Ajustement des titres à leur juste valeur– Ct.			(6 861) $

* Voir le coût après amortissement des obligations de la société Mercury au 31 décembre 2003 au tableau *b*).

31 décembre 2003

Plus-value ou moins-value non réalisées – Capitaux propres	6 861	
Ajustement des titres à leur juste valeur (titres susceptibles de vente)		6 861

e) Écriture vente, 1ᵉʳ janvier 2004

Prix de vente obligations	185 363 $	
Moins: Amortissement du coût (voir tableau *b*) ci-dessus)	(189 849)	
Perte réalisée sur vente placement (susceptible de vente)	(4 486) $	

1 janvier 2004

Caisse	185 363	
Perte sur cession de titres	4 486	
Titres susceptibles de vente		189 849

Problème 3-3

a) Les obligations ont été acquises à escompte. Autrement dit, elles ont été achetées à un coût inférieur à leur valeur nominale, car l'amortissement du coût des obligations est passé de 491 150 $ à 550 000 $.

b) Le tableau d'amortissement est fondé sur la méthode des intérêts réels. Si on utilisait la méthode de l'amortissement linéaire, l'amortissement de l'escompte resterait le même à chaque exercice. Dans le cas présent, l'escompte a augmenté de 28 292 $ entre 2001 et 2002, et de 30 558 $ entre 2002 et 2003.

c) <u>31 décembre 2001</u>

Ajustement des titres à leur juste valeur (titres susceptibles de vente)	6 850	
Plus-values ou moins-values non réalisées		6 850

Portefeuille titres susceptibles de vente

	Coût après amortissement	Juste valeur	Plus-value (moins-value) non réalisée
Placement obligation	491 150 $	499 000 $	7 850 $
Solde précédent – Ajustement des titres à leur juste valeur– Dt.			<u>1 000</u>
Ajustement des titres à leur juste valeur– Dt.			<u>6 850</u> $

d) <u>31 décembre 2002</u>

Plus-value ou moins-value non réalisées – Capitaux propres	21 292	
Ajustement des titres à leur juste valeur (titres susceptibles de vente)		21 292

Portefeuille titres susceptibles de vente

	Coût après amortissement	Juste valeur	Plus-value (moins-value) non réalisée
Placement obligation	519 442 $	506 000 $	(13 442) $
Solde précédent – Ajustement des titres à leur juste valeur– Dt.			<u>7 850</u>
Ajustement des titres à leur juste valeur – Ct.			<u>21 292</u> $

Problème 3-4

a)

Prix de vente brut de 3 000 actions à 23 $	69 000 $	
Moins: Commissions, taxes et frais	<u>(2 150)</u>	
Produit net de la vente	66 850	
Coût 3 000 actions	(58 500)	
Profit sur vente actions	<u>8 350</u> $	

<u>15 janvier 2002</u>

Caisse	66 850	
Titres susceptibles de vente		58 500
Profit sur disposition de titres		8 350

b) Le coût d'acquisition total est de:
(1 000 × 31,50 $) + 1 980 $ = 33 480 $.

L'écriture à l'achat sera:

<u>17 avril 2002</u>

Titres susceptibles de vente	33 480	
Caisse		33 480

c) <u>Portefeuille titres susceptibles de vente, 31 décembre 2002</u>

Titres	Coût	Juste valeur	Plus-value (moins-value) non réalisée
David ltée	580 000 $	620 000 $	40 000 $
Société Abba	255 000	240 000	(15 000)
Société Tractor	<u>33 480</u>	<u>29 000</u>	(4 480)
Valeur totale portefeuille	<u>868 480</u> $	<u>889 000</u> $	20 520
Solde précédent Ajustement des titres à leur juste valeur – Ct.			(10 100)
Ajustement des titres à leur juste valeur – Dt.			<u>30 620</u> $

<u>31 décembre 2002</u>

Ajustement des titres à leur juste valeur (titres susceptibles de vente)	30 620	
Plus-value ou moins-value non réalisées – Capitaux propres		30 620

d) Les plus-values ou les moins-values non réalisées devraient être inscrites au bilan sous le titre Cumul – Autres éléments du résultat étendu, et non comme un élément distinct des capitaux propres.

Problème 3-5

a) 1. <u>10 octobre 2001</u>

Caisse	270 000	
Profit sur disposition de titres		45 000
Titres de transaction		225 000

2. <u>2 novembre 2001</u>

Titres de transaction	178 500	
Caisse		178 500

3. Au 30 septembre 2001, l'ajustement à leur juste valeur des titres de la société Gypsy Kings était la suivante:

Portefeuille titres de transaction, 30 septembre 2001

Titres	Coût	Juste valeur	Plus-value (moins-value) non réalisée
Société Follibelle			
Actions ordinaires	225 000 $	200 000 $	(25 000) $
Société Petra			
Actions privilégiées	133 000	140 000	7 000
Société Timmy			
Actions ordinaires	180 000	179 000	(1 000)
Valeur totale du portefeuille	538 000 $	519 000 $	(19 000)
Solde précédent Ajustement des titres à leur juste valeur			0
Ajustement des titres à leur juste valeur – Ct.			(19 000) $

Au 31 décembre 2001, l'ajustement des titres à leur juste valeur de la société Gypsy était la suivante:

Portefeuille titres de transaction, 31 décembre 2001

Titres	Coût	Juste valeur	Plus-value (moins-value) non réalisée
Société Petra			
Actions privilégiées	133 000 $	96 000 $	(37 000) $
Société Timmy			
Actions ordinaires	180 000	193 000	13 000
Société Tigres			
Actions ordinaires	178 000	132 000	(46 500)
Valeur totale du portefeuille	491 500 $	421 000 $	(70 500)
Solde précédent Ajustement des titres à leur juste valeur– Ct.			(19 000)
Ajustement des titres à leur juste valeur– Ct.			(51 500) $

L'écriture au 31 décembre 2001 est donc la suivante:

Plus-values ou moins-values non réalisées – Bénéfice	51 500	
Ajustement des titres à leur juste valeur (titres d'opération)		51 500

b) Les écritures seraient identiques, mais au lieu de débiter et de créditer les comptes se rapportant aux titres de transaction, il faudrait utiliser les comptes se rapportant aux titres susceptibles de vente. De plus, on devrait utiliser le compte Plus-value ou moins-value non réalisées – Capitaux propres, au lieu du compte Plus-value ou moins-value non réalisées – Bénéfice. Dans le cas présent, on devrait déduire la moins-value non réalisée de la rubrique Capitaux propres, et non l'imputer à l'état des résultats.

Problème 3-6

a)   <u>1er février</u>

Titres susceptibles de vente	500 000	
Intérêt créditeur*	20 000	
Caisse		520 000

* $(4/12 \times 0,12 \times 500\,000\,\$ = 20\,000\,\$)$

<u>1er avril</u>

Caisse	30 000	
Produits d'intérêts		
$(500\,000\,\$ \times 0,12 \times 6/12)$		30 000

<u>1er juillet</u>

Titres susceptibles de vente	200 000	
Intérêt créditeur*	1 500	
Caisse		201 500

* $(1/12 \times 0,09 \times 200\,000\,\$ = 1\,500\,\$)$

<u>1er septembre</u>

Caisse	104 000	
$[(100\,000\,\$ \times 99\,\%) + (100\,000\,\$ \times 0,12 \times 5/12)]$		
Perte sur cession de titres	1 000	
Titres susceptibles de vente		100 000
$(500\,000\,\$ \times 1/5)$		
Intérêt créditeur		5 000
$(5/12 \times 0,12 \times 100\,000\,\$ = 5\,000\,\$)$		

<u>1er octobre</u>

Caisse	24 000	
$[(500\,000\,\$ - 100\,000\,\$) \times 0,12 \times 6/12]$		
Intérêt créditeur		24 000

<u>1er décembre</u>

Caisse $(200\,000\,\$ \times 9\,\% \times 6/12)$	9 000	
Intérêt créditeur		9 000

<u>31 décembre</u>

Intérêt à recevoir	13 500	
Intérêt créditeur		13 500
$(3/12 \times 400\,000\,\$ \times 0,12 = 12\,000\,\$)$		
$(1/12 \times 200\,000\,\$ \times 0,09 = 1\,500\,\$)$		
$(12\,000\,\$ + 1\,500\,\$ = 13\,500\,\$)$		

<u>31 décembre</u>

Plus-values ou moins-values non réalisées – Capitaux propres	34 000	
Ajustement des titres à leur juste valeur (titres susceptibles de vente)		34 000

<u>Portefeuille titres susceptibles de vente</u>

<u>Titre</u>	<u>Coût</u>	Valeur de marché	Plus-value (moins-value) <u>non réalisée</u>
Société Vanessa	400 000 $	380 000 $*	(20 000) $
Société Guertin	<u>200 000</u>	<u>186 000</u> **	<u>(14 000)</u>
Total	<u>600 000</u> $	<u>566 000</u> $	<u>(34 000)</u> $

*   400 000 $ × 95 %

** 200 000 $ × 93 %

(Note à l'enseignant: Certains étudiants débiteront le compte Intérêt à recevoir à la date d'acquisition au lieu du compte Intérêt créditeur. Cette procédure est correcte, à condition d'inscrire le crédit approprié au compte Intérêt à recevoir à la réception de la caisse correspondant aux intérêts.)

b)   Toutes les écritures seraient identiques, mais il faudrait utiliser le compte Titres détenus jusqu'à l'échéance plutôt que le compte Titres susceptibles de vente. De plus, en fin d'exercice, il faudrait reporter le compte Titres susceptibles de vente au coût et non à la juste valeur; ainsi, il ne serait pas nécessaire de passer la dernière écriture.

Problème 3-7

a)   1.   Placement dans les titres de transaction:

Plus-value ou moins-value non réalisées – Bénéfice	180 000	
Ajustement des titres à leur juste valeur (titres d'opération)		180 000

2.   Placement dans les titres susceptibles de vente:

Ajustement des titres à leur juste valeur (titres susceptibles de vente)	775 000	
Plus-values ou moins-values non réalisées– Capitaux propres		775 000

<u>Calculs</u>

1.

<u>Titres</u>	<u>Coût</u>	<u>Juste valeur</u>	Plus-value (moins-value) <u>non réalisée</u>
Société Moteur Plus	1 400 000 $	1 600 000 $	200 000 $
Société Goulet Électrique	<u>1 000 000</u>	<u>620 000</u>	(380 000)
Total portefeuille	2 400 000	2 220 000	(180 000) $

2. Valeur de marché à court terme, capitaux propres,
    société Ricky   22 275 000

    Valeur de marché 1999, capitaux propres,
    société Ricky   21 500 000

                    Augmentation de la juste valeur   775 000 $

b) On inscrit dans l'état des résultats la moins-value non réalisée de la valeur des titres de transaction de la société Poisson. Il faudrait faire apparaître cette perte dans la section Autres charges et pertes de l'état des résultats et l'inclure dans la rubrique Bénéfice avant éléments extraordinaires. Le compte Ajustement des titres à leur juste valeur est un compte de contrepartie que l'on utilisera pour indiquer la diminution de la juste valeur des titres de transaction. On présentera le portefeuille des titres de transaction dans le bilan comme un actif à court terme et on l'inscrira à sa juste valeur.

Il faut inscrire la plus-value non réalisée de la valeur des titres susceptibles de vente de la société Poisson dans les autres éléments du résultat étendu et comme un élément distinct des capitaux propres. On utilise l'ajustement des titres à leur juste valeur pour inscrire l'augmentation de la juste valeur des titres susceptibles de vente. On inscrit la juste valeur des titres au bilan dans la section Placements. Notons qu'on devrait retrouver les éléments du résultat étendu dans l'état des résultats et du résultat étendu, dans l'état du résultat étendu et l'état des capitaux propres.

La présentation d'informations par voie de notes des titres susceptibles de vente comprend la juste valeur globale, les plus-values non réalisées brutes et les moins-values non réalisées brutes. On doit également mentionner toute variation du compte Plus-values ou moins-values non réalisées. La présentation des titres de transaction comprend la variation de la plus-value ou de moins-value non réalisées, laquelle était comprise dans le bénéfice.

Problème 3-8

a) Portefeuille titres susceptibles de vente

Titres	Coût	Juste valeur	Plus-value (moins-value) non réalisée
Société Favre	22 000 $	32 000 $	10 000 $
Société Vallon	115 000	85 000	(30 000)
Société Dalle	124 000	96 000	(28 000)
Total portefeuille	261 000 $	213 000 $	(48 000) $

Bilan – 31 décembre 2001

Placements long terme:	
Titres susceptibles de vente, au coût	261 000 $
Moins: Ajustement des titres à leur juste valeur	48 000
Titres susceptibles de vente, juste valeur	213 000 $
Capitaux propres:	
Actions ordinaires	xx $
Capital additionnel	xx
Bénéfices non répartis	xx
Cumul autres éléments résultat étendu	(48 000)
Total capitaux propres	xx $

b) Portefeuille titres susceptibles de vente

Titres	Coût	Juste valeur	Plus-value (moins-value) non réalisée
Société Vallon	115 000 $	150 000 $	35 000 $
Société Dalle	174 000	138 000	(36 000)
Total portefeuille	289 000 $	288 000 $	(1 000)
Solde précédent			
Ajustement des titres à leur juste valeur – Ct.			(48 000)
Ajustement des titres à leur juste valeur – Dt.			47 000 $

Bilan – 31 décembre 2002

Placements long terme:		
Titres susceptibles de vente, au coût		289 000 $
Moins: Ajustement des titres à leur juste valeur		1 000
Titres susceptibles de vente, juste valeur		288 000 $
Capitaux propres:		
Actions ordinaires		xx $
Capital additionnel		xx
Bénéfices non répartis		xx
Cumul autres éléments résultat étendu		(1 000)
Total capitaux propres		xx $

On a reclassé les titres de la société Favre dans la catégorie titres de transaction[2] à leur juste valeur, laquelle devient le nouveau prix de base du titre. On constate la moins-value réalisée de 4 000 $ [(11 $ – 9 $) × 2 000] dans le bénéfice à la date du reclassement.

c) Note 2 Placements

Les justes valeurs et les plus-values et moins-values non réalisées des titres de capitaux propres étaient les suivants:

31 décembre 2002

Susceptibles de vente	Coût	Non réalisées brutes Profits	Pertes	Juste valeur
Titres de capitaux propres	289 000 $	35 000 $	(36 000) $	288 000 $

---

[2] Notons encore une fois, qu'au Canada, il est interdit de reclasser des titres de transaction ou des titres provenant de cette catégorie.

Susceptibles de vente	Coût	Non réalisées bruts		Juste valeur
		Profits	Pertes	
Titres de capitaux propres	261 000 $	10 000 $	(58 000) $	213 000 $

Au 31 décembre 2002, l'entreprise a transféré dans le portefeuille de titres de transaction le placement dans la société Favre. Ce reclassement s'est soldé par une moins-value réalisée de 4 000 $. Au cours de 2002, le solde du compte Plus-values ou moins-values non réalisées est passé d'un solde débiteur de 48 000 $ en début d'exercice à une solde débiteur de 1 000 $ en fin d'exercice.

Problème 3-9

a)   1er janvier 2001

Juste valeur titres susceptibles de vente	240 000 $
Cumul autres éléments du résultat étendu	(40 000)
Prix de base	200 000 $

31 décembre 2001

Juste valeur titres susceptibles de vente	190 000 $
Prix de base	<120 000>
Cumul autres éléments du résultat étendu	70 000 $

Caisse	100 000	
Profit sur disposition de titres		20 000
Titres susceptibles de vente		80 000
(200 000 $ – 120 000 $)		

b)

Société Enid
Résultat étendu
Pour l'exercice se terminant le 31 décembre 2001

Bénéfice net		35 000 $
Autres éléments du résultat étendu		
Total profits de détention survenus en cours d'exercice	50 000 $*	
Moins: Reclassement de l'ajustement des profits inclus dans le bénéfice	20 000	30 000
Résultat étendu		65 000 $
* Cumul autres éléments résultat étendu 2001-12-31		70 000 $
Cumul autres élément résultat étendu 2001-01-01		40 000
Augmentation plus-value non réalisée		30 000
Plus-value réalisée		20 000
Total plus-value constatée en cours d'exercice		50 000 $

Actifs		Capitaux propres	
Caisse	165 000$*	Actions ordinaires	250 000$
Titres susceptibles de vente	190 000	Bénéfices non répartis	35 000
		Autres éléments du résultat étendu	70 000
Total actifs	355 000 $	Total capitaux propres	355 000$
* Solde ouverture			50 000 $
Produit dividende			15 000
Produit de la vente en argent			100 000
Total			165 000

Problème 3-10

a)

Titres susceptibles de vente		189 400 *	
Produit d'intérêt (50 000 $ × 0,12 × 4/12)		2 000	
Placements			191 400
*(37 400 $ + 100 000 $ + 52 000 $)			

b) 31 décembre 2001

Intérêt à recevoir	7 750,00	
Titres susceptibles de vente		50,85
Produit d'intérêt		7 699,15
[Intérêts courus		
50 000 $ × 0,12 × 10/12 =	5 000,00 $	
Amortissement de la prime		
6/236 × 2 000 $ =	(50,85)	
Intérêts courus		
100 000 $ × 0,11 × 3/12 =	2 750,00	
	7 699,15$]	

b) 31 décembre 2001

Portefeuille titres susceptibles de vente

Titres	Coût	Juste valeur	Plus-value (moins-value) non réalisée
Actions sociétéChan	37 400 $	33 800 $	(3 600) $
Obligationsdes États-Unis	100 000	124 700	24 700
Obligations société Claude Monet	51 949,15	58 600	6 650,85
Total	189 349,15 $	217 100 $	27 750,85
Solde précédent Ajustement des titres à leur juste valeur			0
Ajustement des titres à leur juste valeur– Dt.			27 750,85 $

Ajustement des titres à leur juste valeur (titres susceptibles de vente)	27 750,85		
Plus-values ou moins-values non réalisées – Capitaux propres		27 750,85	

d) 1er juillet 2002

Caisse (119 200 $ + 2 750 $)	121 950		
Titres susceptibles de vente		100 000	
Produit d'intérêt (100 000 $ × 0,11 × 3/12)		2 750	
Profit sur disposition de titres		19 200	

Problème 3-11

a) Les titres classés parmi les titres détenus jusqu'à l'échéance sont les titres que la direction a <u>l'intention</u> et la <u>capacité</u> de détenir jusqu'à l'échéance. Ces titres sont inscrits au bilan au coût après amortissement, qui représente la valeur la plus appropriée pour cette catégorie de titres. Les titres de créance font aussi partie de cette catégorie. À l'inverse, les titres susceptibles de vente sont des titres que la direction n'a ni l'intention de détenir jusqu'à l'échéance ni l'intention de vendre à court terme. Elle peut les vendre avant l'échéance du placement pour combler les besoins en liquidités de l'entreprise. Par conséquent, on inscrira les titres susceptibles de vente à la juste valeur. La catégorie Titres susceptibles de vente s'applique autant aux titres de créance qu'aux titres de capitaux propres.

b) Certaines écritures de journal proposées par Tasha Yar contreviennent aux normes comptables applicables. Voici les écritures à passer pour remplacer les écritures inexactes.

Écriture 1

L'écriture proposée contrevient aux principes comptables généralement reconnus. La différence entre les produits nets résultant de la vente d'un titre susceptible de vente et le coût de ce titre correspond au profit ou à la perte réalisés. Au moment de la vente, on ne doit pas tenir compte du montant accumulé dans la provision pour moins-value, car cette provision est liée à l'ensemble du portefeuille et non à un titre particulier. Voici l'écriture qui représente correctement la vente du titre au 8 novembre 2002:

Caisse	99 500	
Titres susceptibles de vente		95 000
Profit sur cession de titres		4 500

Écriture 2

Le 26 novembre 2002, l'écriture passée pour inscrire l'acquisition d'actions ordinaires de la société Golda Meir est conforme aux PCGR.

Écriture 3

L'écriture proposée est contraire aux normes contenues dans le *SFAS No. 115*, car l'écriture de régularisation doit tenir compte du solde de l'exercice précédent. Les tableaux suivants montrent comment déterminer le montant qu'il convient d'inscrire.

30 novembre 2001

Titres	Coût	Juste valeur	Plus-value (moins-value) non réalisée
Société Bettino Craxi	326 000 $	314 000 $	(12 000) $
Société Pierre Renoir	184 000	181 000	(3 000)
Société George Seferis	95 000	98 500	3 500
Société Dimna	204 000	198 000	(6 000)
Total portefeuille	809 000 $	791 500 $	(17 500) $
Solde précédent Ajustement des titres à leur juste valeur – Ct.			0
Ajustement des titres à leur juste valeur – Ct			(17 500) $

30 novembre 2002

Titres	Coût	Juste valeur	Plus-value (moins-value) non réalisée
Société Bettino Craxi	326 000 $	323 000 $	(3 000) $
Société Pierre Renoir	184 000	180 000	(4 000)
Société George Seferis	105 000	108 000	3 000
Société Dimna Importers	204 000	205 000	1 000
Total portefeuille	819 000 $	816 000 $	(3 000) $
Solde précédent Ajustement des titres à leur juste valeur – Ct.			(17 500)
Ajustement des titres à leur juste valeur - Dt			(4 500) $

Par conséquent, voici l'écriture qu'il aurait fallu passer:

Ajustement des titres à leur juste valeur (titres susceptibles de vente)	14 500	
Plus-values ou moins-values non réalisées – Capitaux propres		14 500

Écriture 4

Étant donné que la société Carlos a indiqué qu'elle exerçait une influence notable sur la société Yuka (participation de 25 %), on doit recourir à la méthode de comptabilisation de la mise en équivalence pour comptabiliser ce placement. Par conséquent, on doit considérer les dividendes reçus de Yuka comme une diminution du placement de Carlos dans Yuka. Voici les écritures à passer au 30 novembre 2002:

Caisse	13 500	
Dividende reçu (Pour inscrire les dividendes versés pour les placements de la société Carlos qui ne comportaient aucune influence notable (Dimna, 9 000 $ et Bettino Craxi Electric 4 500 $)		13 500

Caisse	25 000	
Placement dans société Yuka		25 000

(Pour inscrire le dividende reçu
de Yuka, lequel est comptabilisé
à l'aide de la méthode de comptabilisation
de la mise en équivalence)

Écriture 5

L'écriture à passer pour inscrire la participation de Carlos dans le bénéfice net de Yuka, comptabilisé selon la méthode de comptabilisation de la mise en équivalence, est conforme aux PCGR.

c) L'utilisation de la méthode de comptabilisation de la mise en équivalence aurait été contre-indiquée dans le cas où la société participante n'a guère d'influence sur les politiques financières et d'exploitation de la société émettrice, et ce, même si la société participante détient 25 % des actions ordinaires de la société émettrice.

Problème 3-12

a) Méthode de la juste valeur

Titres susceptibles de vente	250 000	
Caisse (10 000 × 25 $)		250 000

Caisse (30 000 $ × 0,2)	6 000	
Produit de dividende		6 000

Plus-values ou moins-values non réalisées – Capitaux propres	10 000	
Ajustement des titres à leur juste valeur d(titres susceptibles de vente)		10 000

[(25 $ – 24 $) × 10 000]

b) Méthode de la mise en équivalence

Coût d'acquisition		250 000
Valeur comptable nette		
Actifs (290 000 $ + 860 000 $)	1 150 000	
Passifs	(150 000)	
	1 000 000	
	× 0,20	
	200 000	

Excédent	50 000 $

Répartition

Biens amortissables [(960 000 – 860 000 × 0,20]	20 000
Écart d'acquisition	30 000
	50 000 $

Amortissement des bien amortissables
    20 000 $ ÷ 8 = 2 500 $

Placement actions société Kline	250 000	
Caisse		250 000
Caisse	6 000	
Placement actions société Kline		6 000
Placement actions société Kline	20 000	
Produit de placement		20 000
(100 000 $ × 0,20)		
Produit de placement	2 500	
Placement actions société Kline		2 500

Problème 3-13

a)   <u>Bilan</u>

Titres susceptibles de vente, juste valeur   123 000 $
(inscrits à court ou à long terme
en fonction de l'intention)

Moins-value non réalisée sur les titres   14 000 $
(137 000 $ – 123 000 $) (inscrite comme
élément distinct des capitaux propres
à titre de retenue et reconnue dans le
cumul des autres pertes du résultat étendu)

<u>Résultats</u>
Aucun effet

b)   <u>Bilan</u>

Titres susceptibles de vente, juste valeur   94 000 $
(inscrits à court ou à long terme
en fonction de l'intention)

Moins-value non réalisée sur les titres   47 000 $
(141 000 $ – 94 000 $) (inscrite comme
élément distinct des capitaux propres
à titre de retenue et reconnue dans le
cumul des autres pertes du résultat étendu)

<u>Résultats</u>
Autres charges et pertes
    Perte sur cession de titres   11 800 $*

*   L'écriture passée pour constater la perte
    sur la vente était:

Caisse	38 200	
Perte sur cession de titres	11 800	
Titres susceptibles de vente		50 000

c) <u>Bilan</u>

Titres susceptibles de vente, juste valeur   88 000 $
(inscrits à court ou à long terme
en fonction de l'intention)

Moins-value non réalisée sur les titres   8 000 $
(88 000 $ – 80 000 $) (inscrite comme
élément distinct des capitaux propres
à titre de retenue et reconnue dans le
cumul des autres pertes du résultat étendu)

<u>Résultats</u>

Autres charges et pertes
     Perte sur cession de titres
     (13 100 $ + 2 700 $)   15 800 $

L'écriture journalisée pour constater la perte des actions de la société Ikeesha:

Caisse	39 900	
Perte sur cession de titres	13 100	
Titres susceptibles de vente		53 000
(15 000 $ + 38 000 $)		

d) 1. <u>Résultat étendu</u>

Déclaration d'une moins-value non réalisée de 14 000 $ à titre d'élément du résultat étendu.

2. <u>État du résultat étendu</u>

Total moins-value
survenue en cours d'exercice   44 800 *

Moins: Reclassement de la régularisation
de la perte comprise dans le bénéfice net   <u>11 800</u>

Résultat étendu   <u>33 000</u> $

     * 47 000 – 14 000 $ + 11 800

Problème 3-14

a) 1.

Caisse	11 500	
Titres susceptibles de vente		10 543
Profit sur disposition de titres		957

2. Il faut répartir le coût des actions détenues entre les actions et les droits de souscription.

Total, valeur de marché, actions, 200 × 105 $ =   21 000 $

Total, valeur de marché, droits de souscriptions, 50 $ × 6 =   <u>300</u>

          <u>21 300</u> $

Répartition du coût aux actions, 21 000 $ ÷ 21 300 $ × 21 086 $* (= 20 789 $ ou 103,95 $ par action).

Répartition du coût aux droits de souscription, 300 $ ÷ 21 300 $ × 21 086 $* = 297 $ ou 5,94 $ par droit.

     * (31 629 $ – 10 543 $).

	Titres susceptibles de vente		
	(Droits de souscription)	297	
	Titres susceptibles de vente		297
3.	Titres susceptibles de vente	5 297	
	(50 × 105,94 $)		
	Caisse (50 × 100)		5 000
	Titres susceptibles de vente		297
	(Droits de souscription)		
4.	Caisse (100 × 106 $)	10 600	
	Profit sur vente de titres		166
	Titres susceptibles de vente		10 434
	(100 × (20 789 + 5 297) ÷ 250)		

b) Le profit par droit de souscription serait de 6,00 $ moins 5,94 $, et le profit total serait de 0,06 $ par droit × 50 droits de souscription, soit 3 $.

c) Coût par action: (20 789 + 5 297 – 10 434) ÷ 150 = 104,35 $

    107 $ – 104,35 $ = 2,65 par action; 2,65 × 50 actions = profit 132,50$.

d)

	Perte sur expiration		
	des droits de souscription	297	
	Titres susceptibles de vente		
	(Droits de souscription)		297

*Problème 3-15

1.	Caisse fonds d'amortissement	150 000	
	Caisse		150 000
2.	Placements fonds		
	d'amortissement – Obligations	47 000	
	Caisse fonds d'amortissement		47 000
3.	Placements fonds		
	d'amortissement – Actions	27 000	
	Caisse fonds d'amortissement		27 000
4.	Caisse fonds d'amortissement	5 000	
	Placements fonds d'amortissement		
	– Obligations (3 000 × 1/5)		600
	Produit fonds d'amortissement		5 600
5.	Charges fonds d'amortissement	480	
	Caisse fonds d'amortissement		480

6.	Placements fonds d'amortissement – Obligations	60 000	
	Produit fonds d'amortissement		1 125*
	Caisse fonds d'amortissement		61 125
	* (60 000 × 0,09 × 2,5/12= 1 125 $)		

7.	Caisse fonds d'amortissement	2 000	
	Produit fonds d'amortissement		2 000

8.	Caisse fonds d'amortissement (60 000 $ × 101 % + 450 $)	61 050	
	Placements fonds d'amortissement– Obligations		60 000
	Produit fonds d'amortissement		450*
	Profit sur vente Placements fonds d'amortissement		600
	* 60 000 × 0,09 × 1/12 = 450 $)		

9.	Caisse fonds d'amortissement	1 538 000	
	Perte sur disposition Placements fonds d'amortissement		45 000
	Placements fonds d'amortissement		1 583 000

10.	Emprunt obligataire	1 600 000	
	Caisse fonds d'amortissement		1 600 000

11.	Caisse	27 000	
	Caisse fonds d'amortissement		27 000

*Problème 3-16

a)	<u>7 juillet 2000</u>		
	Option d'achat	240	
	Caisse		240

b)	<u>30 septembre 2000</u>		
	Option d'achat	1 400	

	Plus-values ou moins-values
	    non réalisées – Bénéfice
	    (7 $ × 200)
			1 400

	Plus-values ou moins-values non réalisées – Bénéfice	60	
	Option d'achat (240 $ – 180 $)		60

c) <u>31 décembre 2000</u>

Plus-values ou moins-values non réalisées – Bénéfice	400	
Option d'achat (2 $ × 200)		400
Plus-values ou moins-values non réalisées – Bénéfice	115	
Option d'achat (180 $ – 65 $)		115

d) <u>4 janvier 2001</u>

Plus-values ou moins-values non réalisées – Bénéfice	35	
Option d'achat (65 $ – 30 $)		35
Caisse [200 × (76 – 70)]	1 200	
Profit sur liquidation option d'achat*		170
Option d'achat**		1 030

*   Calcul du profit: [200 actions × (76 – 75)] – 30$

**   Valeur de l'option d'achat à la liquidation:

<u>Option d'achat</u>

240	
1 400	60
	400
	115
	35
1 030	

*Problème 3-17

a) <u>7 juillet 2000</u>

Option de vente	240	
Caisse		240

b) <u>30 septembre 2000</u>

Plus-values ou moins-values non réalisées – Bénéfice	115	
Option d'achat (240 $ – 125 $)		115

c) <u>31 décembre 2000</u>

Plus-values ou moins-values non réalisées – Bénéfice	75	
Option d'achat (125 $ – 50 $)		75

d) <u>31 janvier 2001</u>

Perte liquidation option de vente	50	
Option de vente (50 $ – 0 $)		50

*Problème 3-18

a) <u>7 janvier 2000</u>

Option de vente	360	
Caisse		360

b) <u>31 mars 2001</u>

Option de vente	2 000	
Plus-value ou moins-value non réalisées – Bénéfice [(85 $ – 80 $) × 400]		2 000

Plus-value ou moins-value non réalisées – Bénéfice	160	
Option de vente (360 $ – 200 $)		160

c) <u>30 juin 2001</u>

Plus-value ou moins-value non réalisées – Bénéfice	800	
Option de vente [(82 $ – 80 $) × 400]		800

Plus-value ou moins-value non réalisées – Bénéfice	110	
Option de vente (200 $ – 90 $)		110

d) <u>6 juillet 2001</u>

Plus-values ou moins-values non réalisées– Bénéfice	65	
Option de vente (90 $ – 25 $)		65

Caisse [400 × (85 $ – 77 $)]	3 200	
Profit sur liquidation option de vente		1 975
Option de vente		1 225

   * Valeur de l'option de vente à la liquidation:

<u>Option de vente</u>

360	
2 000	160
	800
	110
	65
1 225	

*Problème 3-19

a) 1. Il n'y a aucune écriture à passer à la date de l'échange, car la juste valeur de l'échange au commencement est de zéro.

2. 30 juin
    Intérêts débiteurs   400 000
        Caisse (8 % × 10 000 000 × ½)   400 000

3. 30 juin
    Caisse   50 000
        Intérêts débiteurs   50 000

                                                              Intérêts à recevoir
                                                              (encaissés)
    Échange à recevoir (8 % × 10 000 000 $ × ½)   400 000 $
    Payable au taux TIOL (7 % × 10 000 000 $ × ½)   (350 000)
    Règlement du différentiel de prix   50 000

4. 30 juin
    Emprunt obligataire   200 000
        Plus-values ou moins-values
        non réaliséns – Bénéfice   200 000

5. 30 juin
    Plus-values ou moins-values
    non réalisées – Bénéfice   200 000
        Contrat d'échange   200 000

b) Présentation dans les états financiers au 31 décembre 2000
    Bilan
        Passifs
            Emprunt obligataire   10 000 000 $
    Résultats
        Aucun effet

c) Présentation dans les états financiers au 30 juin 2001
    Bilan
        Passifs
            Emprunt obligataire   9 800 000 $
            Contrat d'échange   200 000
    Résultats
        Intérêts débiteurs   350 000 $
        (400 000 $ – 50000 $)

        Plus-value non réalisée
        – Emprunt obligataire   200 000 $

        Moins-value non réalisée
        – Swap   (200 000)

            Total   0 $

d) Présentation dans les états financiers au 31 décembre 2001

Bilan

Actifs

Contrat de swap	60 000 $

Passifs

Emprunt obligataire	10 060 000

Résultats

Intérêts débiteurs

Premier semestre	350 000 $	[tel qu'indiqué en c)]
Semestre suivant	375 000 *	
Total	725 000 $	

Plus-value non réalisée	
- Swap	60 000 $
Moins-value non réalisée	
– Effet à payer	(60 000)
Total	0 $

* Swap à recevoir	
(8 % × 10 000 000 $ × ½)	400 000 $
Payable au taux TIOL	
(7,5 % × 10 000 000 $ × ½)	(375 000)
Règlement du différentiel de prix	25 000 $

Charge d'intérêts avant ajustement	
30 juin – 31 décembre 2001	400 000 $
Règlement du différentiel de prix	(25 000)
	375 000 $

*Problème 3-20

a) 1er avril 2000

Écriture pour mémoire pour indiquer signature contrat à terme.

b) 30 juin 2000

Contrat à terme	5 000	
Plus-values ou moins-values non réalisées – Capitaux propres [(310 $ – 300 $) × 500 onces]		5 000

c) 30 septembre 2000

Contrat à terme	2 500	
Plus-values ou moins-values non réalisées – Capitaux propres [(315 $ – 310 $) × 500 onces]		2 500

d)   10 octobre 2000

Stock d'or	157 500	
Caisse (315 $ ×500 onces)		157 500
Caisse	7 500	
Contrat à terme		7 500
[(315 $ – 300 $) × 500 onces]		

Note à l'enseignant: en réalité, les contrats à terme sont liquidés sur une base quotidienne; aux fins de ce livre, nous présentons une seule liquidation pour la totalité du montant.

e)   20 décembre 2000

Caisse	350 000	
Produit ventes		350 000
Coût des marchandises vendues	200 000	
Stock (joaillerie)		200 000
Plus-values ou moins-values non réalisées – Capitaux propres	7 500	
Coût des marchandises vendues (5 000 $ + 2 500 $)		7 500

f)

Société Laura

Bilan partiel

Au 30 juin 2000

Actifs court terme	
Contrat à terme	5 000 $
Capitaux propres	
Cumul autres éléments résultat étendu	5 000 $

Cette opération anticipée n'a aucun effet sur le bénéfice dans le trimestre se terminant le 30 juin 2000.

g)

Société Laura

Bilan partiel

pour le trimestre se terminant le 31 décembre 2000

Produit ventes	350 000 $
Coût des marchandises vendues	192 500 *
Profit brut	157 500 $
* Coût du stock	200 000 $
Moins: régularisation contrat à terme	(7 500)
Coût des marchandises vendues	192 500 $

*Problème 3-21

a) 1. <u>3 novembre 2001</u>

Titres susceptibles de vente	200 000	
Caisse (4 000 × 50 $)		200 000
Option de vente	600	
Caisse		600

2. <u>31 décembre 2001</u>

Plus-values ou moins-values non réalisées – Bénéfice	225	
Option de vente (600 $ – 375 $)		225

3. <u>31 mars 2002</u>

Plus-values ou moins-values non réalisées – Bénéfice	20 000	
Ajustement des titres à leur juste valeur – titres susceptibles de vente [(50 $ - 45 $) × 4 000]		20 000
Option de vente	20 000	
Plus-values ou moins-values non réalisées – Bénéfice [(50 $ – 45 $) × 4 000]		20 000
Plus-values ou moins-values non réalisées – Bénéfice	200	
Option de vente (375 $ – 175 $)		200

4. <u>30 juin 2002</u>

Plus-values ou moins-values non réalisées – Bénéfice	8 000	
Ajustement des titres à leur juste valeur – titres susceptibles de vente		8 000
Option de vente	8 000	
Plus-values ou moins-values non réalisées – Bénéfice [(45 $ – 43 $) × 4 000]		8 000
Plus-values ou moins-values non réalisées - Bénéfice	135	
Option de vente (175 $ – 40 $)		135

5. 1er juillet 2002

Plus-values ou moins-values non réalisées – Bénéfice	40	
Option de vente (40 $ – 0 $)		40

Caisse [(43 $ × 4 000) + valeur de l'option 28 000 $]	200 000	
Perte sur cession de titres	28 000	
Ajustement des titres à leur juste valeur – titres susceptibles de vente	28 000	
Titres susceptibles de vente		200 000
Option de vente		28 000
Plus-values ou moins-values non réalisées – Bénéfice		28 000

Note à l'enseignant: il est possible de différer l'écriture servant à éliminer l'ajustement des titres à leur juste valeur jusqu'à la fin de l'exercice.

b)
Société Spillo
Bilan partiel
Au 31 décembre 2001

Actifs court terme	
Titres susceptibles de vente	200 000 $
Option de vente	375

Société Spillo
Bilan partiel
pour le trimestre se terminant le 31 décembre 2001

Autre bénéfice (Perte)	(225) $
Moins-value non réalisée – Option de vente	(225) $

c)
Société Spillo
Bilan partiel
Au 30 juin 2002

Actifs	
Titres susceptibles de vente	172 000 $
Option de vente	28 040

Société Spillo
Résultat
pour le semestre se terminant le 30 juin 2002

Autre bénéfice (Perte)	
Moins-value non réalisée – Placement Jonas	(28 000) $
Plus-value non réalisée – Option de vente (28 000 – 335)	27 665 $
	(335) $

DURÉES ET OBJECTIFS DES ÉTUDES DE CAS

Étude de cas 3-1 (25-30 minutes)

Objectif – Permettre à l'étudiant d'examiner les questions soulevées par le *FASB No. 115*, par exemple la comptabilisation adéquate du reclassement de titres de transaction en titres susceptibles de vente. L'étude de cas présente quatre situations au sujet des placements en titres de créance et en titres de capitaux propres.

Étude de cas 3-2 (25-30 minutes)

Objectif – Justifier l'utilisation de la juste valeur dans la présentation de l'information financière des titres de capitaux propres. De plus, l'étudiant doit effectuer les calculs qui lui permettront de déterminer si l'entreprise applique correctement les provisions du *FASB No. 115*.

Étude de cas 3-3 (20-30 minutes)

Objectif – Permettre à l'étudiant de comprendre les différentes applications de la comptabilisation des placements en titres de capitaux propres. Cette étude de cas comporte trois situations indépendantes l'une de l'autre, qui demandent à l'étudiant de déterminer les effets sur le classement, la valeur comptable et les bénéfices.

Étude de cas 3-4 (20-25 minutes)

Objectif – Permettre à l'étudiant de comprendre le cadre théorique quant aux différences entre les classements de certains titres de créance et de tous les titres de capitaux propres. L'étudiant doit examiner les facteurs à considérer dans le classement des placements en titres de créance et en titres de capitaux propres; il doit également déterminer l'effet de ces facteurs sur la comptabilisation des pertes non réalisées.

Étude de cas 3-5 (15-25 minutes)

Objectif – Permettre à l'étudiant d'examiner la méthode de comptabilisation de mise en équivalence et présenter les fondements de cette méthode de comptabilisation.

Étude de cas 3-6 (25-35 minutes)

Objectif – Permettre à l'étudiant d'examiner la méthode de comptabilisation de la mise en équivalence et présenter les fondements de cette méthode de comptabilisation dans une note.

Étude de cas 3-7 (25-35 minutes)

Objectif – Permettre à l'étudiant de comprendre les notions sous-jacentes à la valeur de rachat d'une police d'assurance-vie. L'étudiant doit expliquer la signification d'une telle provision et son classement dans les états financiers pendant que la police est en vigueur.

*Étude de cas 3-8 (Durée 30-35 minutes)

Première partie
Objectif – Permettre à l'étudiant de comprendre les mérites sur le plan théorique des fonds de placement en actifs. L'étudiant doit énumérer les raisons justifiant la décision d'une entreprise d'investir des fonds dans des actions, des obligations et autres titres, et expliquer les critères de classement des placements en actifs à court ou à long terme.
Deuxième partie
Objectif – Permettre à l'étudiant de comprendre le traitement comptable adéquat d'un fonds d'amortissement dont les placements comprennent les propres obligations de l'entreprise. L'étudiant doit décrire trois méthodes de classement dans le bilan des obligations à fonds d'amortissement.

*Étude de cas 3-9 (5-10 minutes)

Objectif – Permettre à l'étudiant de comprendre le traitement comptable approprié de la caisse et des titres du fonds d'amortissement d'une entreprise. Cette étude de cas propose quatre traitements comptables possibles parmi lesquels l'étudiant doit choisir le plus approprié. L'étudiant doit expliquer les raisons de son choix.

SOLUTIONS DES ÉTUDES DE CAS

Étude de cas 3-1

Situation I Le *SFAS No. 115* exige que les titres classés comme des titres de transaction soient inscrits au bilan au montant correspondant à leur juste valeur. Toute variation d'un exercice à l'autre de la juste valeur des titres de transaction est incluse dans le bénéfice. Par conséquent, on inscrira la diminution de 4 200 $ dans l'état des résultats comme une moins-value non réalisée.

Situation II On doit inscrire le titre dans la catégorie susceptible de vente à sa juste valeur actuelle. Le transfert du titre n'a pas d'effet sur le bénéfice parce que la perte non réalisée à la date du transfert est constatée dans l'état des résultats.

Situation III Le reclassement n'a pas d'effet sur le bénéfice et le titre susceptible de vente sera encore inscrit à sa juste valeur.

Situation IV Lorsqu'une diminution de la juste valeur d'un titre est considérée comme une moins-value, la juste valeur devient le nouveau prix de base. Le titre est dévalué à sa juste valeur et la perte est incorporée dans le bénéfice. Dans le cas présent, la juste valeur du titre à la fin de l'exercice précédent représente ce nouveau prix de base. Toutefois, puisque le titre est classé comme susceptible de vente, on inscrit au bilan la juste valeur à la fin de l'exercice en cours. Par conséquent, l'augmentation de la juste valeur n'influera pas sur le bénéfice; on l'inscrira plutôt dans les autres éléments du résultat étendu et comme un élément distinct des capitaux propres.

Situation V Les titres devraient être classés parmi les titres susceptibles de vente, car il n'est pas dans l'intention de la direction de les détenir jusqu'à l'échéance, ni de les vendre dans un avenir immédiat (moins de trois mois). On inscrit au bilan les titres susceptibles de vente à leur juste valeur. On exclut la moins-value non réalisée de 7 700 $ du bénéfice pour être inscrite dans les autres éléments du résultat étendu et comme un élément distinct des capitaux propres.

Étude de cas 3-2

a) L'inscription à leur juste valeur des titres susceptibles de vente assure à l'utilisateur des états financiers une information financière plus utile. La juste valeur des titres représente essentiellement la valeur actuelle des flux de trésorerie futurs des titres, ce qui permet aux investisseurs et aux créanciers d'évaluer la liquidité de l'entité émettrice. De plus, la juste valeur des titres permet à l'utilisateur des états financiers de jauger les stratégies de placement de l'entité émettrice. Les états financiers de l'entité participante indiqueront quels placements ont connu une augmentation ou une diminution de leur juste valeur. Toutefois, étant donné que ces titres n'ont pas été acquis avec l'intention de les vendre dans un proche avenir, la gestion du portefeuille diffère de celle d'un portefeuille de titres de transaction. C'est pourquoi l'inclusion des variations de la juste valeur des titres susceptibles de vente dans le bénéfice risque de le rendre instable. Afin de réduire ce problème, on exclut du bénéfice toutes les variations de la juste valeur des titres susceptibles de vente et on les inscrit dans les autres éléments du résultat étendu, et comme un élément distinct des capitaux propres.

b) La société Joël doit passer l'écriture suivante, puis inscrire les montants ci-dessous à son bilan.

31 décembre 2000

Plus-value ou moins-value non réalisées – Capitaux propres	1 600	
Ajustement des titres à leur juste valeur (titres susceptibles de vente)		1 600

Bilan – 31 décembre 2000

Placement long terme:

Titres susceptibles de vente, au coût	50 000 $	
Moins: Ajustement des titres à leur justevaleur	1 600	
Titres susceptibles de vente, à la juste valeur		48 400 $

Capitaux propres

Actions ordinaires	xxx $
Capital d'apport additionnel	xxx
Bénéfices non répartis	xxx
Cumul autres pertes capitaux propres	(1 600)
Total capitaux propres	xxx $

On doit initialement inscrire à leur coût d'acquisition les titres classés comme titres susceptibles de vente inscrits. On les évalue ensuite à leur juste valeur. Il faut inscrire toutes les variations de juste valeur dans un compte Plus-values ou moins-values non réalisées, lequel fait partie des autres éléments du résultat étendu et comme un élément distinct des capitaux propres. Si on suppose que l'entreprise présente un état des capitaux propres, on devrait y inscrire une moins-value non réalisée de 1 600 $ pour l'exercice.

c) Non, la société Joël ne comptabilise pas adéquatement la vente des actions de D H Lawrence. Comme le prix de base des actions de D H Lawrence est encore de 10 000 $, Joël doit inscrire une perte de 800 $ (9 200 – 10 000 $) pour la perte résultant de la vente de titres.

Caisse	9200	
Perte sur cession de titres		800
Titres susceptibles de vente		10 000

d) 31 décembre 2001

Ajustement des titres à leur juste valeur (titres susceptibles de vente)	2 000	
Plus-values ou moins-values non réalisées – Capitaux propres		2 000

Les titres susceptibles de vente étant inscrits à leur juste valeur, il est nécessaire de passer une écriture de régularisation pour présenter l'augmentation de 400 $ de la juste valeur du portefeuille. Quant à la moins-value non réalisée de l'exercice précédent, elle doit faire l'objet d'une contrepassation et on doit inscrire l'augmentation de 400 $.

Titres	Coût	Juste valeur	Plus-value (moins-value) non réalisée
Actions société Anna	20 000 $	19 900 $	(100) $
Actions société Edith Sitwell	20 000	20 500	500
Total portefeuille	40 000	40 400	400
Solde précédent Ajustement des titres à leur juste valeur – Ct.			(1 600)
Ajustement des titres à leur juste valeur			2 000 $

Étude de cas 3-3

Situation I La juste valeur représentera la valeur comptable du titre de transaction à la date du reclassement. On constatera immédiatement la moins-value non réalisée, c'est-à-dire la différence entre la juste valeur actuelle et le coût.

Situation II Lorsqu'on estime qu'une diminution de la juste valeur est définitive, il se produit une moins-value de la valeur du titre. On dévalue alors le titre à sa juste valeur, laquelle constitue son nouveau prix de base. Le titre est inscrit au bilan à sa juste valeur actuelle. On inclut le montant de la dévaluation dans le bénéfice à titre de perte réalisée.

Situation III: On inscrit à leur juste valeur le portefeuille de titres de transaction ainsi que le portefeuille de titres susceptibles de vente. La diminution de 13 500 $ de la juste valeur du portefeuille de titres de transaction est inscrite dans un compte Moins-value non réalisée et **incluse** dans le bénéfice de l'exercice. On inscrit dans un compte Plus-value non réalisée l'augmentation de 28 600 $ de la juste valeur du portefeuille de titres susceptibles de vente et on **ne l'inclut pas** dans le bénéfice de l'exercice. En revanche, on présente la plus-value non réalisée à titre d'autres éléments du résultat étendu et comme un élément distinct des capitaux propres.

Étude de cas 3-4

a) Une entreprise conserve différents portefeuilles de placement parce que chaque portefeuille vise un objectif de placement différent. C'est pourquoi il faut divulguer dans les états financiers les risques et les rendements possibles liés à cet objectif. De ce fait, l'utilisateur des états financiers est en mesure d'évaluer les stratégies de placement de l'entreprise. Les placements classés comme titres de transaction permettent à l'entité de générer un produit en jouant sur les variations de prix à court terme. Quant aux placements classés comme détenus jusqu'à l'échéance, ils sont destinés à fournir un apport continu de produits d'intérêt. Enfin, les placements classés comme susceptibles de vente comprennent les placements qui n'entrent pas dans les des deux premières catégories. La combinaison de ces trois catégories permet au gestionnaire de présenter en détail sa stratégie de placement de fonds.

b) Les facteurs à considérer pour déterminer comment classer adéquatement des titres de placement sont: 1) l'intention de la direction et 2) la capacité de l'entreprise de détenir les titres jusqu'à l'échéance. L'intention de la direction est tout simplement l'objectif visé par la direction au moment d'effectuer un placement. Si elle envisage de vendre le titre dans un proche avenir (moins de trois mois) et de profiter des différences de prix pour générer un bénéfice, il faut classer le titre parmi les **titres d'opération**. D'un autre côté, si la direction a l'intention et la capacité de détenir le titre jusqu'à l'échéance, il convient de classer le titre avec les **titres détenus jusqu'à l'échéance**. Le classement dans cette catégorie est plus restrictif, car la direction doit avoir l'intention ferme de détenir le titre jusqu'à l'échéance. Si l'intention de la direction ne correspond pas à l'une ou l'autre des catégories ci-dessus, le titre devrait alors être classé comme **titre susceptible de vente**.

Les titres de transaction et les titres susceptibles de vente contiennent les titres que l'on n'a pas l'intention de détenir jusqu'à l'échéance. On les inscrit alors au bilan à leur juste valeur. Par conséquent, si le prix des titres diminue au moment où l'entreprise détient les titres, une moins-value non réalisée peut se produire. C'est le classement des titres qui détermine le traitement à accorder à la perte non réalisée. S'il s'agit de titres de transaction, on inclut la perte non réalisée dans le bénéfice. S'il s'agit plutôt de titres susceptibles de vente, on inscrit la perte non réalisée à titre d'autres éléments du résultat étendu et comme un élément distinct des capitaux propres. Un tel traitement s'explique par le fait que les titres de transaction sont gérés de manière active, donc que toutes les variations de prix devraient être incluses dans le bénéfice. On ne constate pas les profits et pertes non réalisés dans le cas de titres détenus jusqu'à l'échéance.

Étude de cas 3-5

Étant donné que la société Warner a acquis 40 % des actions en circulation de la société Graves, on considère que Warner exerce sur Graves une **influence notable**. Par conséquent, Warner utilisera la méthode de comptabilisation de la mise en équivalence pour comptabiliser ce placement. Warner inscrit le placement comme placement à long terme au bilan au 31 décembre. Le solde du compte comprend le prix d'acquisition initial, plus 40 % du bénéfice net de Graves depuis la date d'acquisition du 1er juillet 2002. Le solde du compte de placement sera réduit de 40 % du dividende en argent versé par Graves. Le dividende en argent représente un rendement sur le placement de Warner, entraînant ainsi une diminution du compte placement. L'état des résultats indiquera le 40 % du bénéfice net de Graves reçu par Warner à titre de revenu de placement.

Placement dans société Graves

Coût du placement

40 % du bénéfice de Graves depuis 2002-07-01   40 % du dividende en argent reçu de Graves

Étude de cas 3-6

Note sur le traitement comptable à accorder au placement dans la société Huber:

La société Cheryl devrait utiliser la méthode de comptabilisation de la mise en équivalence pour son placement dans la société Huber. En effet, on suppose que la société Cheryl, compte tenu de l'importance de son placement (40 %), est en mesure d'exercer une influence notable sur les politiques d'exploitation et les politiques financières de la société Huber.

En 2001, la société Cheryl devrait inscrire sa participation dans le capital-actions en circulation de la société Huber parmi les placements à long terme. En vertu de la méthode de comptabilisation de la mise en équivalence, la société Cheryl devrait inscrire au coût d'acquisition l'acquisition au comptant de 40 % de la société Huber.

Pour la période comprise entre le 1er juillet et le 31 décembre 2001, on devrait additionner 40 % du bénéfice net total de la société Huber à la valeur comptable du placement au bilan de la société Cheryl. Elle devrait également le présenter comme un produit dans son état des résultats, constatant ainsi la quote-part de la société Cheryl dans le bénéfice net de la société Huber après la date d'acquisition. Ce montant refléterait les ajustements similaires à ceux effectués lors de la préparation des états consolidés. Ces ajustements devraient comprendre les écritures visant à éliminer les profits et pertes intersociétés, ce qui permettrait d'amortir, s'il y a lieu, les différences entre le coût de la société Cheryl et les capitaux propres sous-jacents des actifs nets de la société Huber au 1er juillet 2001.

Les dividendes en argent versés à la société Cheryl par la société Huber devraient réduire la valeur comptable de ce placement au bilan de la société Cheryl et ne pas avoir d'effet sur l'état des résultats de la société Cheryl.

*Étude de cas 3-7

a)   La «valeur de rachat» d'une police d'assurance-vie représente le montant de la prime d'assurance-vie qui dépasse les frais d'assurance et que l'on peut récupérer advenant une annulation ou un rachat de la police. Cette valeur de rachat est considérée comme un placement. À la fin de la première année de la police, la valeur de rachat est inexistante ou très faible, car la compagnie d'assurances applique une partie de la prime versée lors de la première année au recouvrement des frais de vente et de mise en vigueur de la police. Toutefois, l'augmentation de la valeur de rachat est habituellement uniforme après la première année de mise en vigueur de la police.

b)   On devrait classer la valeur de rachat d'une police d'assurance-vie en cours comme un placement à long terme, et non comme un actif à court terme. Pour être considéré comme un actif à court terme, un placement doit être de nature temporaire et facilement négociable. En règle générale, une police d'assurance-vie n'est pas un contrat de nature temporaire car, habituellement, une entreprise n'annulera pas une police d'assurance de la personne-clé avant son décès. De même, il est peu probable qu'une entreprise utilise le caractère négociable d'une police pour convertir sa valeur de rachat en argent dans le cours normal de son cycle d'exploitation.

c) Il est approprié d'inscrire la créance de 1 000 000 $ et le crédit de 132 000 $ au compte Valeur de rachat. Par contre, il est erroné d'inscrire les crédits aux comptes Bénéfices non répartis et Capital d'apport. Seules les régularisations des exercices précédents peuvent être inscrites directement dans les bénéfices non répartis. L'insistance de M. Cliburn pour obtenir l'autorisation du conseil d'administration pour acheter une police d'assurance au nom de la personne-clé était le fait d'un dirigeant de l'entreprise et non d'un actionnaire donateur, particulièrement si l'entreprise doit acquitter les primes de l'assurance. Cette initiative ne constitue pas un élément extraordinaire en soi, mais, de par son caractère clairement non récurrent, elle mérite une présentation distincte (ou à tout le moins importante) dans l'état des résultats à titre de profit ordinaire.

*Étude de cas 3-8

Première partie

Parmi les raisons susceptibles d'inciter une entreprise de fabrication à investir dans des titres, mentionnons:

1. L'obtention ou l'amélioration des relations avec des fournisseurs ou avec des points de vente importants.

2. L'acquisition d'un contrôle à l'égard d'autres entreprises.

3. La rentabilisation de liquidités temporairement disponibles pour l'une ou l'autre des raisons suivantes:

   a) Variations saisonnières du niveau d'activité de l'entreprise;

   b) Accumulation dans un but précis, pour un versement de dividende, un projet de dépenses en capital ou un paiement d'impôt, par exemple;

   c) Émission d'actions ou vente d'obligations dont les produits seront placés dans un avenir relativement proche.

4. Investissement de liquidités transférées dans des fonds à usage particulier, comme des obligations de régimes de retraite, des caisses de retraite ou des fonds en vue d'une expansion des installations.

5. Investissement de soldes de trésorerie maintenus comme marge de sécurité par rapport aux exigences de fonds de roulement.

b) Pour être classé parmi les actifs à court terme, un placement doit être de nature temporaire et facilement négociable. De plus, ce placement doit avoir pour objectif de permettre à l'entreprise de le convertir en argent dans le cours normal du cycle d'exploitation, ou à l'intérieur d'une période d'un an si le cycle d'exploitation est inférieur à un an. On doit exclure des actifs à court terme les placements qui ne répondent pas à ces critères.

Deuxième partie

Voici les trois méthodes possibles de classement des fonds d'amortissement au bilan de la société George Washington:

1. Inscription comme actif de la totalité du montant du fonds d'amortissement, y compris le placement dans les propres obligations de l'entreprise.

2. Inscription de la totalité du fonds à titre de compensation du compte de passif de l'obligation.

3. Inscription des obligations détenues dans un fonds sans être annulées comme compensation du compte de passif de l'obligation et inscription du solde du fonds comme un actif.

La **première méthode** traite les obligations de la société détenues dans un fonds sans être annulées de la même façon que tous les autres placements du fiduciaire. Ce traitement s'appuie sur le fait que le fiduciaire contrôle le fonds d'amortissement et que ses activités sont séparées et distinctes de celles de la société. De plus, les obligations qui n'ont été ni annulées ni rachetées, demeurent des passifs impayés de la société.

Toutefois, cette méthode a pour inconvénient de présenter dans le bilan de la société ses propres titres comme des actifs, surévaluant ainsi les actifs et les passifs de la société dans la mesure où le fonds d'amortissement contient ses propres obligations.

La **deuxième méthode** repose sur le fait que le fonds d'amortissement étant hors du contrôle de la société et ne pouvant être utilisé que dans le but précis d'un rachat d'obligations, toutes les contributions au fonds entraînent la réduction du passif net de la société. Même si toutes les obligations restent impayées, on considère que la société s'est dégagée de la responsabilité qui y est associée dans la mesure où des paiements irrévocables ont été effectués au fonds d'amortissement. Le fait que le fiduciaire investisse le dépôt en argent dans les propres obligations de la société ou dans d'autres titres qui serviront éventuellement à racheter les obligations impayées, est considéré comme non pertinent dans la détermination de la nature intrinsèque du fonds d'amortissement des obligations. Il peut être approprié de recourir à cette méthode quand l'acte de fiducie du fonds d'amortissement des obligations spécifie que les dépôts faits au fiduciaire libèrent la société émettrice de toute obligation ultérieure. En l'absence d'une telle provision contractuelle, toutefois, les contributions au fonds ne diminuent pas l'emprunt obligataire, et on ne devrait pas déduire de l'emprunt obligataire inscrit au bilan la partie du fonds qui n'a pas été investie dans les obligations de la société.

La **troisième méthode** est valable sur le plan théorique. Même si le fonds d'amortissement des obligations est hors du contrôle de la société et que le fiduciaire a l'obligation contractuelle de racheter les obligations, la responsabilité de la société envers les tiers demeure entière jusqu'au moment où le fiduciaire acquiert réellement ces obligations. La mise sur pied d'un fonds d'amortissement des obligations et les versements effectués ultérieurement à sa création ne constituent qu'un arrangement destiné à faciliter le rachat des obligations de la société; en soi, il ne s'agit pas d'une diminution de la responsabilité de la société. Par exemple, on doit acquitter régulièrement les intérêts débiteurs tant et aussi longtemps que les obligations sont impayées, peu importe le montant des versements de la société au fonds d'amortissement ou le moment où ces versements doivent être effectués.

Toutefois, lorsque qu'un fiduciaire acquiert des obligations et les détient dans le fonds sans les annuler, on ne peut plus les considérer comme une dette impayée de la société émettrice. Même si la société continue de payer l'intérêt sur ces obligations détenues dans le fonds sans être annulées, aucun intérêt débiteur n'est engagé, car le montant versé, peu importe les escomptes ou les primes, est compensé par un montant identique du bénéfice du fonds d'amortissement inscrit par le fiduciaire. Par conséquent, même si l'on détient les obligations sans les annuler, leur acquisition par le fiduciaire rencontre l'objectif visé par le fonds. L'effet significatif sur l'endettement de la société envers les tiers et l'intérêt débiteur net sont les mêmes que si les obligations étaient formellement rachetées.

*Étude de cas 3-9

Il faut retenir la proposition n° 3. Un fonds d'amortissement d'obligations à long terme constitué d'espèces, de titres ou d'une combinaison des deux, est d'utilisation restreinte et ne peut être disponible pour le règlement de passifs à court terme. On devrait donc l'exclure des actifs à court terme. Toutefois, l'argent et les titres du fonds d'amortissement constituent des actifs que l'entreprise peut utiliser pour régler certains passifs à long terme particuliers. Il est donc approprié d'inclure au bilan cet argent et ces titres avec les actifs à long terme. On devrait inscrire l'argent et les titres appartenant à un tel fonds d'amortissement dans les comptes en les séparant des autres montants d'argent et des titres dont l'utilisation ne s'est pas trouvée restreinte par une décision du conseil d'administration ou en vertu d'une entente avec les créanciers de l'entreprise.

EXERCEZ VOTRE JUGEMENT

PROBLÈME DE COMPTABILITÉ: LA SOCIÉTÉ NESTLÉ

a) À son bilan au 31 décembre 2001, Nestlé déclare dans la section des actifs à court terme qu'elles détient des «Instruments financiers dérivés actifs» de 609 millions de dollars. Elle détient aussi dans la section des actifs à long terme, à titre d'élément distinct, des «Participations dans les sociétés associées» de 2 497 millions et des «Immobilisations financières» de 2 885 millions.

b) La politique de Nestlé consiste à «gérer les risques de change, de taux d'intérêt et de prix des matières premières».

Certains produits dérivés servent également à obtenir un profit à court terme. Tous les instruments dérivés sont valorisés à leur juste valeur.

Les immobilisations financières comprennent les créances à long terme et les autres instruments financiers, tels les participations dans des sociétés sur lesquelles le Groupe n'exerce ni contrôle, ni influence déterminante. La majorité des immobilisations financières figurent dans la catégorie d'actifs disponibles à la vente. Les créances à long terme, ainsi que les autres instruments de dette dont les clauses contractuelles interdisent la vente, sont considérées comme des actifs détenus jusqu'à l'échéance.

Nestlé utilise la méthode de la juste valeur pour enregistrer les titres de transaction et les titres susceptibles de vente. Elle utilise la méthode du coût après amortissement pour les actifs détenus jusqu'à l'échéance.

Les instruments non négociables font partie des «Participations dans les sociétés associées» et des «Immobilisations financières».

c) Dans le cas des instruments financiers dérivés actifs, il s'agit de la valeur de marché pour les dérivés cotés en bourse. Quant aux instruments non cotés, on en détermine la juste valeur à l'aide de techniques d'estimation telles que les modules d'évaluation des options et la méthode de la valeur actualisée des flux de trésorerie.

Dans le cas des immobilisations financières, on détermine la juste valeur sur la base de prix de marché à la date du bouclement pour les instruments cotés ou de techniques d'actualisation des flux de trésorerie pour les autres instruments.

d) On traite les instruments financiers dérivés comme des opérations de couverture lorsqu'ils compensent totalement ou partiellement la variation de juste valeur ou de flux de trésorerie d'un élément couvert. Ils sont valorisés à leur juste valeur.

ANALYSE D'ÉTATS FINANCIERS

a) Même si l'activité principale des banques consiste à prêter de l'argent, elles doivent également équilibrer leur portefeuille d'actifs en effectuant des placements dans d'autres actifs. Par exemple, une banque peut vouloir placer dans des liquidités à très court terme des fonds excédentaires qu'elle n'a pas prêtés. Elle peut aussi chercher à obtenir un meilleur taux d'intérêt en achetant des obligations à long terme au lieu de consentir de nouveaux prêts. Elle peut aussi acquérir des placements à des fins de spéculation à court terme, misant ainsi sur une augmentation de leur valeur.

b) On présente au bilan les titres de transaction à leur juste valeur actuelle; on inscrit à titre d'élément du bénéfice toute plus-value ou moins-value non réalisée résultant de leur inscription à leur juste valeur. On inscrit au bilan les titres susceptibles de vente à leur juste valeur; toute plus-value ou moins-value non réalisée résultant de leur inscription à leur juste valeur est inscrite à titre d'autres éléments du résultat étendu et comme un élément distinct des capitaux propres. On inscrit au coût après amortissement les titres détenus jusqu'à l'échéance; autrement dit, ils ne sont pas inscrits à leur juste valeur. Il est à noter qu'Union Planters ne détient aucun titre détenu jusqu'à l'échéance.

c) On inscrit les titres dans trois catégories différentes afin de refléter la probabilité selon laquelle l'entreprise doit éventuellement réaliser toute plus-value ou moins-value non réalisée. Par exemple, les titres de transaction sont détenus pour une courte période; ainsi, si la banque constate un profit non réalisé dans son portefeuille de titres de transaction, il est probable que ces titres soient rapidement vendus et le profit réalisé. À l'inverse, on conserve sur une longue période les titres détenus jusqu'à l'échéance. Par conséquent, les plus-values non réalisées sur ces titres risquent de ne jamais se matérialiser. Si les titres étaient regroupés en une seule catégorie, les investisseurs ne s'apercevraient pas de ces différences quant à la probabilité de réalisation.

d) La réponse à cette question comporte la vente en fin d'exercice des actions «gagnantes» du portefeuille de titres susceptibles de vente. Ainsi, Union Planters pourrait augmenter son bénéfice net de 108 millions de dollars (une augmentation appréciable pour un bénéfice total de 224 millions). La direction a finalement choisi de ne pas vendre ces titres en invoquant l'une ou l'autre des raisons suivantes: laisser augmenter encore la valeur des titres, éviter de payer des impôts supplémentaires sur le profit résultant de la vente, conserver ces titres pour maintenir un équilibre adéquat dans la gestion d'ensemble de son portefeuille d'actifs, et, enfin, inscrire le profit dans l'exercice suivant.

ANALYSE COMPARATIVE

a)

	Coca-Cola	PepsiCo
(1) Caisse utilisée pour les activités de placement	(1 188) $	(2 637) $
(2) Caisse utilisée pour les acquisitions de sociétés affiliées non consolidées	(651) $	(432) $
(3) Total des placements dans les sociétés affiliées non consolidées au 2001-12-31	8 214 $	4 125 $

(4) Pour Coca-Cola, la caisse utilisée pour les placements dans des sociétés affiliées non consolidées représentait 54 % (651 $ ÷ 1 188 $) de la caisse utilisée pour des activités de placements. Dans le cas de PepsiCo, cette caisse équivalait à 16 % (432 $ ÷ 2 637 $). Au total, les placements de PepsiCo étaient environ 2,2 fois plus importants que ceux de Coca-Cola. Ces placements représentaient 12 % (2 637 $ ÷ 21 695 $) de ses actifs totaux, tandis que ceux de Coca-Cola ne représentaient que 5 % (1 188 $ ÷ 22 417 $) de ses actifs totaux. Sur les bases des données ci-dessus, on peut conclure que, bien que Coca-Cola ait investi davantage dans des sociétés affiliées non consolidées, au total, ses investissements dans les activités de placement en 2001 ont été beaucoup moins importants que ceux de PepsiCo, que ce soit en terme de montant (2,2 fois moins) ou de pourcentage sur les actifs (5% contre 12%).

b) 1. Voici les placements en titres participatifs inscrits par Coca-Cola à son bilan au 31 décembre 2001.

Placements et autres actifs	
Comptabilisation à la valeur de consolidation des placements	(en millions)
Coca-Cola Entreprises, Inc.	788 $
Coca-Cola Amatil Limited	432
Coca-Cola HBC SA	791
Autres, principalement entreprises d'embouteillage	3 117

2. Coca-Cola a inscrit à son bilan au 31 décembre 2001 «des placements comptabilisés selon la méthode de comptabilisation à la valeur d'acquisition, principalement dans des entreprises d'embouteillage» pour un montant de 986 millions.

c) Au 31 décembre 2001, Coca-Cola a inscrit dans sa note n° 8 sur les instruments financiers les éléments suivants:

1. «La Société ne détient aucun titre de transaction.»

2. et 3.

31 décembre, 2001 (en millions)	Coût	Profits bruts non réalisés	Pertes nettes non réalisées	Juste valeur estimée
Titres susceptibles de vente	283 $	43 $	(117) $	209 $
Titres détenus jusqu'à l'échéance	986 $	--	--	986 $

d) 1. Voici un extrait de la note de PepsiCo sur les instruments dérivés:

«Instruments dérivés. La politique de PepsiCo interdit l'utilisation d'instruments dérivés à des fins spéculatives ou de négociation, et PepsiCo a mis en place des procédures de surveillance et de contrôle de leur utilisation.

L'utilisation de produits dérivés par PepsiCo se limite principalement aux échanges de taux d'intérêt et de devises, lesquels sont utilisés pour diminuer les coûts d'emprunt en modifiant efficacement le taux d'intérêt et les devises de titres de créance spécifiques. Ces échanges sont conclus simultanément avec l'émission de la créance qu'ils sont censés modifier. Le montant nominal du versement d'intérêt et les dates d'échéance de l'échange correspondent au capital, au versement d'intérêt et aux dates d'échéance de la créance correspondante.»

2. Voici un extrait de la note n° 9 de Coca-Cola:

«Les opérations de couverture et les instruments financiers dérivés. Notre société utilise les instruments financiers dérivés principalement pour réduire l'exposition aux fluctuations désavantageuses des taux d'intérêt et des taux de change, et dans une moindre mesure, au prix des matières premières et autres risques de marché. Une fois conclus, ces instruments financiers sont conçus pour couvrir des expositions sous-jacentes. Vu le haut degré de corrélation entre l'instrument de couverture et l'élément exposé sous-jacent faisant l'objet d'une couverture, les fluctuations de la valeur des instruments sont généralement compensées par les variations de la valeur des expositions sous-jacentes. En pratique, tous les produits dérivés de la Société sont des instruments " hors cote " se transigeant sur des marchés très liquides. La Société n'utilise pas ces instruments financiers dérivés à des fins de négociation.»

TRAVAIL DE RECHERCHE

Cas 1

a)   Searle est une filiale en propriété exclusive de Monsanto Co.

b)   En août 1985, Monsanto a payé 2,754 milliards pour l'acquisition de Searle.

c)   Les états financiers de Searle sont consolidés dans ceux de Monsanto.

Cas 2

a)   Le bilan de Packard Bell est «faible».

b)   Samsung Electronics a acquis 40,25 % de AST Research.

c)   Méthode de comptabilisation de la mise en équivalence.

d)   Les investisseurs ont appris l'existence d'un taux de retour de 17 % des ordinateurs personnels.

PROBLÈME DE DÉONTOLOGIE

a)   Le classement des titres proposé par chacun influera sur le bénéfice net. Le classement de tous les profits dans les titres de transaction fera transiter tous les profits dans l'état des résultats pour l'exercice en cours, tandis que le classement des pertes dans les titres susceptibles de vente et les titres détenus jusqu'à l'échéance entraînera le report à l'exercice suivant de leur inscription dans l'état des résultats. Appliquer le classement des profits aux pertes de façon contraire aura l'effet contraire.

b)   Chaque proposition comporte un élément qui contrevient à la déontologie en violant sciemment les PCGR. L'image présentée par les états financiers n'est pas fidèle, mais frauduleuse. Les parties intéressées en cause comprennent les autres membres de la direction, les vérificateurs (auditeurs) indépendants (qui peuvent déceler ces fausses déclarations), les actionnaires et les investisseurs potentiels.

c)   Le fait de vendre certains titres (ceux qui comportent des profits et ceux qui comportent des pertes) est un choix de la direction qui ne contrevient pas en soi à la déontologie. Les principes comptables généralement reconnus autorisent la vente de titres choisis tant et aussi longtemps que l'on applique avec constance les méthodes d'évaluation des stocks fondées sur le flux des coûts adoptées par l'entreprise. Si la direction agit dans les meilleurs intérêts de l'entreprise et des parties en cause, conformément aux PCGR et non en fonction de ses intérêts propres, on peut considérer qu'elle se comporterait probablement conformément à la déontologie. En revanche, on doit considérer comme contraire à l'éthique l'adoption délibérée de pratiques comptables incorrectes qui ouvrent la porte au gaspillage des actifs ou à la présentation d'états financiers erronés.

CHAPITRE 4

L'ÉTAT DES FLUX DE TRÉSORERIE

CLASSEMENT DES TRAVAUX

	Sujets	Questions	Exercices courts	Exercices	Problèmes	Études de cas
1.	Contenu, objectifs, utilité et sources d'information de l'état des flux de trésorerie	1, 2, 7, 8, 11				1, 2, 5
2.	Classement des activités d'exploitation, d'investissement et de financement	3, 4, 5, 6, 16, 17, 19	1, 2, 3, 6, 7, 8, 12	1, 2, 10		1, 3, 4, 5
3.	Comparaison des méthodes directe et indirecte pour la préparation des activités d'exploitation	9, 20	4, 5, 9, 10, 11	3, 4	10, 11	5
4.	État des flux de trésorerie – méthode directe	11, 13, 14	8	3, 5, 7, 9, 12, 14, 15	3, 4, 6, 10	
5.	État des flux de trésorerie – méthode indirecte	10, 13, 15	8	4, 6, 8, 11, 13, 16, 17, 18, 20, 24	1, 2, 4, 5, 6, 7, 8, 9, 10, 11, 12	2
6.	Préparation d'un tableau pour les opérations d'investissement et de financement sans effet sur la trésorerie	17			5, 7, 8, 9	5
7.	Ajustements à l'aide d'une feuille de travail	21	13	21, 22, 23		
8.	Préparation d'un bilan à partir des données de l'état des flux de trésorerie			19		

CARACTÉRISTIQUES DES TRAVAUX

Numéro	Description	Degré de difficulté	Durée (minutes)
E4-1	Classement des opérations	Facile	10-15
E4-2	Présentation des opérations dans l'état financier – méthode indirecte	Modéré	20-30
E4-3	Préparation de la section des activités d'exploitation – méthode indirecte, inventaire périodique	Facile	15-25
E4-4	Préparation de la section des activités d'exploitation – méthode directe	Facile	20-30
E4-5	Préparation de la section des activités d'exploitation – méthode directe	Facile	20-30
E4-6	Préparation de la section des activités d'exploitation – méthode indirecte	Facile	15-20
E4-7	Calculs relatifs aux activités d'exploitation – méthode directe	Facile	15-20
E4-8	Tableau du flux de trésorerie d'exploitation – méthode indirecte	Modéré	20-30
E4-9	État des flux de trésorerie – méthode directe	Modéré	20-30
E4-10	Classement des opérations	Modéré	25-35
E4-11	État des flux de trésorerie – méthode indirecte	Modéré	30-35
E4-12	État des flux de trésorerie – méthode directe	Modéré	20-30
E4-13	État des flux de trésorerie – méthode indirecte	Modéré	30-40
E4-14	État des flux de trésorerie – méthode directe	Modéré	30-40
E4-15	État des flux de trésorerie – méthode directe	Modéré	30-40
E4-16	État des flux de trésorerie – méthode indirecte	Modéré	30-40
E4-17	État des flux de trésorerie – méthode indirecte	Modéré	25-35
E4-18	Rentrées de fonds provenant d'activités d'exploitation, d'investissement et de financement	Modéré	20-25
E4-19	État des flux de trésorerie – méthode indirecte et bilan	Modéré	30-40
E4-20	État partiel des flux de trésorerie – méthode indirecte	Modéré	25-30
E4-21	Analyse d'une feuille de travail contenant certains comptes	Modéré	20-25
E4-22	Analyse d'une feuille de travail contenant certaines opérations	Modéré	20-25
E4-23	Préparation d'une feuille de travail	Modéré	45-55
E4-24	Explication des variations des flux de trésorerie	Modéré	25-30
P4-1	État des flux de trésorerie – méthode indirecte	Modéré	40-45
P4-2	État des flux de trésorerie – méthode indirecte	Modéré	40-45
P4-3	État des flux de trésorerie – méthode directe avec rapprochement	Difficile	50-60

P4-4	État des flux de trésorerie – méthode directe	Modéré	45-60
P4-5	État des flux de trésorerie – méthode indirecte	Modéré	45-55
P4-6	État des flux de trésorerie – méthode directe	Modéré	45-55
P4-7	État des flux de trésorerie – méthode indirecte	Difficile	45-60
P4-8	État des flux de trésorerie – méthode indirecte	Difficile	50-60
P4-9	État des flux de trésorerie – méthode indirecte, et flux de trésorerie d'exploitation selon la méthode directe	Modéré	40-50
P4-10	État des flux de trésorerie – méthodes directe et indirecte à partir d'états financiers comparatifs	Modéré	30-40
P4-11	État des flux de trésorerie – méthodes directe, et indirecte	Modéré	30-40
P4-12	État des flux de trésorerie – méthode indirecte	Modéré	30-40
C4-1	Analyse d'un état des flux de trésorerie mal présenté	Modéré	30-35
C4-2	Théorie et analyse d'un état des flux de trésorerie mal présenté	Modéré	30-35
C4-3	État des flux de trésorerie – théorie et analyse des opérations	Modéré	30-35
C4-4	Analyse de l'incidence des opérations sur un état des flux de trésorerie	Modéré	20-30
C4-5	Objectifs et éléments d'un état des flux de trésorerie	Difficile	30-40

RÉPONSES AUX QUESTIONS

1. Le principal objectif d'un état des flux de trésorerie est de mettre en évidence les variations de la trésorerie d'une société qui se produisent d'un exercice à l'autre. Cet état financier fournit l'information sur les activités d'exploitation, de financement et d'investissement de la société. Plus précisément, il fournit l'information sur les rentrées et les sorties de liquidités durant l'exercice.

2. Voici certains avantages de l'état des flux de trésorerie:

   Évaluation des flux de trésorerie futurs. Lorsque les données sur les flux de trésorerie en cours complètent les données relatives au bénéfice, on dispose d'une meilleure base pour prévoir les flux de trésorerie futurs.

   Évaluation de la qualité du bénéfice. Selon certains, l'information relative aux flux de trésorerie est plus fiable que l'information sur le bénéfice, car ce dernier suppose un certain nombre d'hypothèses, d'estimations et d'évaluations.

   Évaluation des capacités d'exploitation de l'entreprise. L'aptitude d'une entreprise à maintenir ses capacités d'exploitation, à assurer une croissance future et à verser des dividendes à ses propriétaires repose sur sa capacité de générer suffisamment de rentrées de fonds sur le moment et dans l'avenir.

   Évaluation de la flexibilité financière et des liquidités. Les données relatives aux flux de trésorerie indiquent si une entreprise réussira à survivre à des problèmes financiers et si elle risque d'avoir des difficultés à respecter ses obligations arrivant à échéance, à verser des dividendes ou à faire face à d'autres dépenses courantes.

   Fournir des données sur les activités de financement et d'investissement. Les flux de trésorerie sont classés selon leur incidence sur les postes du bilan: les activités d'investissement influent sur les éléments d'actif, tandis que les activités de financement ont une incidence sur le passif et sur les capitaux propres.

3. Les activités d'investissement concernent les éléments d'actif à long terme et comprennent: 1) les placements en prêts et leurs recouvrements; 2) l'acquisition et la cession de placements ou d'immobilisations de longue durée. Par ailleurs, les activités de financement portent sur les éléments du passif et les capitaux propres; elles comprennent: 1) les rentrées de liquidités des emprunts contractés et les sorties de liquidités pour le remboursement de ces emprunts, et 2) les apports de capital assurés par les propriétaires et les versements qu'ils reçoivent sur le rendement de leur investissement. Quant aux activités d'exploitation, elles englobent toutes les opérations et activités qui ne relèvent pas de l'investissement ou du financement; les activités d'investissement comprennent l'apport monétaire des opérations qui entrent dans la détermination du bénéfice net.

4. À titre d'exemples d'origine des fonds dans un état des flux de trésorerie, on peut citer: les rentrées de fonds découlant des activités d'exploitation, de l'émission d'obligations, d'émission d'actions, de cession de titres de placement ou de la vente d'immobilisations corporelles. Comme exemple d'utilisation des fonds, mentionnons les sorties de liquidités se rapportant aux activités d'exploitation, le versement de dividendes en argent, le remboursement de créances, l'acquisition de titres de placement, le rachat d'actions participatives et l'achat d'immobilisations corporelles.

5. La préparation d'un état des flux de trésorerie se déroule en trois étapes:

   a) Détermination de la variation de la trésorerie, ce qui revient à simplement calculer la différence entre le solde d'ouverture et le solde de clôture des comptes de la caisse et des placements temporaires dont l'échéance est inférieure à trois mois.

   b) Détermination du flux de trésorerie d'exploitation, ce qui comporte l'analyse de l'état des résultats de l'exercice considéré, du bilan comparatif à court terme et de certaines données d'opérations choisies.

   c) Détermination du flux de trésorerie d'investissement et de financement. Il est nécessaire d'analyser toutes les autres variations des comptes du bilan pour déterminer leur incidence sur la trésorerie.

6. Achat d'un terrain – Investissement

Versement d'un dividende – Financement

Ventes au comptant – Exploitation

Rachat de ses propres actions ordinaires – Financement

7. Le bilan comparatif, l'état des résultats de l'exercice considéré et certaines données d'opérations choisies fournissent l'information nécessaire pour préparer un état des flux de trésorerie. Le bilan comparatif indique les variations des éléments d'actif, de passif et des capitaux propres survenues entre le début et la fin de l'exercice. L'état des résultats de l'exercice considéré indique le montant des rentrées de fonds découlant des activités d'exploitation. Certaines données d'opérations choisies fournissent des renseignements supplémentaires détaillés qui permettent de déterminer s'il s'agit de la provenance ou de l'utilisation des liquidités pendant l'exercice.

8. Il est nécessaire de convertir le bénéfice net obtenu selon la comptabilité d'exercice en flux de trésorerie parce qu'il comprend des postes sans effet sur la trésorerie et sans rapport avec la provenance ou l'utilisation des liquidités. Il pourrait s'agir, par exemple, de l'augmentation des comptes clients. Si les comptes clients ont augmenté au cours de l'exercice, le chiffre d'affaires calculé selon la comptabilité d'exercice sera plus élevé que le produit des ventes réellement encaissé. C'est pourquoi il faut rajuster le bénéfice net obtenu selon la comptabilité d'exercice de manière à représenter le flux de trésorerie découlant réellement des activités d'exploitation.

9. Le flux de trésorerie d'exploitation obtenu selon la **méthode directe** représente la différence entre les rentrées de liquidités et les sorties de liquidités. Selon cette méthode, on retranche directement les sorties de liquidités des rentrées de liquidités pour obtenir les résultats de trésorerie.

Selon la **méthode indirecte**, il faut convertir le bénéfice net obtenu indiqué par la comptabilité d'exercice. On part alors du bénéfice net obtenu selon la comptabilité d'exercice et on y rajoute ou on en retranche les éléments sans effet sur la trésorerie. Comme exemples d'ajustements, on peut citer l'amortissement et les profits et pertes sur disposition d'actifs, ainsi que les variations dans les soldes des comptes d'actif et de passif à court terme, entre un exercice et le suivant.

10. Le flux de trésorerie d'exploitation est de 3 870 000 $. Voici la solution selon la méthode indirecte:

Bénéfice net		3 500 000 $
Ajustements pour rapprocher le bénéfice net et les rentrées nettes provenant des activités d'exploitation		
Dotations à l'amortissement	520 000 $	
Augmentation des comptes clients	(500 000)	
Augmentation des comptes fournisseurs	350 000	370 000
Flux de trésorerie d'exploitation		3 870 000 $

11.

Chiffre d'affaires selon la comptabilité d'exercice	100 000 $
Moins: Augmentation des comptes clients	30 000
70 000	
Moins: Sortie de comptes clients	4 000
Produit des ventes au comptant	66 000 $

12. Plusieurs facteurs ont pu causer l'augmentation de la trésorerie même si, globalement, on a déclaré une perte nette. Ces facteurs sont: 1) des rentrées de liquidités relativement élevées par rapport à des sorties de liquidités faibles; 2) la vente d'un élément d'immobilisations corporelles; 3) la cession de certains titres de placement et 4) l'émission d'actions ordinaires ou de titres de créance.

13.	Dividendes déclarés	260 000 $
	Plus: Dividendes à payer (en début d'exercice)	85 000
	345 000	
	Moins: Dividendes à payer (en fin d'exercice)	70 000
	Montant des dividendes versés en argent au cours de l'exercice	275 000 $

14. Pour déterminer le montant des sorties de liquidités aux fournisseurs, il faut d'abord calculer les achats effectués au cours de l'exercice. Pour ce faire, on ajuste le coût des marchandises vendues au moyen de la variation du stock (ce coût augmente si le stock augmente, ou diminue si le stock diminue). Une fois calculé le montant des achats, on détermine le montant des sorties de liquidités aux fournisseurs en ajustant le compte des achats selon la variation des comptes fournisseurs: on retranche du compte des achats toute augmentation des comptes fournisseurs et, au contraire, on y ajoute toute diminution.

15. Flux de trésorerie d'exploitation

Bénéfice net		320 000 $
Ajustements pour rapprocher le bénéfice net et les rentrées nettes provenant des activités d'exploitation:		
Dotations à l'amortissement	114 000 $	
Amortissement du brevet d'invention	40 000	
Perte sur la vente d'immobilisations	21 000	175 000
Rentrées nettes provenant des activités d'exploitation		495 000 $

16. a) Flux de trésorerie découlant d'activités d'exploitation

Bénéfice net	XXXX
Ajustements pour rapprocher le bénéfice net et les rentrées nettes provenant des activités d'exploitation:	
Perte sur la vente d'un bien immobilier*	3 000
Flux de trésorerie découlant d'activités d'investissement	
Vente d'un bien immobilier	4 000

* 4 000 – (20 000 – 13 000) = 3 000 $

b) Flux de trésorerie de financement

Émission d'actions ordinaires	410 000

c) Cette opération n'influant pas sur la trésorerie; elle n'est donc pas présentée dans l'état des flux de trésorerie, ni dans les tableaux ou notes qui y sont liés.

d) Flux de trésorerie d'exploitation

Perte nette	(50 000)
Ajustements pour rapprocher la perte nette et les rentrées nettes provenant des activités d'exploitation:	
Dotations à l'amortissement	22 000
Profit sur la cession de titres susceptibles de vente	(9 000)
Flux de trésorerie de financement	
Cession de titres susceptibles de vente	38 000

17.
a) Activité d'investissement
b) Activité de financement
c) Activité d'investissement
d) Activité d'exploitation, d'investissement et de financement

g) Activité d'exploitation
h) Activité de financement
i) Importantes activités sans effet sur la trésorerie
j) Activité de financement

e) Importantes activités sans effet sur la trésorerie   k) Activité d'exploitation
    d'investissement et de financement
f) Activité de financement   l) Activité d'exploitation

18. Exemples d'opérations sans effet sur la trésorerie: 1) émission d'actions contre des éléments d'actif; 2) émission d'actions pour rembourser une dette; 3) émission d'obligations ou de notes contre des éléments d'actif et 4) échanges sans effet sur la trésorerie d'éléments d'immobilisations corporelles.

19. Flux de trésorerie d'exploitation

Bénéfice net	XXXX
Ajustements pour rapprocher le bénéfice net et les rentrées nettes provenant des activités d'exploitation:	
Profit sur le remboursement d'obligations	(220 000)
Flux de trésorerie de financement	
Remboursement d'obligations	(1 780 000)

20. Voici quelques arguments en faveur de la méthode indirecte, aussi qualifiée de méthode de rapprochement:

1)   En présentant le rapprochement entre le bénéfice net et les rentrées de fonds provenant des activités d'exploitation, on met l'accent sur les différences.

2)   La méthode directe n'est rien d'autre qu'un état des résultats selon la comptabilité de caisse qui risque d'amener la confusion et l'incertitude pour les utilisateurs d'états financiers habitués à consulter des états des résultats selon la comptabilité d'exercice.

3)   Certains se demandent si le rapport coûts-avantages justifierait l'adoption de la méthode directe, car elle entraînerait des coûts supplémentaires de préparation, du fait que les comptes ne sont pas tenus selon la méthode de comptabilité de caisse.

21. Il est souhaitable d'utiliser une feuille de travail, car elle permet d'accumuler et de classer systématiquement des données que l'on devra présenter dans l'état des flux de trésorerie. Il s'agit d'un système facultatif mais efficace qui facilite la préparation de l'état des flux de trésorerie d'une entreprise.

SOLUTIONS DES EXERCICES COURTS

Exercice court 4-1

Flux de trésorerie d'investissement

Vente d'un terrain	130 000 $
Achat de matériel	(415 000)
Acquisition de titres susceptibles de vente	(59 000)
Sorties nettes affectées aux activités d'investissement	(344 000)$

Exercice court 4-2

Flux de trésorerie de financement

Émission d'actions ordinaires	250 000 $
Émission d'obligations à payer	510 000
Versement de dividendes	(300 000)
Rachat de ses propres actions ordinaires	(46 000)
Rentrées nettes provenant des activités de financement	414 000 $

Exercice court 4-3

1. R	7. D-F	13. N
2. A	8. D-I	14. R
3. E-F	9. D-I	15. E-F
4. A	10. A	16. D-F
5. E-I	11. R	17. E-I, A
6. E-I, R	12. E-F	18. D-F

Exercice court 4-4

Flux de trésorerie d'exploitation

Rentrées de liquidités reçues des clients		
(200 000 $ – 17 000 $)		183 000 $
Sorties de liquidités		
destinées aux fournisseurs		
(120 000 $ + 11 000 $ – 13 000 $)	118 000 $	
pour frais d'exploitation		
(50 000 $ – 21 000 $)	29 000	147 000
Rentrées nettes provenant des activités d'exploitation		36 000 $

Exercice court 4-5

Flux de trésorerie d'exploitation

Bénéfice net		30 000 $
Ajustements pour rapprocher le bénéfice net et les rentrées nettes provenant des activités d'exploitation:		
Dotations à l'amortissement	21 000 $	
Augmentation des comptes fournisseurs	13 000	
Augmentation des comptes clients	(17 000)	
Augmentation des stocks	(11 000)	6 000
Rentrées nettes provenant des activités d'exploitation		36 000 $

Exercice court 4-6

Chiffre d'affaires	420 000 $
Plus: Diminution des comptes clients	13 000
Rentrées de liquidités reçues des clients	433 000 $

Exercice court 4-7

Coût des marchandises vendues	500 000 $
Plus: Augmentation du stock	23 000
Achats	523 000
Moins: Augmentation des comptes fournisseurs	8 000
Sorties de liquidités aux fournisseurs	515 000 $

Exercice court 4-8

Rentrées nettes provenant des activités d'exploitation	531 000 $
Sorties nettes affectées aux activités d'investissement	(963 000)
Rentrées nettes provenant des activités de financement	585 000
Augmentation nette de la trésorerie	153 000
Solde de la trésorerie, le 2002-01-01	333 000
Solde de la trésorerie, le 2002-12-31	486 000 $

Exercice court 4-9

a) Flux de trésorerie d'exploitation

Entrée de liquidités des clients	90 000 $
Montant affecté aux charges (60 000 $ – 1 540 $)	58 460
Rentrées nettes provenant des activités d'exploitation	31 540 $

b) Flux de trésorerie d'exploitation

Bénéfice net		40 000 $
Augmentation des comptes clients, nets		
(27 260 $ – 18 800 $)		(8 460)
Rentrées nettes provenant des activités d'exploitation		31 540 $

Exercice court 4-10

Flux de trésorerie d'exploitation

Bénéfice net		50 000 $
Ajustements pour rapprocher le bénéfice net et les rentrées nettes provenant des activités d'exploitation		
Dotation à l'amortissement	17 000 $	
Augmentation des comptes fournisseurs	9 300	
Augmentation des comptes clients	(11 000)	
Augmentation des stocks	(7 400)	7 900
Rentrées nettes provenant des activités d'exploitation		57 900 $

Exercice court 4-11

Flux de trésorerie d'exploitation

Perte nette		(70 000) $
Ajustements pour rapprocher la perte nette et les rentrées nettes provenant des activités d'exploitation		
Dotation à l'amortissement	84 000 $	
Augmentation des comptes clients	(8 100)	75 900
Rentrées nettes provenant des activités d'exploitation		5 900 $

Exercice court 4-12

1. Terrain	50 000	
Actions ordinaires		10 000
Surplus d'apport excédant la valeur nominale		40 000

2. Sans effet

3. Activités d'investissement et de financement sans effet sur la trésorerie		
Achat d'un terrain au moyen de l'émission d'actions ordinaires	50 000	

Exercice court 4-13

1.	Exploitation – Bénéfice net	317 000	
	Bénéfices non répartis		317 000
2.	Bénéfices non répartis	120 000	
	Financement – Dividendes en argent		120 000
3.	Matériel	114 000	
	Investissement – Achat de matériel		114 000
4.	Investissement – Vente de matériel	13 000	
	Amortissement cumulé – Matériel	32 000	
	Matériel		40 000
	Exploitation – Profit sur la vente de matériel		5 000

SOLUTIONS DES EXERCICES

Exercice 4-1 (10-15 minutes)

1. Activité d'investissement
2. Activité de financement
3. Activité d'investissement
4. Exploitation – ajouter au bénéfice net
5. Importante opération d'investissement et de financement sans effet sur la trésorerie
6. Activité de financement
7. Exploitation – ajouter au bénéfice net
8. Activité de financement
9. Importante opération d'investissement et de financement sans effet sur la trésorerie
10. Activité de financement
11. Exploitation – retrancher du bénéfice net
12. Exploitation – ajouter au bénéfice net

Exercice 4-2 (20-30 minutes)

1.

Immobilisations de production (au prix coûtant)	20 000 $
Amortissement cumulé ([20 000 $ ÷ 10] × 6)	12 000
Valeur comptable à la date de la vente	8 000
Produit de la vente	(5 300)
Perte sur la vente	2 700 $

On présente la perte sur la vente des immobilisations dans la section des activités d'exploitation de l'état des flux de trésorerie. Il faut l'ajouter au bénéfice net pour déterminer les rentrées nettes de fonds provenant des activités d'exploitation.

Voici comment présenter le produit de la vente de 5 300 $ dans la section d'investissement de l'état des flux de trésorerie:

Vente d'immobilisations de production	5 300 $

2. Voici comment présenter l'émission dans la section des activités de financement de l'état des flux de trésorerie:

Cession d'actions ordinaires	430 000 $

3. On ne présente pas dans l'état des flux de trésorerie la sortie de créances irrécouvrables des comptes clients, qui s'élève à 27 000 $. Cette sortie réduit le solde du compte Provision pour créances douteuses et le solde du compte Comptes clients. Elle n'a aucune incidence sur le flux de trésorerie.

4. On devrait présenter la perte nette de 50 000 $ dans la section des activités d'exploitation de l'état des flux de trésorerie, et la dotation aux amortissements de 22 000 $, également dans la section des activités d'exploitation, ainsi que le profit réalisé sur la vente du terrain. Quant au produit de la vente du terrain de 39 000 $, on doit le

présenter dans la section des activités d'investissement de l'état des flux de trésorerie. Voici comment devraient se présenter ces quatre éléments:

Flux de trésorerie d'exploitation:

Perte nette	(50 000)$

Ajustements pour rapprocher le bénéfice net et les sorties
nettes affectées à l'exploitation*:

Amortissements	22 000
Profit sur la vente du terrain	(9 000)

* Soit sorties, soit rentrées nettes de fonds, selon le résultat des autres ajustements. En présence uniquement des ajustements en 4.,, il s'agit bien de «sorties nettes».

Flux de trésorerie d'investissement:

Vente du terrain	39 000 $

5. On ne présente pas l'acquisition des bons du Trésor des États-Unis dans l'état des flux de trésorerie. On considère que ces titres font partie de la trésorerie, ce qui signifie que le total des comptes Caisse et Placements temporaires, dont l'échéance est de trois mois ou moins, n'a pas subi de modification par suite de cette opération.

6. On présente l'amortissement du brevet d'invention, soit 20 000 $, dans la section des activités d'exploitation de l'état des flux de trésorerie. On doit l'ajouter au bénéfice net pour déterminer le flux de trésorerie d'exploitation.

7. On présente l'échange d'actions ordinaires contre une participation dans Tabasco à titre d'«opération d'investissement et de financement sans effet sur la trésorerie». Voici comment le présenter:

Activités d'investissement et de financement sans effet sur la trésorerie

Acquisition de participation contre l'émission d'actions ordinaires	900 000 $

8. On présente le rachat de ses propres actions dans la section des activités de financement de l'état des flux de trésorerie.

Exercice 4-3 (15-25 minutes)

VINCENT LTÉE

État des flux de trésorerie (partiel)

pour l'exercice terminé le 31 décembre 2002

Flux de trésorerie d'exploitation		
Bénéfice net		1 050 000 $
Ajustements pour rapprocher le bénéfice net et les rentrées nettes provenant des activités d'exploitation:		
Dotation à l'amortissement	60 000$	
Diminution des comptes clients	360 000	
Diminution des stocks	300 000	
Augmentation des charges payées d'avance	(170 000)	
Diminution des comptes fournisseurs	(275 000)	
Diminution des charges à payer	(100 000)	175 000
Rentrées nettes provenant des activités d'exploitation		1 225 000 $

Exercice 4-4 (20-30 minutes)

VINCENT LTÉE
État des flux de trésorerie, partiel
pour l'exercice terminé le 31 décembre 2002

Flux de trésorerie d'exploitation		
Rentrées de liquidités des clients		7 260 000$[a]
Sorties de liquidités		
aux fournisseurs	4 675 000$[b]	
pour frais d'exploitation	1 360 000	6 035 000
Rentrées nettes provenant des activités d'exploitation		1 225 000 $

Calculs

a. Rentrées de liquidités des clients

Chiffre d'affaires		6 900 000 $
Plus: Diminution des comptes clients		360 000
Rentrées de liquidités des clients		7 260 000 $

b. Sorties de liquidités aux fournisseurs

Coût des marchandises vendues		4 700 000 $
Moins: Diminution des stocks		300 000
Achats		4 400 000
Plus: Diminution des comptes fournisseurs		275 000
Sorties de liquidités aux fournisseurs		4 675 000 $

c. Sorties de liquidités pour charges d'exploitation

Frais d'exploitation, amortissement non compris		1 090 000$*
Plus: Augmentation des charges payées d'avance		170 000 $
Diminution charges à payer	100 000	270 000
Sorties de liquidités pour frais d'exploitation		1 360 000 $

* 450 000 $ + (700 000 $ – 60 000 $)

Exercice 4-5 (20-30 minutes)

ALISON LTÉE
État des flux de trésorerie, partiel
pour l'exercice terminé le 31 décembre 2001

Flux de trésorerie d'exploitation		
Rentrées de liquidités des clients		857 000$[a]
Sorties de liquidités:		
pour frais d'exploitation	614 000$[b]	
pour impôts sur le bénéfice	44 500[c]	658 500
Rentrées nettes provenant des activités d'exploitation		198 500 $

a. Calcul des rentrées de liquidités reçues des clients

Produit provenant d'honoraires	840 000 $
Plus : Diminution des comptes clients (54 000 $ – 37 000 $)	17 000
Rentrées de liquidités reçues des clients	857 000 $

b. Calcul des sorties de liquidités

Frais d'exploitation, selon l'état des résultats	624 000 $
Moins: Augmentation des comptes fournisseurs (41 000 $ – 31 000 $)	10 000
Sorties de liquidités pour frais d'exploitation	614 000 $

c.

Impôts exigibles, selon l'état des résultats	40 000 $
Plus: Diminution des Impôts exigibles (8 500 $ – 4 000 $)	4 500
Sortie de liquidités pour impôts sur le bénéfice	44 500 $

Exercice 4-6 (15-20 minutes)

ALISON LTÉE

État des flux de trésorerie, partiel

pour l'exercice terminé le 31 décembre 2001

Flux de trésorerie d'exploitation		
Bénéfice net		90 000 $
Ajustements pour rapprocher le bénéfice net et les rentrées nettes provenant des activités d'exploitation		
Dotation à l'amortissement	60 000 $	
Perte sur la vente de matériel	26 000	
Diminution des comptes clients	17 000	
Augmentation des comptes fournisseurs	10 000	
Diminution des Impôts exigibles	(4 500)	108 500
Rentrées nettes provenant des activités d'exploitation		198 500 $

Exercice 4-7 (15-20 minutes)

Situation A

Flux de trésorerie d'exploitation	
Rentrées de liquidités reçues des clients	129 000 $
Sorties de liquidités relatives aux charges d'exploitation	81 000
Rentrées nettes provenant des activités d'exploitation	48 000 $

Situation B

a) Calcul des sorties de liquidités destinées aux fournisseurs

Coût des marchandises vendues		310 000 $
Plus:	Augmentation du stock	26 000
	Diminution des comptes fournisseurs	17 000
Sorties de liquidités destinées aux fournisseurs		353 000 $

b) Calcul des sorties de liquidités relatives aux charges d'exploitation

Charges d'exploitation		230 000 $
Moins:	Diminution des frais payés d'avance	8 000
	Augmentation des charges à payer	11 000
Sorties de liquidités relatives aux charges d'exploitation		211 000 $

Exercice 4-8 (20-30 minutes)

Flux de trésorerie d'exploitation

Bénéfice net		145 000 $
Ajustements pour rapprocher le bénéfice net et les rentrées nettes provenant des activités d'exploitation		
Changement de méthode d'amortissement	14 600 $	
Dotation à l'amortissement	39 000	
Profit sur la cession de titres de placement	(5 500)	
Diminution des comptes clients	12 000	
Produit de placement découlant de la mise en équivalence (à la valeur de consolidation)	(10 800)	
Dividendes sur titres de capitaux propres	800	50 100
Rentrées nettes provenant des activités d'exploitation		195 100 $

Commentaires supplémentaires

N° 1   Est présenté à titre de rentrées de liquidités provenant de l'émission d'actions autodétenues et comme versement pour l'acquisition de ses propres actions, les deux dans la section des activités de financement;

N° 2   Est présenté à titre de rentrées de liquidités provenant d'activités d'investissement de 20 000 $, et le profit de 5 500 $ est retranché du bénéfice net, dans la section d'exploitation;

N° 4   Est une charge sans effet sur la trésorerie (créances irrécouvrables) tirée de l'état des résultats. Quand on utilise la méthode indirecte, cette charge n'est pas traitée séparément; elle est intégrée à la variation nette des comptes clients;

N° 5   Il s'agit d'une importante opération d'investissement et de financement sans effet sur la trésorerie;

N° 8   Il faut ajouter (Dividendes reçus) au bénéfice net. On pourrait aussi calculer le chiffre net de la portion du dividende revenant proportionnellement à la société en se fondant sur le montant du profit provenant de la mise en équivalence (à la valeur de consolidation) présenté dans le flux de trésorerie d'exploitation.

N° 9   N'est pas présenté dans l'état des flux de trésorerie.

Exercice 4-9 (20-30 minutes)

a)   Ventes (chiffre d'affaires)   538 800 $

    Moins: Augmentation des comptes clients,
                 après sorties (3 000 + 4 800)   <u>7 800</u>

    Rentrées de liquidités reçues des clients   <u>531 000 $</u>

b)   Coût des marchandises vendues   250 000 $

    Moins: Diminution des stocks   <u>16 000</u>

    Achats   234 000

    Moins: Augmentation des comptes fournisseurs   <u>9 500</u>

    Sorties de liquidités destinées aux fournisseurs   <u>224 500 $</u>

c)   Intérêts débiteurs   4 300 $

    Moins: Diminution de l'escompte d'émission
                 d'obligations non amorti   <u>500</u>

    Sorties de liquidités liées aux intérêts   <u>3 800 $</u>

d)   Impôts exigibles sur le bénéfice   20 400 $

    Plus: Diminution des Impôts exigibles   8 100

    Moins: Augmentation des impôts différés   <u>700</u>

    Sorties de liquidités pour payer les impôts   <u>27 800 $</u>

e)   Frais de vente   141 500 $

    Moins: Amortissement (1 500 $ × ⅓)   500 $

    Créances irrécouvrables   <u>5 000</u>   <u>5 500</u>

        Sorties de liquidités liées aux frais de vente   <u>136 000 $</u>

Exercice 4-10 (25-35 minutes)

a)   Pour trouver la solution relative aux immobilisations corporelles, la meilleure méthode est de préparer les données sous forme de compte en T.

	Immobilisation corporelles		
2001-12-31	247 000		
Matériel en échange d'obligations	20 000		
Paiement pour achat d'Immobilisations corporelles	?	45 000	Matériel vendu
2002-12-31	277 000		

Paiement   = 277 000 $ + 45 000 $ − 247 000 $ − 20 000 $
            = <u>55 000 $</u>

Selon le Statement No. 95 du SFAS, on doit inclure l'acquisition et l'aliénation des éléments d'actif de production de longue durée dans les activités d'investissement. Par conséquent, l'achat d'éléments d'immobilisations corporelles est une activité d'investissement. Il est bon de noter qu'il convient de présenter l'acquisition de tels éléments en échange d'obligations à titre d'opération d'investissement et de financement sans effet sur la trésorerie.

b) Pour trouver la solution relative aux amortissements cumulés, la meilleure méthode est de préparer les données sous forme de compte en T.

	Amortissements cumulés		
		167 000	2001-12-31
		33 000	Dotation aux amortissements
Matériel vendu	?		
		178 000	2002-12-31

Amortissement cumulé sur le matériel vendu:

= 167 000 $ + 33 000 $ – 178 000 $ = 22 000 $

Voici l'écriture à passer pour inscrire la vente du matériel:

Caisse (produit de la vente du matériel)		
(45 000 $ + 14 500 $ – 22 000 $)	37 500	
Amortissements cumulés	22 000	
Immobilisations corporelles		45 000 (établi)
Profit sur la vente du matériel		14 500

On considère que le produit de la vente du matériel, soit 37 500 $, provient d'une opération d'investissement, étant donné que les activités d'investissement comprennent l'acquisition et l'aliénation d'immobilisations de production de longue durée.

c) On peut déterminer le versement des dividendes en argent en analysant les données de bénéfices non répartis et de dividendes à payer à l'aide de comptes en T.

	Bénéfices non répartis		
		91 000	2001-12-31
Dividendes déclarés	?	31 000	Bénéfice net
		104 000	2002-12-31

Dividendes déclarés = 91 000 $ + 31 000 $ – 104 000 $ = 18 000 $

	Dividendes à payer		
		5 000	2001-12-31
		18 000	Dividendes déclarés
Dividendes payés en argent	?		
		8 000	2002-12-31

Dividendes payés en argent   = 5 000 $ + 18 000 $ – 8 000 $ = 15 000 $

Les activités de financement comprennent tous les mouvements de fonds touchant les éléments du passif et les capitaux propres, à l'exclusion des comptes d'exploitation. Le versement de dividendes en argent constitue donc une activité de financement.

Chapitre 4

d) On détermine le montant nécessaire pour le remboursement des obligations à payer en établissant un compte en T.

Obligations à payer			
		46 000	2001-12-31
		20 000	Émission d'obligations pour l'achat
Remboursement des obligations	?		d'immobilisations corporelles
		49 000	2002-12-31

D'après les données du problème, il n'y a pas eu d'amortissement d'escompte ou de prime d'émission des obligations, ce qui veut dire que le remboursement des obligations est la seule variation qui n'a pas encore été prise en compte.

Remboursement des obligations à payer = 46 000 $ + 20 000 $ – 49 000 $
= <u>17 000 $</u>

Les activités de financement comprennent tous les mouvements de fonds touchant les éléments du passif et les capitaux propres, autres que les comptes d'exploitation. Le remboursement des obligations à payer est donc une activité de financement.

Exercice 4-11 (30-35 minutes)

PAT MORRY LTÉE

État des flux de trésorerie

pour l'exercice terminé le 31 décembre 2002

(Méthode indirecte)

Flux de trésorerie d'exploitation		
Bénéfice net		810 $
Ajustements pour rapprocher le bénéfice net et les rentrées nettes provenant des activités d'exploitation		
Dotation à l'amortissement (1 200 $ – 1 170 $)	30 $	
Profit sur la cession de placements	(80)	
Diminution des stocks	300	
Augmentation des comptes fournisseurs	300	
Augmentation des comptes clients	(450)	
Diminution des charges à payer	<u>(50)</u>	<u>50</u>
Rentrées nettes provenant des activités d'exploitation		<u>860</u> $
Flux de trésorerie d'investissement		
Cession de placements à leur échéance [(1 420 $ – 1 300 $) + 80 $)]	200 $	
Achat d'immobilisations de production [(1 900 $ – 1 700 $) – 70 $]	<u>(130)</u>	
Rentrées nettes provenant des activités d'investissement		70 $

Flux de trésorerie de financement

Émission d'actions ordinaires [(1 900 $ – 1 700 $) – 70 $]	130	
Remboursement d'obligations à payer	(150)	
Versement de dividendes en argent	(260)	
Sorties nettes affectées aux activités de financement		(280)

Augmentation nette de la trésorerie	650
Trésorerie, le 1ᵉʳ janvier 2002	1 150
Trésorerie, le 31 décembre 2002	1 800 $

Opérations d'investissement et de financement sans effet sur la trésorerie

Émission d'actions ordinaires pour l'achat d'installations de production	70 $

Exercice 4-12 (20-30 minutes)

PAT MORRY LTÉE

État des flux de trésorerie

pour l'exercice terminé le 31 décembre 2002

(Méthode directe)

Flux de trésorerie d'exploitation

Rentrées de liquidités*			6 450 $
Moins: Sortie de liquidités pour marchandises**	4 100 $		
Sorties de liquidités pour frais de vente et d'administration***	950		
Sortie de liquidités pour impôts	540	5590	
Rentrées nettes provenant des activités d'exploitation		860	

Flux de trésorerie d'investissement

Cession de placements à leur échéance [(1 420 $ – 1 300 $) + 80 $]		200
Achat d'immobilisations [(1 900 $ – 1 700 $) – 70 $]	(130)	
Rentrées nettes provenant des activités d'investissement		70

Flux de trésorerie de financement

Émission d'actions ordinaires [(1 900 $ – 1 700 $) – 70 $]	130	
Remboursement d'obligations à payer	(150)	
Versement de dividendes en argent	(260)	
Sorties nettes affectées aux activités de financement		(280)

Augmentation nette de la trésorerie	650
Trésorerie, le 1ᵉʳ janvier 2002	1 150
Trésorerie, le 31 décembre 2002	1 800 $

*   1 300 $ + 6 900 $ − 1 750 $

**   1 600 $ + 4 700 $ − 1 900 $ + 900 $ − 1 200 $

***   250 $ + (930 $ − 30 $) − 200 $

Opérations d'investissement et de financement sans effet sur la trésorerie.

Émission d'actions ordinaires pour l'achat d'immobilisations.   70 $

Exercice 4-13 (30-40 minutes)

MOCCAR LTÉE

État des flux de trésorerie

pour l'exercice terminé le 31 décembre 2002

(Méthode indirecte)

Flux de trésorerie d'exploitation		
Bénéfice net		258 000 $
Ajustements pour rapprocher le bénéfice net et les rentrées nettes provenant des activités d'exploitation		
Profit sur la cession de titres susceptibles de vente	(5 000)$	
Perte sur la vente d'installations de production	12 000	
Dotation à l'amortissement	42 000	
Augmentation des comptes fournisseurs	34 800	
Augmentation des comptes clients	(74 200)	
Augmentation des stocks	(54 600)	(45 000)
Rentrées nettes provenant des activités d'exploitation		213 000
Flux de trésorerie d'investissement		
Vente d'immobilisations	1 500 *	
Cession de titres susceptibles de vente	16 000**	
Achat d'immobilisations	(85 000)	
Sorties nettes affectées aux activités d'investissement		(67 500)
Flux de trésorerie de financement		
Émission d'actions ordinaires [(175 000 $ − 131 100 $) − 20 000 $]	23 900	
Remboursement d'hypothèque	(27 000)	
Versement de dividendes en argent	(20 000)	
Sorties nettes affectées aux activités de financement		(23 100)
Augmentation nette de la trésorerie		122 400
Trésorerie, le 1er janvier 2002		38 400
Trésorerie, le 31 décembre 2002		160 800 $

Opérations d'investissement et de financement sans effet sur la trésorerie

Émission d'actions ordinaires pour l'achat d'installations de production		<u>20 000</u> $

* Vente d'immobilisations: 77 500 $ = 212 500 $ + 105 000 $ – 240 000 $

   Amortissement cumulé des immobilisations: 64 000 $ = 52 000 + 42 000 $ – 30 000 $

   Produit de la vente: 1 500 $ = 77 500 $ – 64 000 $ – 12 000 $

** (101 000 $ – 90 000 $) + 5 000 $

Présentation supplémentaire de données de flux de trésorerie

Sorties de liquidités effectuées au cours de l'année

Intérêts débiteurs	3 000 $
Impôts sur le bénéfice	5 000 $

Exercice 4-14 (30-40 minutes)

MOCCAR LTÉE

État des flux de trésorerie

pour l'exercice terminé le 31 décembre 2002

(Méthode directe)

Flux de trésorerie d'exploitation			
Rentrées de liquidités reçues des clients*	365 800 $		
Intérêt et autre produit (20 000 $ – 5 000 $ de profit)	<u>15 000</u>		
Rentrées provenant des activités d'exploitation		380 800 $	
Moins: Sorties de liquidités destinées aux fournisseurs**	149 800		
Sorties de liquidités en frais d'exploitation	10 000		
Intérêts payés	3 000		
Impôts payées	<u>5 000</u>	<u>167 800</u>	
Rentrées nettes provenant des activités d'exploitation		213 000	
Flux de trésorerie d'investissement			
Vente d'immobilisations	1 500		
Cession de titres de placement susceptibles de vente	16 000		
Achat d'immobilisations	<u>(85 000)</u>		
Sorties nettes affectées aux activités d'investissement		(67 500)	
Flux de trésorerie de financement			
Émission d'actions ordinaires [(175 000 $ – 131 100 $) – 20 000 $]	23 900		
Remboursement d'hypothèque	(27 000)		
Versement de dividendes en argent	<u>(20 000)</u>		
Sorties nettes affectées aux activités de financement		<u>(23 100)</u>	
Augmentation nette de la trésorerie		122 400	
Trésorerie, le 1er janvier 2002		<u>38 400</u>	

Trésorerie, le 31 décembre 2002		<u>160 800</u> $

Opérations d'investissement et de financement sans effet sur la trésorerie

Émission d'actions ordinaires pour l'achat d'immobilisations		<u>20 000</u> $

*   440 000 $ – 74 200 $

**   130 000 $ + 54 600 $ – 34 800 $

Exercice 4-15 (30-40 minutes)

BRECCO LTÉE
État des flux de trésorerie
pour l'exercice terminé le 31 décembre 2002

Flux de trésorerie d'exploitation		
Moins: Rentrées de liquidités reçues des clients		327 150 $[a]
Sorties de liquidités destinées aux fournisseurs	149 000 $ [b]	
Sorties de liquidités pour frais d'exploitation	89 000 [c]	
Sortie de liquidités pour intérêts	11 400	
Sortie de liquidités pour impôts	<u>8 750</u> [d]	<u>258 150</u>
Rentrées nettes provenant des activités d'exploitation		69 000
Flux de trésorerie d'investissement		
Vente de matériel [(20 000 × 30 %) + 2 000]		8 000
Achat de matériel	(44 000)	
Acquisition de titres de placement susceptibles de vente	<u>(17 000)</u>	
Sorties nettes affectées aux activités d'investissement		(53 000)
Flux de trésorerie de financement		
Remboursement du principal d'un emprunt à court terme	(2 000)	
Remboursement du principal d'un emprunt à long terme	(9 000)	
Versement de dividendes	<u>(6 000)</u>	
Sorties nettes affectées aux activités de financement		<u>(17 000)</u>
Diminution nette de la trésorerie		(1 000)
Trésorerie, le 1er janvier 2002		<u>7 000</u>
Trésorerie, le 31 décembre 2002		<u>6 000</u> $
a. Chiffre d'affaires	338 150 $	
– augmentation des comptes clients	<u>(11 000)</u>	
Rentrées de liquidités reçues des clients		<u>327 150</u> $
b. Coût des marchandises vendues	175 000 $	
– augmentation des comptes fournisseurs	(6 000)	

– diminution des stocks	(20 000)	
Sorties de liquidités destinées aux fournisseurs		149 000 $

c.	Frais d'exploitation	120 000 $	
	+ augmentation du loyer payé d'avance	1 000	
	– dotation aux amortissements	(24 000)	
	– amortissement du brevet d'invention	(4 000)	
	– augmentation des salaires à payer	(4 000)	
	Sorties de liquidités pour frais d'exploitation		89 000 $

d.	Impôts payés	6 750 $	
	+ diminution des impôts sur le bénéfice exigible	2 000	
	Sortie de liquidités pour payer les impôts		8 750 $

Exercice 4-16 (30-40 minutes)

BRECCO LTÉE

État des flux de trésorerie

pour l'exercice terminé le 31 décembre 2002

Flux de trésorerie d'exploitation		
Bénéfice net		27 000 $
Ajustements pour rapprocher le bénéfice net et les rentrées nettes provenant des activités d'exploitation		
Dotation à l'amortissement	24 000 $*	
Amortissement du brevet d'invention	4 000	
Profit sur la vente de matériel	(2 000)	
Diminution des stocks	20 000	
Augmentation des salaires à payer	4 000	
Augmentation des comptes fournisseurs	6 000	
Augmentation du loyer payé d'avance	(1 000)	
Augmentation des comptes clients	(11 000)	
Diminution des Impôts exigibles	(2 000)	
Total des ajustements		42 000
Rentrées nettes provenant des activités d'exploitation		69 000
Flux de trésorerie d'investissement		
Vente de matériel [(20 000 $ × 30 %) + 2 000 $]	8 000	
Achat de matériel	(44 000)	
Acquisition de titres de placement susceptibles de vente	(17 000)	
Sorties nettes affectées aux activités d'investissement		(53 000)
Flux de trésorerie de financement		
Remboursement du principal d'un emprunt à court terme	(2 000)	

Remboursement du principal d'un emprunt à long terme	(9 000)	
Versement de dividendes	(6 000)	
Sorties nettes affectées aux activités de financement		(17 000)

Diminution nette de la trésorerie	(1 000)
Trésorerie, le 1er janvier 2002	7 000
Trésorerie, le 31 décembre 2002	6 000 $

Présentation supplémentaire de données de flux de trésorerie

Sorties de liquidités effectuées au cours de l'année pour

Intérêts débiteurs	11 400 $
Impôts sur le bénéfice	8 750 $

* 35 000 $ – [25 000 $ – (20 000 $ × 70 $)]

Exercice 4-17 (25-35 minutes)

ANTONIO BRASIL LTÉE

État des flux de trésorerie

pour l'exercice terminé le 31 décembre 2002

Flux de trésorerie d'exploitation			
Bénéfice net*			46 000 $
Ajustements pour rapprocher le bénéfice net et les rentrées nettes provenant des activités d'exploitation			
Dotation aux amortissements	20 000 $		
Perte sur la cession de titres de placement	9 000		
Perte sur la vente d'immobilisations	2 000		
Augmentation d'actif à court terme, sans effet sur le trésorerie	(25 000)		
Augmentation du passif à court terme	18 000	24 000	
Rentrées nettes provenant des activités d'exploitation		70 000	
Flux de trésorerie d'investissement			
Vente d'immobilisations	8 000		
Cession de titres de placement détenus jusqu'à leur échéance		34 000	
Achat d'immobilisations**	(170 000)		
Sorties nettes affectées aux activités d'investissement		(128 000)	
Flux de trésorerie de financement			
Émission d'obligations à payer	75 000		
Versement de dividendes	(10 000)		
Rentrées nettes provenant des activités de financement		65 000	

Augmentation nette de la trésorerie		7 000
Trésorerie, le 1er janvier 2002		8 000
Trésorerie, le 31 décembre 2002		15 000 $

* Bénéfice net: 57 000 $ – 9 000 $ – 2 000 $ = 46 000 $

** Calculs

(Achat d'immobilisations)

Immobilisations, le 31 décembre 2001	215 000 $
Moins: immobilisations vendues	(50 000)
	165 000
Immobilisations, le 31 décembre 2001	335 000
Immobilisations achetées au cours de l'exercice 2002	170 000 $

Exercice 4-18 (20-25 minutes)

a) Calcul des rentrées nettes provenant des activités d'exploitation

Bénéfice net (8 000 $ + 10 000 $) – 5 000 $		13 000 $
Ajustements pour rapprocher le bénéfice net et les rentrées nettes provenant des activités d'exploitation		
Dotation aux amortissements	14 000$*	
Perte sur la vente de matériel (6 000 – 3 000 $) 3 000		
Augmentation des comptes clients (45 000 $ – 55 000 $)	(10 000)	
Augmentation du stock de marchandises (45 000 $ – 65 000 $)	(20 000)	
Diminution des charges payées d'avance (25 000 $ – 15 000 $)	10 000	
Augmentation des comptes fournisseurs (65 000 $ – 52 000 $)	13 000	
Diminution des charges à payer (15 000 $ – 18 000 $)	(3 000)	7 000
Rentrées nettes provenant des activités d'exploitation		20 000 $

* [18 000 $ + (10 000 $ – 6 000 $)] – 8 000 $

b) Calcul des rentrées nettes provenant des activités d'investissement

Vente de matériel	3 000 $	
Achat de matériel [90 000 $ – (75 000 $ – 10 000 $)]	(25 000)	
Sorties nettes affectées aux activités d'investissement		(22 000)$

c)   Calcul des rentrées nettes provenant des activités de financement

Versement de dividendes en argent	(10 000)$	
Remboursement d'effets à payer	(23 000)	
Émission d'obligations à payer	30 000	
Sorties nettes affectées aux activités de financement		(3 000)$

Exercice 4-19 (30-40 minutes)

JOBIM INC.

État des flux de trésorerie

pour l'exercice terminé le 31 décembre 2002

Flux de trésorerie d'exploitation		
Bénéfice net		35 250 $
Ajustements pour rapprocher le bénéfice net et les rentrées nettes provenant des activités d'exploitation		
Dotation aux amortissements	13 500 $	
Profit sur cession de titres de placement	(2 000)	11 500
Rentrées nettes provenant des activités d'exploitation		46 750
Flux de trésorerie d'investissement		
Achat d'un terrain	(9 000)	
Cession de titres susceptibles de vente		12 875
Rentrées nettes provenant des activités d'investissement		3 875
Flux de trésorerie de financement		
Versement de dividendes	(9 375)	
Remboursement d'obligations à payer	(15 000)	
Émission d'actions ordinaires	10 000	
Sorties nettes affectées aux activités de financement		(14 375)
Augmentation nette de la trésorerie		36 250
Trésorerie, le 1er janvier 2002		8 500
Trésorerie, le 31 décembre 2002		44 750 $
Opérations d'investissement et de financement sans effet sur la trésorerie		
Émission d'obligations contre un terrain		22 500 $

b)

JOBIM INC.
Bilan
le 31 décembre 2002

Actif		Passif	
Caisse	44 750 $	Passif à court terme	15 000 $
Actif à court terme, autre que la trésorerie	29 000	Effets à payer, à long terme	25 500
Placements	9 125	Obligations à payer	32 500 [b]
Immobilisations (nettes)	54 000	Capital-actions	85 000
Terrain	71 500 [a]	Bénéfices non répartis	50 375 [c]
	208 375 $		208 375 $

a. 40 000 $ + 9 000 $ + 22 500 $

b. 25 000 $ – 15 000 $ + 22 500 $

c. 24 500 $ + 35 250 $ – 9 375 $

Exercice 4-20 (25-30 minutes)

ANITA BATTIN LTÉE
État des flux de trésorerie (partiel)
pour l'exercice terminé le 31 décembre 2002

Flux de trésorerie d'exploitation			
Bénéfice net			40 000 $
Ajustements pour rapprocher le bénéfice net et les rentrées nettes provenant des activités d'exploitation			
Dotation aux amortissements		16 800 $	
Perte sur la vente de matériel		5 800	22 600
Rentrées nettes provenant des activités d'exploitation			62 600
Flux de trésorerie d'investissement			
Achat d'outillage		(62 000)	
Vente d'outillage [(56 000 $ – 25 200 $) – 5 800 $]		25 000	
Réparations extraordinaires de l'outillage		(21 000)	
Coût de l'outillage construit		(48 000)	
Sorties nettes affectées aux activités d'investissement			(106 000)
Flux de trésorerie de financement			
Versement de dividendes en argent			(15 000)
Diminution de la trésorerie			(58 400)
Trésorerie, le 1er janvier 2002			XXX
Trésorerie le 31 décembre 2002			XXX $

Exercice 4-21 (20-25 minutes)

Bénéfices non répartis	15 000	
Financement – Dividendes en argent		15 000
Exploitation – Bénéfice net	40 000	
Bénéfices non répartis		40 000
Exploitation – Dotation aux amortissements	16 800	
Amortissement cumulé – Appareillage		16 800
Appareillage	110 000	
Investissement – Achat d'appareillage		62 000
Investissement – Construction d'appareillage		48 000
Amortissement cumulé – Appareillage	21 000	
Investissement – Réparations extraordinaires – appareillage		21 000
Exploitation – Perte sur la vente d'appareillage	5 800	
Amortissement cumulé – Appareillage	25 200	
Investissement – Vente d'appareillage	25 000	
Appareillage		56 000

Exercice 4-22 (20-25 minutes)

1.	Obligations à payer	300 000	
	Capital-actions		300 000
	(opérations d'investissement et de financement sans effet sur la trésorerie)		
2.	Exploitation – Bénéfice net	410 000	
	Bénéfices non répartis		410 000
3.	Exploitation – Dotation à l'amortissement	90 000	
	Amortissement cumulé – Bâtiment		90 000
4.	Affectation pour l'emprunt obligataire	300 000	
	Bénéfices non répartis		300 000
	(écriture destinée à mettre les comptes en équilibre, et ne figurant pas dans l'état financier)		

5.	Amortissement cumulé – Matériel de bureau	30 000		
	Matériel de bureau	10 000		
	Exploitation – Profit sur l'échange de matériel de bureau		6 000	
	Investissement – Achat de matériel de bureau		34 000	
6.	Bénéfices non répartis	123 000		
	Dividendes à payer en argent		123 000	
	(opération de financement sans effet sur la trésorerie)			

Exercice 4-23 (45-55 minutes)

STEFFI LTÉE

Feuille de travail pour la préparation de l'état des flux de trésorerie

pour l'exercice terminé le 31 décembre 2002

	Soldes au 2001-12-31	Éléments de rapprochement		Soldes au 2002-12-31
Débits		**Débits**	**Crédits**	
Caisse	21 000 $		(17) 4 500 $	16 500 $
Placements à court terme	19 000	(2) 6 000 $		25 000
Comptes clients	45 000		(3) 2 000	43 000
Charges payées d'avance	2 500	(4) 1 700		4 200
Stocks	65 000	(5) 16 500		81 500
Terrain	50 000			50 000
Bâtiments	73 500	(10) 51 500		125 000
Matériel	46 000	(11) 7 000		53 000
Matériel de livraison	39 000			39 000
Brevets	_____	(12) 15 000		15 000
Total des débits	361 000 $			452 200 $
Crédits				
Comptes fournisseurs	16 000 $		(6) 10 000 $	26 000 $
Effets à payer à court terme	6 000	(7) 2 000 $		4 000
Charges à payer	4 600	(8) 1 600		3 000
Provision pour créances douteuses	2 000	(3) 200		1 800
Amortiss. cumul. - Bâtiments	23 000		(13) 7 000	30 000
Amortiss. cumul. - Matériel	15 500		(13) 3 500	19 000
Amortiss. cumul.- Matériel de livraison	20 500		(13) 1 500	22 000
Emprunt hypothécaire	53 400		(14) 19 600	73 000
Obligations à payer	62 500	(16) 12 500		50 000
Capital-actions	102 000		(15) 38 000	140 000
Surplus d'apport	4 000		(15) 6 000	10 000
Bénéfices non répartis	51 500	(9) 15 000	(1) 36 900	73 400
Total des crédits	361 000 $			452 200 $

Incidences sur l'état des flux de trésorerie

Activités d'exploitation

Bénéfice net	(1) 36 900 $	
Amortissement	(13) 12 000	
Diminution des comptes clients (nets)	(3) 1 800	
Augment. des charges payées d'avance		(4) 1 700 $
Augment. des stocks		(5) 16 500
Augment. des comptes fournisseurs	(6) 10 000	
Diminution des effets à payer		(7) 2 000
Diminution des charges reportées		(8) 1 600

Activités d'investissement

Acquisition de titres susceptibles de vente		(2) 6 000
Achat d'un bâtiment		(10) 51 500
Achat de matériel		(11) 7 000
Acquisition de brevets		(12) 15 000

Activités de financement

Versement de dividendes en argent		(9) 15 000
Emprunt hypothécaire	(14) 19 600	
Cession d'actions	(15) 44 000	
Remboursement d'obligations	_____	(16) 12 500
Totaux	253 300	257 800
Diminution de la trésorerie	(17) 4 500	_____
Totaux	257 800 $	257 800 $

Exercice 4-24 (25-30 minutes)

a)

ELLIOT LTÉE

État des flux de trésorerie

pour l'exercice terminé le 31 décembre 2001

Flux de trésorerie d'exploitation		
Bénéfice net		42 000 $
Ajustements pour rapprocher le bénéfice net et les rentrées nettes provenant des activités d'exploitation		
Dotation aux amortissements (a)	13 550 $	
Profit sur la cession de titres de placement (b)	(500)	13 050
Rentrées nettes provenant des activités d'exploitation		55 050

Flux de trésorerie d'investissement

Achat de terrain (c)	(5 500)	
Cession de titres de placement (d)	<u>15 500</u>	
Rentrées nettes provenant des activités d'investissement		10 000

Flux de trésorerie de financement

Versement de dividendes (e)	(19 000)	
Remboursement d'obligations (f)	(10 000)	
Émission d'actions ordinaires (g)	<u>20 000</u>	
Sorties nettes affectées aux activités de financement		<u>(9 000)</u>

Augmentation (diminution) nette de la trésorerie	56 050
Trésorerie, le 1er janvier 1998	<u>10 000</u>
Trésorerie, le 31 décembre 1998	<u>66 050</u> $

Opérations d'investissement et de financement sans effet sur la trésorerie

Émission d'obligations contre de la machinerie lourde	<u>32 000</u> $

b)   (Lettre à M. Brault)

Monsieur,

Veuillez trouver ci-joint l'état des flux de trésorerie de votre entreprise pour l'exercice terminé le 31 décembre 2001. Je profite de cette occasion pour vous faire part des changements qui se sont produits dans votre entreprise en raison des activités de trésorerie survenues au cours de 2001. (Pour me suivre, s'il vous plaît, reportez-vous à l'état des flux de trésorerie ci-joint.)

La première catégorie représente le flux de trésorerie découlant de toutes vos activités d'exploitation. Les activités d'exploitation sont celles qui se déroulent pour la gestion quotidienne des affaires; elles comprennent la plupart des opérations qui servent à déterminer le bénéfice net. Les flux de trésorerie provenant de l'exploitation qui influent sur cette catégorie constituent le bénéfice net. Il faut cependant ajuster leur chiffre pour prendre en compte, en premier lieu, les amortissements (poste a), car cette charge n'a pas engendré de sorties de liquidités au cours de 2001, et, en second lieu, le profit de 500 $ sur la cession de votre portefeuille de placement (poste b). Il faut retrancher ce profit de cette section, puisqu'il a été ajouté au bénéfice net, alors qu'il ne provenait pas d'une activité d'exploitation; il s'agit plutôt d'une activité d'investissement. La seconde catégorie, le flux de trésorerie d'investissement, représente normalement le résultat de toute acquisition ou aliénation d'éléments d'actif de longue durée. Votre achat de terrain (poste c) ainsi que la cession de vos titres de placement (poste d) constituent vos activités d'investissement pour 2001, l'achat de terrain représentant une sortie de liquidités de 5 500 $ et la cession des placements, une rentrée de liquidités de 15 500 $.

Les flux de trésorerie découlant de l'émission d'actions et du remboursement de créances sont classés de manière appropriée dans la catégorie du «Flux de trésorerie de financement». Ces rentrées et sorties de liquidités font généralement partie des postes du passif et des capitaux propres du bilan. Parmi les exemples de vos activités de financement qui engendrent des flux de trésorerie, on peut citer le versement de dividendes (poste e), le remboursement de vos obligations à payer (poste f) et votre émission d'actions ordinaires (poste g). J'aimerais souligner le fait que, bien que vous ayez procédé à une émission d'obligations pour une somme de 32 000 $ pour l'achat de machinerie lourde, cette opération n'a eu aucune incidence sur les flux de trésorerie entre le 1er janvier 2001 et le 31 décembre 2001.

J'espère que ces renseignements vous permettront de mieux comprendre l'état des flux de trésorerie ci-joint. Si je puis encore vous aider en quoi que ce soit, n'hésitez pas à me le faire savoir.

Veuillez agréer, Monsieur, l'expression de mes sentiments les meilleurs.

DURÉES ET OBJECTIFS DES PROBLÈMES

Problème 4-1 (40-45 minutes)

Objectif – Comprendre les procédures à suivre pour la préparation d'un état des flux de trésorerie. L'étudiant doit préparer cet état financier au moyen de la méthode indirecte.

Problème 4-2 (40-45 minutes)

Objectif – Comprendre les procédures à suivre pour la préparation d'un état des flux de trésorerie, y compris le tableau des activités d'investissement et de financement sans effet sur la trésorerie. L'étudiant doit préparer cet état financier selon la méthode indirecte et doit prendre en compte le traitement d'un élément extraordinaire.

Problème 4-3 (50-60 minutes)

Objectif – Comprendre les procédures à suivre pour la préparation d'un état des flux de trésorerie. L'étudiant doit utiliser la méthode directe pour préparer cet état financier.

Problème 4-4 (45 à 60 minutes)

Objectif – Comprendre les procédures à suivre pour la préparation d'un état des flux de trésorerie. L'étudiant doit préparer cet état financier au moyen de la méthode directe, et y inclure un tableau de rapprochement.

Problème 4-5 (45-55minutes)

Objectif – Comprendre les procédures à suivre pour la préparation d'un état des flux de trésorerie. L'étudiant doit préparer cet état financier au moyen de la méthode indirecte.

Problème 4-6 (45-55 minutes)

Objectif – Comprendre les procédures à suivre pour la préparation d'un état des flux de trésorerie au moyen de la méthode directe.

Problème 4-7 (45-60 minutes)

Objectif – Comprendre les procédures à suivre pour la préparation d'un état des flux de trésorerie, comprenant des éléments inhabituels et extraordinaires. L'étudiant doit préparer cet état financier au moyen de la méthode indirecte et y inclure tous les tableaux et calculs nécessaires.

Problème 4-8 (50-60 minutes)

Objectif – Comprendre les procédures à suivre pour la préparation d'un état des flux de trésorerie. L'étudiant doit préparer cet état financier au moyen de la méthode indirecte et doit également décider du traitement approprié d'une provision en vue d'une réduction de l'exploitation.

Problème 4-9 (40-50 minutes)

Objectif – Comprendre les procédures à suivre pour la préparation d'un état des flux de trésorerie. L'étudiant doit préparer cet état financier au moyen de la méthode indirecte et calculer le flux de trésorerie d'exploitation à l'aide de la méthode directe.

Problème 4-10 (30-40 minutes)

Objectif – Comprendre les procédures à suivre pour la préparation d'un état des flux de trésorerie à l'aide de la méthode directe. L'étudiant doit préparer la section des activités d'exploitation de cet état financier au moyen de la méthode indirecte.

Problème 4-11 (30-40 minutes)

Objectif – Comprendre les deux méthodes, directe et indirecte. L'étudiant doit calculer d'abord le flux de trésorerie d'exploitation selon la méthode directe. Ensuite, il préparera cet état financier au moyen de la méthode indirecte.

Problème 4-12 (30-40 minutes)

<u>Objectif</u> – Comprendre la méthode indirecte. L'étudiant doit déterminer comment les sections des activités d'exploitation, d'investissement et de financement d'un état des flux de trésorerie varieront dans diverses situations.

SOLUTIONS DES PROBLÈMES

Problème 4-1

MÉTHODIQUE LTÉE.

État des flux de trésorerie

pour l'exercice terminé le 31 décembre 2002

Flux de trésorerie d'exploitation		
Bénéfice net		370 000 $
Ajustements pour rapprocher le bénéfice net et les rentrées nettes provenant des activités d'exploitation		
Amortissements	150 000$[a]	
Profit sur la vente de matériel	(5 000)[b]	
Participation aux bénéfices de la société Blige	(30 000)[c]	
Diminution des comptes clients	40 000	
Augmentation des stocks	(135 000)	
Augmentation des comptes fournisseurs	60 000	
Diminution des Impôts exigibles	(20 000)	60 000
Rentrées nettes provenant des activités d'exploitation		430 000
Flux de trésorerie d'investissement		
Produit de la vente de matériel	40 000	
Prêt accordé à TLC Co.	(300 000)	
Paiement du principal d'un prêt à recevoir	37 500	
Sorties nettes affectées aux activités d'investissement		(222 500)
Flux de trésorerie de financement		
Versement de dividendes	(100 000)	
Sorties nettes affectées aux activités de financement		(100 000)
Augmentation nette de la trésorerie		107 500
Trésorerie, le 1er janvier 2002		700 000
Trésorerie, le 31 décembre 2002		807 500 $

Tableau ajouté au bas de l'état des flux de trésorerie

Opérations d'investissement et de financement sans effet sur la trésorerie

Émission d'obligations pour le contrat de location-acquisition	400 000 $

Explication des montants

a.   Amortissements

Augmentation nette des amortissements cumulés au cours de l'exercice terminé le 31 décembre 2002		125 000 $
Amortissement cumulé sur le matériel vendu		
Coût	60 000 $	
Valeur comptable	<u>35 000</u>	<u>25 000</u>
Amortissement pour 2002		<u>150 000 $</u>

b.   Profit sur la vente de matériel

Produit de la vente	40 000 $
Valeur comptable	<u>(35 000)</u>
Profit	<u>5 000 $</u>

c.   Participation au bénéfice de la société Blige Co.

Bénéfice net de la société Blige en 2002	120 000 $
Participation de Méthodique ltée	<u>25 %</u>
Bénéfices non répartis de la société Blige Co.	<u>30 000 $</u>

Problème 4-2

CHICOINE LTÉE

État des flux de trésorerie

pour l'exercice terminé le 31 décembre 2002

Flux de trésorerie d'exploitation		
Bénéfice net[a]		14 750 $
Ajustements pour rapprocher le bénéfice net et les rentrées nettes provenant des activités d'exploitation		
Perte sur la vente de matériel[b]	5 200 $	
Profit provenant de l'assurance pour l'inondation	(8 250)	
Dotation aux amortissements[c]	800	
Amortissement – Brevet	1 250	
Profit sur la cession de titres de placement	(3 700)	
Augmentation des comptes clients (nets)	(3 750)	
Augmentation des stocks	(3 000)	
Augmentation des comptes fournisseurs	<u>2 000</u>	<u>(9 450)</u>
Rentrées nettes provenant des activités d'exploitation		5 300

Flux de trésorerie d'investissement

Cession de titres de placement	6 700	
Vente de matériel	2 500	
Achat de matériel	(15 000)	
Montant de l'assurance pour l'inondation du bâtiment	<u>32 000</u>	
Rentrées nettes provenant des activités d'investissement		26 200

Flux de trésorerie de financement

Versement de dividendes	(5 000)	
Remboursement d'un effet à court terme	<u>(1 000)</u>	
Sorties nettes affectées aux activités de financement		<u>(6 000)</u>

Augmentation nette de la trésorerie	25 500
Trésorerie, le 1er janvier 2002	<u>13 000</u>
Trésorerie, le 31 décembre 2002	<u>38 500</u> $

Informations supplémentaires présentées au sujet des flux de trésorerie

Sorties de liquidités effectuées au cours de l'exercice

Intérêts débiteurs	2 000 $
Impôts sur le bénéfice	6 500 $

Opérations d'investissement et de financement sans effet sur la trésorerie

Remboursement d'un effet par l'émission d'actions ordinaires	10 000 $
Achat de matériel contre un effet à payer	<u>16 000</u>
	<u>26 000</u> $

Calculs détaillés

a.	Bénéfices non répartis, en fin d'exercice	20 750 $
	Bénéfices non répartis, en début d'exercice	<u>(6 000)</u>
	Bénéfice net	<u>14 750</u> $

b.	Prix coûtant	11 000 $
	Amortissement cumulé (30 % × 11 000 $)	<u>(3 300)</u>
	Valeur comptable	7 700
	Produit de la vente	<u>(2 500)</u>
	Perte sur la vente	<u>5 200</u> $

c.	Amortissement cumulé sur le matériel vendu	3 300 $
	Diminution de l'amortissement cumulé	<u>(2 500)</u>
	Dotation aux amortissements	800 $

Problème 4-3

MARDI GRAS LTÉE

État des flux de trésorerie

pour l'exercice terminé le 31 décembre 2002

(en milliers de dollars)

Flux de trésorerie d'exploitation		
Rentrées de liquidités reçues des clients[a]		3 560 $
Sorties de liquidités pour payer la marchandise[b]	1 280 $	
Salaires et charges sociales	725	
Chauffage, éclairage et électricité	75	
Taxes foncières	19	
Intérêts	30	
Frais divers	10	
Impôts sur le bénéfice[c]	798	2 937
Rentrées nettes provenant des activités d'exploitation		623
Flux de trésorerie d'investissement		
Cession de titres susceptibles de vente	50	
Achat de bâtiments et de matériel	(310)	
Achat d'un terrain	(80)	
Sorties nettes affectées aux activités d'investissement		(340)
Augmentation nette de la trésorerie		283
Trésorerie, le 1er janvier 2002		100
Trésorerie, le 31 décembre 2002		383 $
Opérations de financement sans effet sur la trésorerie		
Versement d'un dividende en actions		600

Note: On peut conclure que l'écart de 600 $ à propos des bénéfices non répartis [(310 + 818) − 528] correspond à un dividende en actions puisque le capital-actions a aussi varié de 600 $.

a.	Chiffre d'affaires	3 800 $
	Moins: solde de clôture des comptes clients	(740)
		3 060
	Plus: solde d'ouverture des comptes clients	500
	Rentrées de liquidités (reçus des clients)	3 560 $

b.	Coût des marchandises vendues		1 200 $
	Plus: solde de clôture – Stocks		<u>720</u>
	Marchandise disponible pour la vente		1 920
	Moins: solde d'ouverture – Stocks		<u>(560)</u>
	Achats		1 360
	Moins: solde de clôture – Comptes fournisseurs		<u>(420)</u>
			940
	Plus: solde d'ouverture – Comptes fournisseurs		<u>340</u>
	Achats au comptant (sorties de liquidités pour marchandises)		<u>1 280</u> $
c.	Impôts sur le bénéfice		818 $
	Moins: solde de clôture – Impôts exigibles		<u>(40)</u>
			778
	Plus: solde d'ouverture – Impôts exigibles		<u>20</u>
	Impôts sur le bénéfice (en argent)		<u>798</u> $

Problème 4-4

CLEVELAND LTÉE

État des flux de trésorerie

pour l'exercice terminé le 31 décembre 2001

(Méthode directe)

Flux de trésorerie d'exploitation		
Rentrées de liquidités des clients		1 155 450 $[a]
Dividendes reçus	2 400	
Sorties de liquidités aux fournisseurs	(760 000)[b]	
Sorties de liquidités pour charges d'exploitation	(226 350)[c]	
Sorties de liquidités pour impôts	(38 400)[d]	
Sorties de liquidités pour intérêts	<u>(57 300)</u>[e]	
Rentrées nettes provenant des activités d'exploitation		75 800 $
Flux de trésorerie d'investissement		
Cession de titres de placement susceptibles de vente	14 000	
Vente de terrain	58 000	
Acquisition de matériel	<u>(125 000)</u>	
Sorties nettes affectées aux activités d'investissement		(53 000)
Flux de trésorerie de financement		
Produit de l'émission d'actions ordinaires	22 500	
Remboursement du principal d'une créance à long terme	(10 000)	
Versement de dividende	<u>(24 300)</u>	
Sorties nettes affectées aux activités de financement		<u>(11 800)</u>

Augmentation nette de la trésorerie   11 000
Trésorerie, le 1er janvier 2001   4 000
Trésorerie, le 31 décembre 2001   15 000 $

a. Chiffre d'affaires   1 160 000 $
    – Augmentation des comptes clients   (4 550)
    Rentrées de liquidités des clients   1 155 450 $

b. Coût des marchandises vendues   748 000 $
    + augmentation des stocks   7 000
    + diminution des comptes fournisseurs   5 000
    Sorties de liquidités aux fournisseurs   760 000 $

c. Charges d'exploitation   276 400 $
    – dotations aux amortissements   (40 500)
    – diminution du loyer payé d'avance   (9 000)
    + augmentation de l'assurance payée d'avance   1 200
    + augmentation des fournitures de bureau   250
    – augmentation des salaires à payer   (2 000)
    Sorties de liquidités pour charges d'exploitation   226 350 $

d. Sortie de liquidités pour impôts   39 400 $
    – augmentation des Impôts exigibles   (1 000)
                                                                          38 400 $

e. Sorties de liquidités pour intérêts   51 750 $
    + diminution de la prime d'émission d'obligations   5 550
                                                                          57 300 $

Rapprochement du bénéfice net et des rentrées nettes provenant des activités d'exploitation

Bénéfice net		58 850 $
Ajustements pour rapprocher le bénéfice net et les rentrées nettes provenant des activités d'exploitation		
Dotations aux amortissements	40 500 $	
Diminution du loyer payé d'avance	9 000	
Augmentation des impôts exigibles	1 000	
Augmentation des salaires à payer	2 000	
Augmentation des comptes clients	(4 550)	
Augmentation des stocks	(7 000)	
Augmentation de l'assurance payée d'avance	(1 200)	
Augmentation des fournitures de bureau	(250)	
Diminution des comptes fournisseurs	(5 000)	
Profit sur la vente du terrain	(8 000)	
Profit sur la cession de titres susceptibles de vente	(4 000)	
Amortissement de la prime d'émission d'obligations	(5 550)	
Total des ajustements		16 950
Rentrées nettes provenant des activités d'exploitation		75 800 $

Problème 4-5

SAMUEL LTÉE

État des flux de trésorerie

pour l'exercice terminé le 31 décembre 2001

Flux de trésorerie d'exploitation		
Bénéfice net		257 120 $
Ajustements pour rapprocher le bénéfice net et les rentrées nettes provenant des activités d'exploitation		
Dotations aux amortissements[a]	67 000 $	
Diminution de l'assurance payée d'avance	6 000	
Diminution des fournitures de bureau	3 000	
Augmentation des comptes fournisseurs	25 000	
Augmentation des impôts exigibles	11 000	
Augmentation des charges à payer	7 000	
Amortissement de l'escompte d'émission d'obligations	13 880	
Profit sur la vente de matériel	(15 000)	
Participation au bénéfice d'une société émettrice, après dividendes (115 000 $ – 40 000 $)	(75 000)	
Augmentation des comptes clients	(34 000)	
Augmentation des stocks	(50 000)	
Total des ajustements		(41 120)
Rentrées nettes provenant des activités d'exploitation		216 000

Flux de trésorerie d'investissement

Produit de la vente de matériel	60 000	
Acquisition de titres susceptibles de vente	(35 000)	
Acquisition de terrain	(165 000)	
Sorties nettes affectées aux activités d'investissement		(140 000)

Flux de trésorerie de financement

Produit de l'émission d'actions privilégiées	135 000	
Produit de la cession d'actions autodétenues	20 000	
Remboursement du principal d'une créance à long terme	(5 000)	
Versement de dividendes	(210 000)	
Sorties nettes affectées aux activités de financement		(60 000)

Augmentation nette de la trésorerie	16 000
Trésorerie, le 1er janvier 2001	30 000
Trésorerie, le 31 décembre 2001	46 000 $

Information supplémentaire présentée au sujet des flux de trésorerie

Sorties de liquidités effectuées au cours de l'exercice

Intérêts débiteurs	85 000 $
Impôts sur le bénéfice	160 413 $

a.	Dotation à l'amortissement – Bâtiment	40 000 $
	Dotation à l'amortissement – Matériel	25 000 *
	Amortissement du brevet	2 000
	Total des dotations aux amortissements	67 000 $

*	Coût du matériel vendu	50 000 $
	Moins: Valeur comptable	(45 000)
	Amortissement cumulé sur le matériel vendu	5 000
	Solde de clôture de l'amortissement cumulé – Matériel	155 000
		160 000
	Solde d'ouverture de l'amortissement cumulé – Matériel	(135 000)
	Dotation à l'amortissement – Matériel	25 000 $

Problème 4-6

SAMUEL LTÉE

État des flux de trésorerie

pour l'exercice terminé le 31 décembre 2001

Flux de trésorerie d'exploitation

Rentrées de liquidités des clients	973 500$[a]	
Rentrées de liquidités de dividendes	55 000	
Sorties de liquidités aux fournisseurs	(428 000)[b]	
Sorties de liquidités pour charges d'exploitation	(139 087)[c]	
Sorties de liquidités pour intérêts	(85 000)[d]	
Sorties de liquidités pour impôts	(160 413)[e]	
Rentrées nettes provenant des activités d'exploitation		216 000$

Flux de trésorerie d'investissement

Produit de la vente de matériel	60 000$	
Acquisition de titres susceptibles de vente	(35 000)	
Acquisition de terrain	(165 000)	
Sorties nettes affectées aux activités d'investissement		(140 000)

Flux de trésorerie de financement

Produit de l'émission d'actions privilégiées	135 000	
Produit de la cession d'actions autodétenues	20 000	
Remboursement du principal d'une créance à long terme	(5 000)	
Versement de dividendes	(210 000)[f]	
Sorties nettes affectées aux activités de financement		(60 000)

Augmentation nette de la trésorerie		16 000
Trésorerie, le 1er janvier 2001		30 000
Trésorerie, le 31 décembre 2001		46 000$

Rapprochement du bénéfice net et des rentrées nettes provenant des activités d'exploitation

Bénéfice net		257 120$
Ajustements pour rapprocher le bénéfice net et les rentrées nettes provenant des activités d'exploitation		
Dotations aux amortissements[g]	67 000$	
Diminution de l'assurance payée d'avance	6 000	
Diminution des fournitures de bureau	3 000	
Augmentation des comptes fournisseurs	25 000	
Augmentation des impôts exigibles	11 000	
Augmentation des charges à payer	7 000	
Amortissement de l'escompte d'émission d'obligations	13 880	
Profit sur la vente de matériel	(15 000)	

Participation au bénéfice d'une société émettrice, après dividendes	(75 000)	
Augmentation des comptes clients	(34 000)	
Augmentation des stocks	(50 000)	
Total des ajustements		(41 120)
Rentrées nettes provenant des activités d'exploitation		216 000 $

a.	Chiffre d'affaires	1 007 500 $
	– Augmentation des comptes clients	(34 000)
	Rentrées de liquidités des clients	973 500 $
b.	Coût des marchandises vendues	403 000 $
	+ Augmentation des stocks	50 000
	– Augmentation des comptes fournisseurs	(25 000)
	Sorties de liquidités aux fournisseurs	428 000 $
c.	Frais d'exploitation	222 087 $
	– Dotations aux amortissements	(65 000)
	– Amortissement du brevet	(2 000)
	– Diminution de l'assurance payée d'avance	(6 000)
	– Diminution des fournitures de bureau	(3 000)
	– Augmentation des charges à payer	(7 000)
	Sorties de liquidités pour charges d'exploitation	139 087 $
d.	Intérêts débiteurs	98 880
	– Amortissement de l'escompte d'émission d'obligations	(13 880)
	Sorties de liquidités pour intérêts	85 000 $
e.	Impôts exigibles	171 413
	– Augmentation des Impôts exigibles	(11 000)
	Sortie de liquidités pour impôts	160 413 $
f.	Dividendes de l'exercice considéré	130 000 $
	+ Diminution des dividendes à payer	80 000
	Sorties de liquidités pour dividendes	210 000 $
g.	Dotation à l'amortissement – Bâtiment	40 000 $
	Dotation à l'amortissement – Matériel	25 000 *
	Amortissement du brevet	2 000
	Total des dotations aux amortissements	67 000 $

* Coût du matériel vendu		50 000 $
Moins: Valeur comptable		(45 000)
Amortissement cumulé sur le matériel vendu		5 000
Solde de clôture de l'amortissement cumulé – Matériel		155 000
		160 000
Solde d'ouverture de l'amortissement cumulé – Matériel		(135 000)
Dotation à l'amortissement – Matériel		25 000 $

Problème 4-7

SURPRENANT LTÉE

État des flux de trésorerie

pour l'exercice terminé le 31 décembre 2002

(Méthode indirecte)

Flux de trésorerie d'exploitation		
Bénéfice net* 115 000 $		
Ajustements pour rapprocher le bénéfice net et les rentrées nettes provenant des activités d'exploitation		
Perte sur la vente d'outillage (4)	4 200 $	
Profit sur le remboursement d'obligations (5)	(425)	
Amortissement – Outillage (4)	48 200	
Amortissement – Bâtiment (8)	31 200	
Amortissement des brevets (3)	10 000	
Amortissement de la marque de commerce	10 000	
Amortissement de l'escompte d'émission d'obligations (6)	87	
Amortissement de la prime d'émission d'obligations (5)	(75)	
Participation au bénéfice d'une société émettrice (7)	(10 500)	
Augmentation des comptes clients (nets)	(131 124)	
Augmentation des stocks	(131 700)	
Augmentation des charges payées d'avance	(4 000)	
Augmentation des impôts exigibles	10 650	
Augmentation des comptes fournisseurs	19 280	(144 207)
Sorties nettes affectées aux activités d'exploitation		(29 207)

Flux de trésorerie d'investissement

Vente d'outillage (4)	7 000	
Participation dans une filiale (7)	(100 000)	
Ajout de bâtiments	(127 300)	
Réparations extraordinaires de bâtiments (8)	(7 200)	
Acquisition d'outillage (4)	(33 400)	
Acquisition d'un brevet (3)	(15 000)	
Augmentation de la valeur de rachat d'une assurance-vie	(504)	
Sorties nettes affectées aux activités d'investissement		(276 404)

Flux de trésorerie de financement

Remboursement d'obligations (5)	(101 900)	
Émission d'obligations, moins frais d'émission (6)	120 411	
Émission d'actions	257 000	
Rentrées nettes provenant d'activités de financement		275 511

Diminution nette de la trésorerie	(30 100)
Trésorerie, le 1er janvier 2002	298 000
Trésorerie, le 31 décembre 2002	267 900 $

* Bénéfice net selon l'état des bénéfices non répartis (25 000 $ + 90 000 $)	115 000 $

Informations supplémentaires présentées au sujet des flux de trésorerie

Sorties de liquidités effectuées au cours de l'exercice

Intérêts débiteurs	10 500 $
Impôts sur le bénéfice	34 000 $

Opérations d'investissement et de financement sans effet sur la trésorerie

Réduction de la valeur comptable du capital-actions afin d'éliminer le déficit	425 000 $

Commentaires sur les postes numérotés

1. La sortie du déficit n'a aucune incidence sur la trésorerie. L'analyse du compte Capital-actions indique ce qui suit:

Solde au 31 décembre 2001	1 453 200 $
Retraitement de la valeur comptable du capital	425 000
Solde le 1er avril 2002	1 028 200 $

2. Émission de 29 600 actions, le 1er novembre 2002, pour 257 000 $

d'une valeur nominale de 5 $ l'action	148 000
Solde le 31 décembre 2002	1 176 200 $

3. Acquisition d'un brevet pour la somme de 15 000 $. L'analyse de l'activité de ce compte indique ce qui suit:

Solde le 31 décembre 2001	64 000 $
Acquisition	15 000
Total	79 000
Solde le 31 décembre 2002	(69 000)
L'amortissement a été imputé au bénéfice, ce qui n'a pas eu d'effet sur la trésorerie	10 000 $

4. Voici ce qu'indique l'analyse du compte Outillage:

Solde le 31 décembre 2001	190 000 $
Vente d'une partie de l'outillage	(16 400)
Total	173 600
Solde le 31 décembre 2002	(207 000)
Ajouts exigeant une sortie de liquidités	(33 400) $
Perte sur la vente	
(16 400 $ – 5 200 $) – 7 000 $	4 200 $
Analyse de l'amortissement cumulé – Appareillage	
Solde de l'amortissement cumulé le 31 décembre 2001	130 000 $
Montant de l'actif vendu	(5 200)
Solde	124 800
Solde le 31 décembre 2002	(173 000)
Amortissement imputé au bénéfice, ce qui n'a pas eu d'effet sur la trésorerie	(48 200) $

5.

Fonds pour le remboursement des obligations (après impôts)		101 900 $
Valeur nominale des obligations		100 000 $
Prime d'émission non amortie au 2001-12-31	2 400 $	
Amortissement au 2002-03-31, sans effet sur la trésorerie (6 000 $ ÷ 20) × 1/4	75	
Solde à la date du remboursement		2 325
Valeur comptable des obligations		102 325 $
Profit sur le remboursement (102 325 $ – 101 900 $)		425 $

6.

Valeur nominale de l'émission des obligations		125 000 $
Escompte sur 125 000 $ d'obligations émises	3 750 $	
Frais d'émission	839	
Total		(4 589)
Produit de l'émission		120 411 $
Amortissement sur 9 mois, sans effet sur la trésorerie	(87) *	
Variation du compte de l'escompte	4 502 $	

*   (4 589 $ ÷ 477 mois) × 9 mois = 87 $

7.	Acquisition d'actions exigeant une sortie de liquidités		100 000 $
	70 % du bénéfice de l'exercice de la filiale (15 000 $) qui n'a pas entraîné de rentrées de liquidités, mais que l'on a créditées au bénéfice		10 500
	Solde, le 31 décembre 2002		110 500 $

8.	Analyse de l'amortissement cumulé – Bâtiments		
	Solde le 31 décembre 2001		400 000 $
	Imputation des réparations extraordinaires, avec sortie de liquidités		(7 200)
			392 800
	Solde le 31 décembre 2002		(424 000)
	Amortissement imputé au bénéfice, sans incidence sur la trésorerie		(31 200) $

Commentaires sur d'autres postes

(non exigé)

Augmentation de la valeur de rachat de l'assurance, avec sortie nécessaire de liquidités	504 $
Augmentation de bâtiments, avec sortie nécessaire de liquidités	127 300
Diminution de la marque de commerce, opération sans effet sur la trésorerie imputée au bénéfice	10 000
Déclaration de dividendes, sans sortie de liquidités	70 000

L'affectation de fonds pour l'agrandissement des installations n'a pas eu d'effet sur la trésorerie

Problème 4-8

CAROL CYMBALA LTÉE

État des flux de trésorerie

pour l'exercice terminé le 31 décembre 2002

(en millions de dollars)

Flux de trésorerie d'exploitation		
Bénéfice net		90,3 $
Ajustements pour rapprocher le bénéfice net et les rentrées nettes provenant des activités d'exploitation		
Amortissement et coût d'exploitation forestière	114,6 $	
Provision pour réduction d'activités*	25,1	
Augmentation des impôts différés	53,6	
Augmentation des comptes clients, nets	(28,4)	
Diminution des stocks	9,1	
Diminution des charges payées d'avance	0,5	
Augmentation des comptes fournisseurs	10,9	
Augmentation des charges à payer	19,2	
	204,6	
Rentrées nettes provenant des activités d'exploitation		294,9

Flux de trésorerie d'investissement

Acquisition d'installations et de matériel	(182,5)	
Acquisition d'autres éléments d'actif	(40,0)	
Vente d'installations et de matériel	5,2	
Sorties nettes affectées aux activités d'investissement		(217,3)

Flux de trésorerie de financement

Augmentation du découvert bancaire	5,3	
Remboursement de créances arrivant à échéance	(10,5)	
Nouveaux emprunts à long terme	63,2	
Émission d'actions	10,1	
Remboursement de créances à long terme	(86,5)	
Dividendes en argent	(46,3)	
Sorties nettes affectées aux activités de financement		(64,7)

Augmentation nette de la trésorerie	12,9
Trésorerie, le 1er janvier 2002	7,5
Trésorerie, le 31 décembre 2002	20,4 $

Informations supplémentaires présentées au sujet des flux de trésorerie

Sorties de liquidités effectuées au cours de l'exercice

Intérêts débiteurs	21,2 $
Impôts sur le bénéfice	7,6 $

Tableau supplémentaire des opérations de financement sans effet sur la trésorerie

Conversion de créances en actions	37,4 $
Réagencement de créances arrivant à échéance	13,2
	50,6 $

* Provision pour réduction d'activités	41,0 $
Incidence sur la trésorerie	(15,9)
Portion sans incidence sur la trésorerie	25,1 $

Problème 4-9

a)   Flux de trésorerie d'exploitation

Rentrées de liquidités des clients[a]		527 850 $
Sorties de liquidités aux fournisseurs[b]	380 750 $	
Sorties de liquidités pour charges d'exploitation[c]	105 675	(486 425)
Rentrées nettes provenant des activités d'exploitation		41 425 $

a. 540 000 $ − 7 500 $ − 4 650 $* = <u>527 850 $</u>

b. 380 000 $ + 6 000 $ − 5 250 $ = <u>380 750 $</u>

c. 120 450 $ − 8 625 $ − 750 $ − 5 400 $ = <u>105 675 $</u>

* Sortie de montants à recevoir
[5 400 − (2 250 − 1 500)] = 4 650 $

b)

JEAN SECADA LTÉE

État des flux de trésorerie

pour l'exercice terminé le 31 décembre 2002

Flux de trésorerie d'exploitation		
Bénéfice net		42 500 $
Ajustements pour rapprocher le bénéfice net et les rentrées nettes provenant des activités d'exploitation		
Dotation aux amortissements	8 625 $	
Profit sur cession de titres de placement	(3 750)	
Perte sur la vente de matériel	800	
Augmentation des comptes clients (nets)	(6 750)	
Augmentation des stocks	(6 000)	
Augmentation des comptes fournisseurs	5 250	
Augmentation des charges à payer	<u>750</u>	<u>(1 075)</u>
Rentrées nettes provenant des activités d'exploitation		41 425
Flux de trésorerie d'investissement		
Acquisition de titres de placement	(3 750)	
Acquisition d'outillage	(15 000)	
Ajout aux bâtiments	(11 250)	
Cession de titres de placement	23 750	
Vente d'outillage	<u>2 200</u>	
Sorties nettes affectées aux activités d'investissement		(4 050)
Flux de trésorerie de financement		
Réduction de l'effet à long terme à payer	(5 000)	
Versement de dividendes	<u>(21 125)</u>	
Sorties nettes affectées aux activités de financement		<u>(26 125)</u>
Augmentation nette de la trésorerie		11 250
Trésorerie, le 1ᵉʳ janvier 2002		<u>33 750</u>
Trésorerie, le 31 décembre 2002		<u>45 000 $</u>

Problème 4-10

a) Selon le *SFAS No. 95*, il est acceptable de recourir soit à la méthode directe, soit à la méthode indirecte pour présenter le flux de trésorerie d'exploitation dans le but de préparer l'état des flux de trésorerie. Toutefois, le SFAS suggère plutôt de recourir à la méthode directe. En effet, avec cette méthode l'état des flux de trésorerie fait ressortir les principales catégories de rentrées et de sorties de liquidités. De plus, il communique plus d'informations, ce qui constitue probablement le plus grand avantage de cette méthode. Avec la méthode indirecte, le bénéfice net obtenu selon la comptabilité d'exercice doit être converti en bénéfice net de comptabilité de caisse. Il faut alors ajouter ou retrancher de ce bénéfice net toutes les opérations sans effet sur la trésorerie, ce qui établit un lien fort utile entre l'état des flux de trésorerie et les autres états financiers que sont le bilan et l'état des résultats.

b) Voici l'état des flux de trésorerie de la société Winnor, pour l'exercice terminé le 31 mai 2002.

WINNOR LTÉE

État des flux de trésorerie

pour l'exercice terminé le 31 mai 2002

Flux de trésorerie d'exploitation		
Rentrées de liquidités des clients		1 233 250 $
Sorties de liquidités		
aux fournisseurs	674 000 $	
aux employés	276 850	
à d'autres charges	10 150	
au versement d'intérêts	73 000	
au versement des impôts	43 000	1 077 000
Rentrées nettes provenant des activités d'exploitation		156 250
Flux de trésorerie d'investissement		
Acquisition d'immobilisations		(48 000)
Flux de trésorerie de financement		
Rentrée de liquidités venant de l'émission d'actions ordinaires	40 000	
Sorties de liquidités pour		
versement de dividendes	(105 000)	
remboursement d'obligations à payer	(30 000)	
Sorties nettes affectées aux activités de financement		(95 000)
Augmentation nette de la trésorerie		13 250
Trésorerie, le 1er juin 2001		20 000
Trésorerie, le 31 mai 2002		33 250 $

Note 1:   Tableau des opérations d'investissement et de financement sans effet sur la trésorerie.
Émission d'actions ordinaires pour l'achat d'immobilisations – 50 000 $

Détail des calculs

Rentrées de liquidités reçues des clients

Chiffre d'affaires	1 255 250 $	
Moins: Augmentation des comptes clients	22 000	
Liquidités reçues des clients	1 233 250 $	

Sorties de liquidités aux fournisseurs

Coût des marchandises vendues	722 000 $
Moins: Diminution du stock de marchandises	40 000
Augmentation des comptes fournisseurs	8 000
Liquidités versées aux fournisseurs	674 000 $

Sorties de liquidités destinées aux employés

Salaires	252 100 $
Plus: Diminution des salaires à payer	24 750
Montant versé aux employés	276 850 $

Sorties de liquidités destinées à d'autres charges

Autres charges	8 150 $
Plus: Augmentation des charges payées d'avance	2 000
Autres charges payées	10 150 $

Sorties de liquidités destinées au versement d'intérêts

Intérêts débiteurs	75 000 $
Moins: Augmentation des intérêts à payer	2 000
Sortie de liquidités en intérêts	73 000 $

Sorties de liquidités destinées au versement des impôts

Impôts sur le bénéfice versés (établis)	43 000 $

c)   Voici la section du flux de trésorerie d'exploitation de l'état des flux de trésorerie de la société Winnor, pour l'exercice terminé le 31 mai 2002, préparée à l'aide de la méthode indirecte:

WINNOR LTÉE
État des flux de trésorerie
pour l'exercice terminé le 31 mai 2002

Flux de trésorerie d'exploitation		
Bénéfice net		130 000 $
Ajustements pour rapprocher le bénéfice net et les rentrées nettes provenant des activités d'exploitation		
Dotation aux amortissements	25 000 $	
Diminution des stocks de marchandises	40 000	
Augmentation des comptes fournisseurs	8 000	
Augmentation des intérêts à payer	2 000	
Augmentation des comptes clients	(22 000)	
Augmentation des charges payées d'avance	(2 000)	
Diminution des salaires à payer	(24 750)	26 250
Rentrées nettes provenant des activités d'exploitation		156 250 $

Problème 4-11

a) Rentrées nettes de fonds provenant des activités d'exploitation

Rentrées de liquidités des clients (1)		935 000 $
Sorties de liquidités aux fournisseurs (2)	604 000 $	
Sorties de liquidités pour frais d'exploitation (3)	228 000	
Sorties de liquidités pour versement des impôts (4)	43 000	875 000
Rentrées nettes provenant des activités d'exploitation		60 000 $

(1) (Chiffre d'affaires) moins (augmentation des comptes clients)
950 000 $ – 15 000 $ = 935 000 $

(2) (Coût des marchandises vendues) plus (augmentation des stocks)
moins (augmentation des comptes fournisseurs)
600 000 $ + 14 000 $ – 10 000 $ = 604 000 $

(3) (Frais d'exploitation) moins (dotations aux amortissements)
moins (créances irrécouvrables)
250 000 $ – 20 000 $ – 2 000 $ = 228 000 $

(4) (Impôts) moins (augmentation des Impôts exigibles)
45 000 $ – 2 000 $ = 43 000 $

b)

BERNARD LTÉE
État des flux de trésorerie
pour l'exercice terminé le 31 décembre 2001

Flux de trésorerie d'exploitation		
Bénéfice net		67 000 $
Ajustements pour rapprocher le bénéfice net et les rentrées nettes provenant des activités d'exploitation		
Dotation aux amortissements	20 000 $	
Profit sur la cession de titres de placement	(15 000)	
Perte sur la vente de matériel	3 000	
Augmentation des comptes clients (nets)	(13 000)	
Augmentation des stocks	(14 000)	
Augmentation des comptes fournisseurs	10 000	
Augmentation des Impôts exigibles	2 000	(7 000)
Rentrées nettes provenant des activités d'exploitation		60 000 $
Flux de trésorerie d'investissement		
Acquisition de titres de placement	(5 000)	
Acquisition de matériel	(32 000)	
Cession de titres de placement	50 000	
Vente de matériel	3 000	
Rentrées nettes provenant des activités d'investissement		16 000

Flux de trésorerie de financement

Remboursement d'effets à long terme	(8 000)	
Versement de dividendes	(74 000)	
Émission d'actions ordinaires	35 000	
Sorties nettes affectées aux activités de financement		(47 000)

Augmentation nette de la trésorerie	29 000
Trésorerie, le 1er janvier 2001	51 000
Trésorerie, le 31 décembre 2001	80 000 $

Opérations d'investissement et de financement sans effet sur la trésorerie

Émission d'actions ordinaires pour l'achat d'un terrain	15 000 $

Problème 4-12

a)

SENECA LTÉE

État des flux de trésorerie

pour l'exercice terminé le 31 décembre 2001

Flux de trésorerie d'exploitation

Bénéfice net[a]			15 750 $
Ajustements pour rapprocher le bénéfice net et les rentrées nettes provenant des activités d'exploitation			
Perte sur la vente de matériel[b]	4 100 $		
Profit provenant de l'assurance pour l'inondation	(13 250)		
Dotation aux amortissements[c]	1 900		
Amortissement - Brevet	1 250		
Profit sur la cession de titres de placement	(2 500)		
Augmentation des comptes clients (nets)	(3 750)		
Augmentation des stocks	(3 000)		
Augmentation des comptes fournisseurs	2 000	(13 250)	
Rentrées nettes provenant des activités d'exploitation		2 500	

Flux de trésorerie d'investissement

Cession de titres de placement	5 500	
Vente de matériel	2 500	
Acquisition de matériel (comptant)	(15 000)	
Montant de l'assurance pour l'inondation du bâtiment	37 000	
Rentrées nettes provenant des activités d'investissement		30 000

Flux de trésorerie de financement

Versement de dividendes	(6 000)	
Remboursement d'un effet à court terme	(1 000)	
Sorties nettes affectées aux activités de financement		(7 000)

Augmentation de la trésorerie	25 500
Trésorerie, le 1ᵉʳ janvier 2001	13 000
Trésorerie, le 31 décembre 2001	38 500 $

Informations supplémentaires présentées au sujet des flux de trésorerie

Sorties de liquidités effectuées au cours de l'exercice

Intérêts débiteurs	2 000 $
Impôts sur le bénéfice	5 000 $

Opérations d'investissement et de financement sans effet sur la trésorerie

Remboursement d'un effet par l'émission d'actions ordinaires	10 000 $
Achat de matériel contre un effet à payer	16 000
	26 000 $

Détail des calculs

a.

Bénéfices non répartis, en fin d'exercice	20 750 $
Bénéfices non répartis, en début d'exercice	(5 000)
Bénéfice net	15 750 $

b.

Prix coûtant	11 000 $
Amortissement cumulé (40 % × 11 000 $)	(4 400)
Valeur comptable	6 600
Produit de la vente	(2 500)
Perte sur la vente	4 100 $

c.

Amortissement cumulé sur le matériel vendu	4 400 $
Diminution de l'amortissement cumulé	(2 500)
Dotation aux amortissements	1 900 $

b)   1.   Pour une société qui connaît de graves difficultés financières

Exploitation: Probablement de faibles rentrées ou sorties de liquidités.

Investissement: Probablement de fortes sorties de liquidités consécutives à la vente d'éléments d'actif, afin d'obtenir les liquidités nécessaires.

Financement: Probablement de fortes rentrées de liquidités pour le financement des créances (fonds d'emprunt) comme source de liquidités, à coût d'intérêt élevé.

2.   Pour une société récemment fondée, qui a connu une croissance rapide

Exploitation: Probablement d'importantes rentrées de liquidités.

Investissement: Probablement d'importantes sorties de liquidités pour la croissance de la société.

Financement: Probablement d'importantes sorties de liquidités pour financer la croissance.

DURÉES ET OBJECTIFS DES ÉTUDES DE CAS

Étude de cas 4-1 (30-35 minutes)

Objectif – Comprendre le contenu et la présentation appropriés d'un état des flux de trésorerie. L'étudiant doit analyser un état des rentrées et des sorties de liquidités et indiquer le traitement qui doit s'appliquer à diverses opérations.

Étude de cas 4-2 (30- 35 minutes)

Objectif – Présenter un état des flux de trésorerie en bonne et due forme. L'étudiant doit préparer cet état financier à l'aide de la méthode indirecte et exposer son point de vue sur cette présentation.

Étude de cas 4-3 (durée 30-35 minutes)

Objectif – Aider l'étudiant à savoir déterminer s'il s'agit d'une rentrée ou d'une sortie de liquidités. Pour chaque opération, l'étudiant doit indiquer s'il s'agit d'une provenance ou d'une affectation des fonds. Il doit également indiquer la bonne présentation de chaque opération.

Étude de cas 4-4 (20-30 minutes)

Objectif – Aider l'étudiant à reconnaître les sections d'un état des flux de trésorerie. On demande à l'étudiant d'indiquer si une opération appartient à la section de l'exploitation, d'investissement ou de financement de l'état financier.

Étude de cas 4-5 (30-40 minutes)

Objectif – Déterminer et expliquer l'utilité et les objectifs d'un état des flux de trésorerie; énumérer et décrire les catégories d'activités présentées dans un état des flux de trésorerie; indiquer et décrire les deux méthodes de préparation du flux de trésorerie d'exploitation et décrire la présentation des opérations sans effet sur la trésorerie.

SOLUTIONS DES ÉTUDES DE CAS

Étude de cas 4-1

a) Le principal objectif d'un état des flux de trésorerie est d'établir les variations de la trésorerie d'un exercice à l'autre. De plus, l'état financier illustré dans ce cas résume les activités de financement et d'investissement d'une entreprise en indiquant, notamment, dans quelle mesure les activités d'exploitation de l'entreprise ont généré des liquidités ou des équivalents de trésorerie au cours de l'exercice. Enfin, l'état des flux de trésorerie permet de connaître les variations de la trésorerie au cours de l'exercice. Les données présentées dans un tel état financier aident divers utilisateurs d'états financiers à prendre des décisions économiques pertinentes au sujet de l'entreprise considérée.

b) Du point de vue du fond et de la forme, voici les faiblesses de l'état des rentrées et des sorties de liquidité de la société Abriendo:

1. Cet état financier devrait s'intituler «État des flux de trésorerie».

2. Dans cet état financier, on devrait ajouter au bénéfice net (ou en retrancher) certaines opérations qui n'ont pas apporté de liquidités (ou qui n'en ont pas utilisé) au cours de l'exercice. Les flux de trésorerie découlant d'éléments extraordinaires devraient être présentés, le cas échéant, avec la terminologie appropriée, dans les activités d'investissement ou de financement.

    Les seuls ajustements à faire dans cette situation sont, apparemment, de rajouter au bénéfice net les montants relatifs aux dotations aux amortissements et à l'épuisement, les montants relatifs aux salaires et charges sociales imputés en rapport avec l'émission d'actions pour le régime d'options d'achat d'actions par les employés, et les montants relatifs aux variations survenues dans les éléments d'actif et de passif à court terme.

3. Dans le format à utiliser, il faudrait présenter séparément les flux de trésorerie d'exploitation, d'investissement et de financement. Il convient de présenter dans un tableau distinct ou dans une note complémentaire les activités d'investissement et de financement sans effet sur la trésorerie, si elles sont importantes.

c) 1. i) En plus d'inscrire les 16 000 $ reçus en argent de ses salariés dans les activités de financement, dans le cadre du régime d'options d'achat d'actions, la société aurait dû passer la charge salariale de 22 000 $. Le crédit total porté au compte Capital-actions aurait dû être de 38 000 $, soit la juste valeur de marché des actions ordinaires distribuées dans le cadre du régime d'options d'achat d'actions. On devrait inclure dans l'état financier le montant de 22 000 $, et le rajouter au bénéfice net, puisqu'il s'agit d'une charge sans effet sur la trésorerie au cours de l'exercice.

    ii) Comme l'état financier est en équilibre et que la charge salariale de 22 000 $ n'est mentionnée nulle part, il semblerait que l'on ait omis de passer cette charge, ou qu'il existe une erreur du même montant ailleurs dans l'état financier.

2. On ne devrait pas présenter sous forme de montant net les charges relatives à l'acquisition des immobilisations corporelles dont on a retranché le produit de l'abandon des immobilisations corporelles. Il faudrait présenter l'acquisition et celle de l'abandon dans la section de l'investissement. Ces détails fournissent une information utile au sujet de la variation de la trésorerie au cours de l'exercice.

3. Il n'est pas nécessaire d'indiquer dans cet état financier les dividendes en actions ou les fractionnements d'actions, étant donné que ces opérations sont sans effet sur la trésorerie.

4. L'émission des 16 000 actions ordinaires en échange des actions privilégiées devrait être présentée à titre d'activité de financement sans effet sur la trésorerie. Cette opération doit être présentée en raison de sa forte incidence sur la structure du capital de la société.

5. La présentation du total combiné de l'amortissement et de l'épuisement est probablement acceptable. Selon la règle générale, on devrait présenter les postes associés à proximité l'un de l'autre, mais séparément, lorsque ces données fournissent une information utile aux utilisateurs d'états financiers. On pourrait les combiner lorsqu'il s'agit de montants minimes. Dans la présente situation, le fait de les séparer n'ajouterait aucune information particulière importante. On devrait donc rajouter ce total au bénéfice net pour le calcul du flux de trésorerie d'exploitation.

6. On devrait présenter séparément les détails des variations des créances à long terme. On ne doit pas retrancher le paiement d'un emprunt de l'augmentation d'une créance à long terme afin de présenter un montant net. L'emprunt à long terme de 620 000 $ doit figurer à titre de rentrée de liquidités et le remboursement d'un emprunt de 441 000 $, à titre de sortie de liquidités découlant des activités de financement.

Étude de cas 4-2

a) À partir de l'information fournie, il semblerait que, sur le plan de l'exploitation, la société Tropical Vêtements n'ait pas connu un exercice des plus brillants, car elle a subi une perte nette de 21 000 $. Flaco a raison de prétendre que l'état des flux de trésorerie n'est pas présenté convenablement. La présentation des catégories Rentrées de liquidités et Sorties de liquidités n'est plus acceptée. On doit désormais classer les flux de trésorerie en trois catégories: les activités d'exploitation, d'investissement et de financement. Par ailleurs, il faut présenter les importantes opérations d'investissement et de financement sans effet sur la trésorerie sous forme d'un tableau distinct. En revanche, Flaco a tort d'affirmer que l'augmentation de la trésorerie n'est pas exacte, alors qu'elle est réellement de 109 000 $.

b)
TROPICAL VÊTEMENTS
État des flux de trésorerie
pour l'exercice terminé le 31 janvier 2002

Flux de trésorerie d'exploitation		
Perte nette		(56 000)$*
Ajustements pour rapprocher le bénéfice net et les rentrées		
nettes provenant des activités d'exploitation		
Dotation aux amortissements	80 000 $	
Rentrées nettes provenant des activités d'exploitation		24 000
Flux de trésorerie d'investissement		
Achat d'agencements et de matériel	(340 000)	
Vente de titres susceptibles de vente	120 000	
Achat de titres susceptibles de vente	(85 000)	
Sorties nettes affectées aux activités d'investissement		(305 000)
Flux de trésorerie de financement		
Émission d'actions ordinaires	400 000	
Rachat de ses propres actions	(10 000)	
Rentrées nettes provenant des activités de financement	390 000	
Augmentation nette de la trésorerie		109 000 $
Information supplémentaire relative aux flux de trésorerie		
Sorties de liquidités pour payer les intérêts, au cours de l'exercice		3 000 $

Importantes opérations d'investissement et de financement sans effet sur la trésorerie

    Émission d'un effet pour l'achat d'un camion   <u>30 000</u> $

*   Calcul du bénéfice net (de la perte nette)

Chiffre des ventes de marchandises			362 000 $
Intérêts créditeurs			8 000
Profit sur la cession de titres de placement	<u>35 000</u> $		
Total des produits			405 000
Achat de marchandises	253 000		
Frais d'exploitation (170 000 $ – 80 000 $)	90 000		
Amortissements		80 000	
Intérêts débiteurs	<u>3 000</u>		
Total des charges			<u>(426 000)</u>
Perte nette			<u>(21 000)</u> $

Étude de cas 4-3

1.   On doit traiter les bénéfices comme une rentrée de liquidités, et les présenter dans l'état des flux de trésorerie au sein de la catégorie des rentrées nettes découlant des activités d'exploitation. Le bénéfice avant éléments extraordinaires devrait être de 910 000 $, car il faut séparer les éléments extraordinaires des activités d'exploitation.

2.   La dotation à l'amortissement de 315 000 $ n'est ni une rentrée ni une sortie de liquidités. Comme l'amortissement constitue une charge, elle a été retranchée lors du calcul du bénéfice net. Par conséquent, il faut rajouter ces 315 000 $ au bénéfice avant éléments extraordinaires, dans la section d'exploitation, car ils ont été déduits pour le calcul du bénéfice, alors qu'il ne s'agit pas d'une sortie de liquidités.

3.   La sortie des créances irrécouvrables des comptes clients, imputée à la provision pour créances douteuses, n'a aucun effet sur la trésorerie, car la valeur nette des comptes clients demeure inchangée. On ajuste le bénéfice net seulement en cas d'augmentation ou de diminution de cette valeur nette. Comme le montant net des comptes clients est le même avant et après la sortie, il n'est pas nécessaire d'ajuster le bénéfice net de ce montant.

On doit rajouter au bénéfice le montant de 51 000 $ de créances irrécouvrables, sans effet sur la trésorerie, car il influe sur le montant net des comptes clients. L'enregistrement des créances irrécouvrables réduit le montant net des comptes clients par suite de l'augmentation de la provision pour créances douteuses. Bien que, d'habitude, on ne traite pas les créances irrécouvrables comme un poste distinct à rajouter au bénéfice provenant des activités d'exploitation, on le prend en ligne de compte en analysant la valeur nette des comptes clients, et on procède à l'ajustement nécessaire du bénéfice net, s'il y a eu un changement dans le montant net des comptes clients.

4.   Le profit de 9 000 $ réalisé sur la vente d'une machine est un profit ordinaire, et non un profit extraordinaire, en matière de comptabilité, comme le stipule l'Opinion No. 30 de l'Accounting Principles Board. Il faut déduire cette somme du bénéfice net pour obtenir les rentrées nettes provenant des activités d'exploitation. Il convient de présenter le produit de 39 000 $ à titre de rentrée découlant des activités d'investissement.

5.   En règle générale, les éléments extraordinaires proviennent d'activités d'investissement ou de financement, et on doit présenter les rentrées et sorties de liquidités subséquentes dans la section des activités d'investissement ou de financement de l'état des flux de trésorerie. Dans le présent cas, aucun flux de trésorerie ne découle des dégâts occasionnés par la foudre. On doit rajouter la perte nette (opération sans effet sur la trésorerie) au

bénéfice net (selon la méthode indirecte) parmi les ajustements à faire pour rapprocher le bénéfice net des rentrées nettes découlant des activités d'exploitation.

6. On doit présenter les 75 000 $ versés à titre de sortie de liquidités aux activités d'investissement. Comme elles n'ont aucune incidence sur la trésorerie, l'émission des actions ordinaires pour 200 000 $ et l'émission de l'effet hypothécaire pour 425 000 $, doivent être présentées avec les activités d'investissement et de financement sans effet sur la trésorerie.

7. Cette conversion n'a entraîné ni rentrée ni sortie de liquidités, mais elle représente une importante opération sans effet sur la trésorerie de financement qui, de ce fait, doit être présentée dans un tableau distinct ou dans une note complémentaire.

Étude de cas 4-4

	Où le présenter	Comment le présenter
1.	Investissement et exploitation	On doit présenter le montant de 5 250 $ obtenu par la vente d'un élément d'immobilisations comme une activité d'investissement. En outre, il faut rajouter au bénéfice net la perte de 1 750 $ sur cette vente.
2.	Exploitation	Cette dotation à l'amortissement a réduit le bénéfice provenant de l'exploitation, mais elle n'a pas affecté la trésorerie. On doit rajouter ce montant de 15 000 $ au bénéfice net.
3.	Financement	Rentrée de liquidités de 17 000 $ provenant de l'émission d'actions ordinaires.
4.	Exploitation	La perte nette de 2 100 $ est une perte découlant d'activités d'exploitation. On doit rajouter à la perte d'exploitation la dotation aux amortissements de 2 000 $ et l'amortissement du brevet de 400 $. Les rentrées de liquidités provenant des activités d'exploitation s'élèvent à 300 $.
5.	Ne pas présenter dans l'état financier	
6.	Ne pas présenter dans l'état financier	
7.	Investissement et exploitation	Montant de 10 600 $ provenant de la cession de titres de placement. On doit rajouter la perte sur cette cession, soit 1 400 $, au bénéfice net.
8.	Financement et exploitation	On doit présenter le remboursement de 24 720 $ comme une sortie affectée à une activité de financement. En outre, il faut retrancher le profit extraordinaire du bénéfice net dans la section des activités d'exploitation.

Étude de cas 4-5

a) Le principal objectif d'un état des flux de trésorerie est de présenter l'information sur les rentrées et les sorties de liquidités d'une société au cours d'un exercice. L'état des flux de trésorerie, combiné aux présentations connexes contenues dans les autres états financiers, permet aux investisseurs et aux créanciers:

1. d'évaluer la faculté d'une entreprise de générer de futures rentrées de liquidités;

2. d'apprécier la capacité d'une entreprise de respecter ses obligations, par exemple, de verser des dividendes et de répondre aux attentes des investisseurs extérieurs;

3. d'analyser les différences entre le bénéfice net et les rentrées et sorties de liquidités qui y sont associées.

b) Dans l'état des flux de trésorerie, on subdivise les rentrées et les sorties de liquidités en trois catégories, selon qu'elles proviennent d'activités d'exploitation, d'investissement ou de financement.

Les rentrées de fonds découlant des activités d'exploitation comprennent les rentrées de liquidités provenant de la vente de marchandise et de services, les produits de prêts et de titres de créances (intérêt et dividendes), et toutes les autres rentrées de liquidités que l'on ne classe pas avec les activités d'investissement ou de financement. Les sorties de liquidités affectées aux activités d'exploitation incluent les sorties de liquidités destinées à l'acquisition de matières nécessaires à la fabrication et à l'achat de produits pour la revente, la rétribution des employés pour les services rendus, le versement des taxes et des impôts, le versement des intérêts aux créanciers, et toutes les autres sorties de liquidités qui ne font pas partie des activités d'investissement ou de financement.

Les rentrées de liquidités découlant des activités d'investissement comprennent la cession de titres de créance d'autres sociétés, la cession de titres de placement en actions et la vente de diverses immobilisations. Les sorties de liquidités affectées aux activités d'investissement concernent l'acquisition d'actions d'autres sociétés, l'achat d'immobilisations et l'acquisition de titres de créances d'autres sociétés.

Les rentrées de liquidités découlant des activités de financement proviennent de l'émission par l'entreprise de ses propres actions ordinaires ou titres de créances. Quant aux sorties de liquidités affectées aux activités de financement, elles comprennent les versements de dividendes aux actionnaires ou le remboursement de ses propres actions ou obligations (comme les actions autodétenues).

c) On peut déterminer le flux de trésorerie d'exploitation selon les méthodes directe ou indirecte. Selon la méthode directe, on présente séparément les principaux postes des rentrées et sorties de liquidités effectuées par l'entreprise dans le cadre de son exploitation. Selon la méthode indirecte, il faut ajuster le bénéfice net pour le convertir en rentrées (sorties) nettes découlant des activités d'exploitation, en ajustant à ce bénéfice net les effets des rentrées et sorties de liquidités reportés d'exercices précédents, des rentrées et sorties de liquidités accumulées pour l'exercice suivant, ainsi que les effets des opérations sans effet sur la trésorerie.

d) On doit présenter les opérations d'investissement et de financement sans effet sur la trésorerie séparément, en annexe, soit dans un texte, soit dans un tableau que l'on ajoute à l'état financier. Parmi les exemples d'opérations sans effet sur la trésorerie, citons la conversion de titres de créance en titres participatifs, l'acquisition de biens immobilisés en y assumant directement la créance, ou l'échange d'éléments sans effet sur la trésorerie de l'actif ou du passif pour d'autres éléments sans effet sur la trésorerie de l'actif ou du passif. Dans le cas des opérations qui sont partiellement monétaires et partiellement sans effet sur la trésorerie, on présente uniquement la portion monétaire dans l'état des flux de trésorerie.

EXERCEZ VOTRE JUGEMENT

PROBLÈME DE COMPTABILITÉ: LA SOCIÉTÉ NESTLÉ

a) La société Nestlé utilise la méthode indirecte pour calculer et présenter le chiffre des rentrées nettes provenant de ses activités d'exploitation. Les montants de ces rentrées de liquidités pour les années 2000 et 2001 sont, respectivement, de 8 851 millions de dollars et de 8 614 millions de dollars. La variation de 870 millions de dollars dans les autres éléments du fonds de roulement constitue le principal élément responsable de la baisse des rentrées de liquidités en 2001.

b) Le poste le plus important de sortie de liquidités dans la section des activités d'investissement est le montant de 18 766 millions de dollars dont Nestlé s'est servi pour acquérir le placement dans Ralston. Le poste le plus important de sortie de liquidités dans la section des activités de financement est le montant de 2 330 millions de dollars affecté par Nestlé à l'acquisition des titres négociables et autres disponibilités.

c) Le poste «Altération de valeur des immobilisations corporelles» est présenté dans la section des activités d'exploitation de l'état des flux de trésorerie de la société Nestlé. En 2001, cette perte nette s'est élevée à 222 millions de dollars et figure parmi les ajustements rajoutés au bénéfice net, parce qu'il s'agit d'une charge sans effet sur la trésorerie provenant de l'état des résultats.

d) Les impôts différés apparaissent dans la section des activités d'exploitation de l'état des flux de trésorerie. Ce montant de 92 millions de dollars est placé parmi les ajustements soustraits au bénéfice net, parce qu'il s'agit d'un produit sans effet sur la trésorerie tirée de l'état des résultats.

e) Le compte Amortissement des immobilisations corporelles est présenté dans la section des activités d'exploitation de l'état des flux de trésorerie. Cette somme de 2 581 millions de dollars fait partie des ajustements rajoutés au bénéfice net, car il s'agit d'une charge sans effet sur la trésorerie tirée de l'état des résultats.

ANALYSE D'ÉTATS FINANCIERS

a) Même si le bénéfice net de l'exercice précédent dépasse de 821 432 $ celui du présent exercice, le flux de trésorerie d'exploitation du présent exercice excède de 937 437 $ le flux de trésorerie de l'exercice précédent. On peut expliquer cet apparent paradoxe en évaluant des éléments de rentrées de liquidités provenant des activités d'exploitation. Les principaux postes contribuant à ces rentrées de liquidités au cours du présent exercice sont: 1) le rajout de 316 416 $ en amortissements, comparativement aux 181 348 $ de l'exercice précédent; 2) l'augmentation de 2 017 059 $ des comptes fournisseurs, par rapport à une diminution de 284 567 $ de ces comptes durant l'exercice précédent. Une augmentation des comptes fournisseurs entraîne une augmentation des rentrées de liquidités provenant des activités d'exploitation. La majeure partie de cette augmentation des rentrées de liquidités s'explique donc par l'augmentation spectaculaire des comptes fournisseurs de la société. Un investisseur ou un créancier voudrait sûrement en approfondir les raisons, afin de s'assurer que la société n'accuse pas de retards de paiement envers ses fournisseurs. Il faut cependant noter que les stocks ont connu une augmentation considérable de 1 599 014 $.

b) Liquidités: ratio de couverture des créances par les liquidités à court terme (flux de trésorerie découlant des opérations d'exploitation ÷ moyenne du passif à court terme):

236 480 $ ÷ [(4 055 465 $ + 1 995 600 $) ÷ 2] = 0,078/1

Solvabilité: ratio de couverture des créances par la trésorerie (flux de trésorerie découlant des opérations d'exploitation ÷ moyenne du total du passif):

236 480 $ ÷ [(4 620 085 $ + 2 184 386 $) ÷ 2] = 0,070/1

Rentabilité: ratio du rendement monétaire des ventes (flux de trésorerie découlant des opérations d'exploitation ÷ produit net des ventes):

236 480 $ ÷ 20 560 566 $ = 0,012/1

Tous ces ratios sont très faibles, mais cela n'est pas tellement surprenant, car Teddy Bear est encore une très jeune société. Lorsqu'une entreprise en est à l'étape d'introduction de son principal produit, elle ne peut s'attendre, évidemment, à d'importantes rentrées de liquidités. Toutefois, en raison de la nature précaire d'une entreprise à cette étape de son évolution, on devrait surveiller attentivement la position de la trésorerie de cette société, afin de s'assurer qu'elle ne glisse pas vers une situation désespérée par suite d'un manque de liquidités.

ANALYSE COMPARATIVE

a) Les deux sociétés, Coca-Cola et PepsiCo utilisent la méthode indirecte pour calculer et présenter le chiffre des rentrées nettes découlant des activités d'exploitation en 2000-2001.

(En millions de dollars)	Coca-Cola	PepsiCo
Rentrées nettes provenant des activités d'exploitation	4 110 $	4 201 $

b) L'élément de sortie de liquidités des activités d'investissement le plus important en 2001

Coca-Cola

Acquisitions de propriétés, matériel et équipement   769 000 000 $

PepsiCo

Acquisition de placements à court terme

                                                                                               2 537 000 000 $

L'élément de sortie de liquidités des activités de financement le plus important en 2001

Coca-Cola

Remboursement de la dette   3 937 000 000 $

PepsiCo

Rachat d'actions ordinaires   1 717 000 000 $

c) Les deux sociétés, Coca-Cola et PepsiCo, présentent les comptes des Amortissements dans la section des activités d'exploitation de l'état financier:

Coca-Cola: 803 millions de dollars

PepsiCo: 1 082 millions de dollars

Les dotations aux amortissements sont présentées dans les activités d'exploitation parce qu'il s'agit d'une charge sans effet sur la trésorerie figurant à l'état des résultats.

d)

Coca-Cola		PepsiCo	
1. Ratio de couverture des créances par les liquidités à court terme	$\dfrac{4\,110\,\$}{(8\,429\,\$ + 9\,321\,\$) \div 2} = 0{,}46/1$		$\dfrac{4\,201\,\$}{(4\,998\,\$ + 4\,795\,\$) \div 2} = 0{,}86/1$
2. Ratio de couverture des créances par la trésorerie	$\dfrac{4\,110\,\$}{(11\,051\,\$ + 11\,518\,\$) \div 2} = 0{,}36/1$		$\dfrac{4\,201\,\$}{(13\,047\,\$ + 13\,153\,\$) \div 2} = 0{,}32/1$

e) Le ratio de couverture des créances par les liquidités à court terme utilise les liquidités provenant des activités d'exploitation au cours de l'exercice et donne une représentation plus juste des liquidités moyennes quotidiennes. Le ratio de 0,86 $ de flux de trésorerie d'exploitation de PepsiCo, pour chaque dollar de créance à court terne, dépasse d'environ 87 % (0,86 contre 0,46) celui de 0,46 $ de Coca-Cola, ce qui indique qu'en 2001, les liquidités de PepsiCo étaient supérieures à celles de Coca-Cola.

Le ratio de couverture des créances par la trésorerie montre la capacité d'une entreprise de rembourser ses créances à partir des rentrées de liquidités provenant des activités d'exploitation, sans avoir à liquider des immobilisations nécessaires à son exploitation. Avec un ratio supérieur d'environ 25 % (0,36 contre 0,32) à celui de PepsiCo, Coca-Cola fait preuve, en 2001, d'une capacité de rembourser ses créances à partir des rentrées de fonds provenant de ses activités d'exploitation légèrement supérieure à celle de PepsiCo.

PROBLÈME DE DÉONTOLOGIE

a) Il est exact que la vente de certains éléments d'actif à court terme, comme des comptes clients et des effets à recevoir, entraînera une rentrée de liquidités dans l'entreprise, mais une telle mesure ne résoudra pas les problèmes systémiques de liquidités de la société. En bref, la liquidation de tels éléments de l'actif peut s'avérer une très mauvaise affaire pour la société, entraînant des frais et des pertes, dans l'unique but de «gonfler» son état des flux de trésorerie.

Le problème de déontologie résulte du fait que la société Durocher crée un flux de trésorerie à court terme au détriment de l'exploitation à long terme et de la situation de trésorerie de la société. L'idée de Laraine Durocher entraînerait l'illusion trompeuse que la société est en mesure de générer facilement d'importantes rentrées de liquidités.

b) Il faudrait dire à Laraine Durocher que la mise en œuvre de son plan risque d'entraîner la disparition de la société. Même si la cession des comptes clients à des sociétés d'affacturage et la liquidation de ses stocks de matières premières assuraient une importante rentrée de liquidités, le montant réel des fonds recouvré ultérieurement par la société serait inférieur à la valeur comptable de ces comptes clients et matières premières. En outre, la société aurait à faire face à des charges futures pour réapprovisionner ses stocks de matières premières, et ce, à un prix supérieur à celui qu'elle a obtenu de leur vente.

À titre de chef comptable de la société Durocher Guitar, vous devez collaborer avec le directeur financier de la société afin d'élaborer une stratégie cohérente qui permettra de résoudre les problèmes de liquidités. L'une des mesures à prendre pourrait être de diminuer quelque peu la croissance de la société en revendant certains éléments superflus d'immobilisations corporelles pour rembourser des créances à long terme. Il est possible aussi que cette société soit une bonne candidate pour une quasi-réorganisation.

CHAPITRE 5
LA PRÉSENTATION D'UNE INFORMATION FINANCIÈRE COMPLÈTE

CLASSEMENT DES TRAVAUX

	Sujets	Questions	Exercices courts	Exercices	Problèmes	Études de cas
1.	Principe de présentation d'une information comptable; types de présentation	2, 3, 4, 24				1, 2, 3, 4
2.	Rôle des notes complémentaires aux états financiers	1, 5, 6	1, 2			1, 2, 3, 4, 5
3.	Faits postérieurs à la date de clôture	7		1, 2	1	5
4.	Présentation d'informations sectorielles; exploitation diversifiée	8, 9, 10, 11, 12	3, 4, 5, 6	3	2	6, 7, 8
5.	Explications et analyses	13, 14				
6.	Rapports intermédiaires	17, 18, 19, 20				9, 10
7.	Opinions du vérificateur (auditeur) et information financière frauduleuse	21, 22				
8.	Prévisions relatives aux bénéfices	15, 16				11
*9.	Interprétation des ratios	23, 24, 25, 29		4, 5, 6	1	12
*10.	Incidence des opérations financières sur les ratios		9	4, 5, 6	1	13
*11.	Ratios de trésorerie		9	4, 5, 6	1	
*12	Ratios de rentabilité			4, 5, 6	1	
*13	Ratios de couverture			4, 5, 6	1	
*14	Ratios d'activité	26, 27	9, 10, 11	4, 5, 6	1	
*15	Problèmes complets relatifs aux ratios			4, 5, 6	3, 5	
*16	Analyses des pourcentages	25, 28			3, 4	

*Note: Ces sujets se rapportent à la matière vue dans l'annexe de ce chapitre.

CARACTÉRISTIQUES DES TRAVAUX

Numéro	Description	Degré de difficulté	Durée (minutes)
E5-1	Faits postérieurs à la date de clôture	Modéré	10-15
E5-2	Faits postérieurs	Modéré	15-20
E5-3	Présentation d'informations sectorielles	Modéré	5-10
*E5-4	Calcul et analyse de ratios: trésorerie	Facile	20-30
*E5-5	Analyse de ratios donnés	Modéré	20-30
*E5-6	Analyse de ratios	Modéré	30-40
P5-1	Faits postérieurs à la date de clôture	Difficile	40-50
P5-2	Présentation d'informations sectorielles	Modéré	25-30
*P5-3	Calcul des ratios et analyses supplémentaires	Modéré	35-45
*P5-4	Analyses horizontale et verticale	Facile	40-60
*P5-5	Analyse de la politique relative aux dividendes	Difficile	40-50
C5-1	Présentation générale – stocks, immobilisations corporelles	Facile	10-20
C5-2	Présentations exigées dans diverses situations	Modéré	20-25
C5-3	Présentations exigées dans diverses situations	Modéré	20-25
C5-4	Présentations: passifs et éventualités	Facile	25-30
C5-5	Faits postérieurs à la date de clôture	Modéré	20-25
C5-6	Présentation d'informations sectorielles	Modéré	30-35
C5-7	Présentation de données sectorielles – théorie	Facile	20-25
C5-8	Présentation de données sectorielles – théorie	Modéré	25-30
C5-9	Rapports intermédiaires	Facile	20-25
C5-10	Traitement de diverses situations de rapports intermédiaires	Modéré	30-35
C5-11	Prévisions financières	Modéré	25-30
*C5-12	Analyses et limites des ratios	Modéré	40-50
*C5-13	Incidences des opérations sur les états financiers et les ratios	Modéré	25-35

*Note: Les exercices, problèmes ou études de cas précédés d'un astérisque se rapportent à la matière vue dans l'annexe de ce chapitre.

RÉPONSES AUX QUESTIONS

1. Les notes complémentaires ont pour principaux avantages: 1) de fournir des renseignements pertinents sur des éléments particuliers d'un état financier en termes qualitatifs, et d'ajouter certaines données de nature quantitative en vue d'approfondir une information des états financiers; et 2) d'expliquer certaines restrictions imposées par des accords financiers ou par des engagements contractuels de base. Les notes complémentaires portent généralement sur les informations suivantes: 1) la présentation des conventions comptables utilisées; 2) la présentation des éventualités touchant les actifs et les passifs; 3) les droits des créanciers; 4) les droits des porteurs de titres de capitaux propres, et 5) les engagements exécutoires.

2. Le principe de présentation d'une bonne information comptable impose la présentation de tous les éléments financiers suffisamment importants susceptibles d'influer sur le jugement d'un utilisateur averti. Les exigences relatives à la communication de l'information ont considérablement augmenté, car le milieu des affaires devient de plus en plus complexe. Par ailleurs, les utilisateurs veulent être informés rapidement et obtenir davantage de données sur l'entreprise, à des fins de contrôle et de surveillance.

3. L'avantage d'une telle présentation est que l'investisseur peut déterminer quels sont les impôts réels payés par l'entreprise. Cette information est particulièrement importante si le taux réel d'imposition de l'entreprise connaît de grandes fluctuations, en raison d'opérations financières inhabituelles ou occasionnelles. Dans certains cas, les entreprises peuvent présenter des bénéfices uniquement à certaines périodes grâce à un traitement fiscal de faveur non récurrent. De tels renseignements sont extrêmement utiles aux utilisateurs d'états financiers.

4. Bien qu'on ne puisse à l'heure actuelle déterminer les sommes qu'il faudra engager, il existe indéniablement une obligation éventuelle et il est possible de l'évaluer. En supposant que ce passif éventuel puisse être vraisemblablement évalué, il serait approprié de comptabiliser cette éventualité, proportionnellement. Si l'on ne comptabilise pas annuellement une partie des frais à engager pour la restauration et la remise en état des lieux à la fin du bail, les résultats de l'exploitation seront faussés pour chacune des sept années du bail, et bien plus encore pour la dernière année. Si le titre des comptes réservés à cette fin n'est pas suffisamment explicite, il faut ajouter des notes complémentaires aux états financiers et expliquer la nature et les raisons de cette éventualité, ainsi que son montant estimatif.

5. a) Il n'est pas nécessaire d'indiquer dans les rapports financiers une plus grande probabilité que l'entreprise doive subir une grève onéreuse. Beaucoup d'entreprises sont exposées à ce genre de risque. Les risques de grève, de guerre, de récession, etc., font partie des nouvelles générales.

   b) La société devrait décrire en détail cet élément extraordinaire dans une note complémentaire afin que les utilisateurs de rapports financiers comprennent bien la nature de cet élément.

   c) On doit communiquer tout élément d'actif éventuel susceptible d'influer fortement sur la situation financière d'une entreprise lorsque les circonstances qui l'entourent indiquent que, selon toute probabilité, cet élément va se produire. Dans la plupart des cas, un tel élément d'actif ne sera comptabilisé que lorsque le jugement sera rendu.

6. Il convient de présenter les opérations qui se déroulent entre des entreprises apparentées pour s'assurer que les utilisateurs d'états financiers comprennent le fondement et la nature de certaines de ces opérations. Comme il est souvent difficile de séparer la réalité économique de la forme légale des opérations entre parties apparentées, leur présentation est généralement détaillée. L'acquisition d'un bloc important d'actions ordinaires par A. Belew, suivie de la nomination d'un courtier qui lui est affilié, impose l'idée qu'il est nécessaire de présenter ces faits.

7. Il existe deux catégories de «faits postérieurs à la date de clôture» :

   • Les faits qui influent directement sur les états financiers et qu'il faut prendre en compte au moyen d'une régularisation appropriée;

- Les faits qui n'influent pas directement sur les états financiers, qui n'exigent donc pas une régularisation des soldes des comptes, mais dont les effets pourraient être assez importants pour justifier d'en communiquer les chiffres ou les estimations.

    a) probablement, régularisation directe des états financiers;

    b) présentation;

    c) présentation;

    d) présentation;

    e) ni la régularisation, ni la présentation ne sont nécessaires;

    f) ni la régularisation, ni la présentation ne sont nécessaires;

    g) probablement, régularisation directe des états financiers;

    h) ni la régularisation, ni la présentation ne sont nécessaires.

8. Les sociétés à exploitation diversifiée sont des entreprises dont les activités se répartissent entre différents secteurs industriels. Les problèmes comptables inhérents à une société à exploitation diversifiée proviennent de la difficulté: 1) de définir les différents secteurs d'activités à présenter dans les rapports financiers, 2) de déterminer dans quelle proportion affecter à chaque secteur des frais communs ou conjoints; et 3) difficulté d'évaluer les résultats de chaque secteur qui subissent de nombreuses cessions internes.

9. Une fois qu'une entreprise a établi les différents secteurs à présenter, elle procède à un test relatif à leur importance quantitative afin de déterminer si l'importance de chacun des secteurs en justifie la présentation séparée. On considère qu'un secteur d'exploitation est assez important pour justifier sa présentation individuelle s'il atteint **un ou plusieurs** des seuils quantitatifs suivants:

    a) Son **chiffre d'affaires** (englobant les ventes aux clients et les transferts entre secteurs) représente au moins 10 % du chiffre d'affaires total de tous les secteurs d'exploitation de l'entreprise réunis;

    b) Le chiffre absolu de son **profit ou de sa perte** représente au moins 10 % du plus important de l'un ou l'autre des deux montants absolus suivants:

        1. le profit global d'exploitation de tous les secteurs d'exploitation qui n'ont pas subi de perte;

        2. la perte totale de tous les secteurs d'exploitation qui ont subi une perte.

    c) Ses **éléments d'actif identifiables** représentent au moins 10 % du total des éléments d'actif de tous les secteurs d'exploitation de l'entreprise réunis.

    En procédant à ces tests, il faut prendre en considération deux autres facteurs. Premièrement, les données du secteur doivent expliquer une importante partie des affaires de l'entreprise. Plus précisément, les résultats sectoriels doivent représenter au moins 75 % du chiffre d'affaires total de toute l'entreprise (des ventes aux clients non apparentés). Ce test empêche l'entreprise de fournir une information limitée relative à quelques secteurs uniquement et de réunir les résultats des autres secteurs pour les présenter sous une seule catégorie. Deuxièmement, la profession comptable reconnaît que la présentation d'un trop grand nombre de secteurs risque de submerger les utilisateurs sous trop de détails. Bien que le FASB n'ait publié aucune directive précise quant au nombre maximal raisonnable, on considère que ce maximum est atteint avec la présentation de10 secteurs ou plus.

10. La profession comptable exige qu'une entreprise présente:

    a) L'information générale relative à ses secteurs d'exploitation;

    b) Les profits et pertes par secteur ainsi que les données connexes;

    c) Les éléments d'actif de chaque secteur;

    d) Les rapprochements (des chiffres d'affaires, des bénéfices avant impôts et du total des éléments d'actif des secteurs);

e) L'information relative aux produits et services, et aux régions géographiques;

f) Ses principaux clients.

11. Un secteur d'exploitation est un élément d'une entreprise:

a) qui participe à une activité commerciale ou industrielle dont elle tire des profits et dans laquelle elle engage des frais;

b) dont les résultats d'exploitation sont examinés régulièrement par le principal décideur chargé de l'exploitation de l'entreprise, pour en évaluer le rendement et lui affecter les ressources nécessaires;

c) pour lequel l'entreprise fournit l'information financière discrète, générée par le système interne de communication de l'information financière ou qui est fondée sur ce système.

On ne regroupera les données de deux secteurs d'exploitation que s'ils possèdent les mêmes caractéristiques fondamentales dans les domaines suivants: 1) la nature des produits et des services fournis; 2) la nature du procédé de production; 3) le type ou la catégorie de clients; 4) les méthodes de distribution des produits ou des services, et 5) la nature des réglementations qui s'appliquent.

12. Certaines entreprises hésitent à présenter des données sectorielles, car elles craignent que leurs concurrents déterminent leurs secteurs les plus rentables et ajoutent cette gamme de produits à leurs propres exploitations. Si cela arrivait et si l'autre société réussissait à s'engager dans cette voie avec succès, les actionnaires actuels de Fong Sai-Yuk risqueraient effectivement d'en souffrir. Cette question devrait faire comprendre à l'étudiant que les situations ne sont pas toujours blanches ou noires. Il ne fait pas de doute que la présentation de données sectorielles fournit une information utile, mais certaines données peuvent être confidentielles.

13. La section de l'analyse de la situation financière et des résultats d'exploitation par la direction traite de trois aspects financiers de l'entreprise, à savoir les liquidités, les ressources en capitaux et les résultats d'exploitation. La direction doit y souligner les tendances favorables et défavorables, et déterminer les événements et incertitudes d'importance qui influent sur ces trois aspects.

14. C'est à la direction d'une entreprise que revient la principale responsabilité de la préparation, de l'intégrité et de l'objectivité des états financiers de l'entreprise. La direction est libre de présenter les données comme elle l'entend. Si le vérificateur (auditeur) désapprouve cette présentation parce qu'elle contrevient aux PCGR, il doit le faire savoir en nuançant son opinion dans le rapport du vérificateur (auditeur).

15. Voici des arguments défavorables à la publication de prévisions financières:

a) Personne ne peut prédire l'avenir. Par conséquent, même si des prévisions semblent précises, elles se révéleront inévitablement erronées;

b) Les sociétés ne s'efforceront plus de produire les meilleurs résultats dans l'intérêt de leurs actionnaires; elles se contenteront plutôt d'obtenir des résultats conformes à leurs prévisions;

c) Lorsque les prévisions se révéleront fausses, il y aura des protestations et, probablement, des poursuites judiciaires;

d) La publication de prévisions portera préjudice à l'entreprise, parce que ces données ne parviennent pas uniquement aux investisseurs, les concurrents nationaux et étrangers en profiteront aussi.

16. Voici les arguments favorables à la publication de prévisions financières:

a) Les décisions d'investissement se fondent sur les attentes pour l'avenir; c'est pourquoi une information prospective permet de prendre de meilleures décisions;

b) Les prévisions circulent déjà officieusement, mais sans être contrôlées; elles sont souvent trompeuses et tous les investisseurs n'en bénéficient pas également. Il faudrait contrôler cette source de confusion;

c) De nos jours, les circonstances changent si rapidement que les données antérieures contenues dans les états financiers ne suffisent plus pour faire des prévisions.

17. Les rapports intermédiaires sont des états financiers non vérifiés, présentés normalement quatre fois par an. Souvent, un bilan n'est pas présenté avec les rapports intermédiaires, car cette information n'est pas jugée cruciale pour un si court laps de temps. Les chiffres des bénéfices sont beaucoup plus pertinents dans les rapports intermédiaires. Toutefois, au Canada, on exige la présentation d'un bilan, d'un état des résultats, d'un état des bénéfices non répartis, d'un état des flux de trésorerie et des notes complémentaires.

18. Voici des problèmes comptables liés à la présentation des rapports intermédiaires:

    a) Frais de publicité et frais de même nature;

    b) Frais soumis à une régularisation en fin d'exercice;

    c) Impôts sur le bénéfice;

    d) Éléments extraordinaires;

    e) Changement de principes comptables;

    f) Résultat par action;

    g) Facteurs saisonniers.

19. L'évaluation des stocks selon la méthode du DEPS pour les rapports intermédiaires risque d'avoir pour problème de réduire le stock pendant un trimestre donné, mais pas pour l'année entière. Si on compte remplacer le stock avant la fin de l'exercice, il faut établir une réserve pour les achats (un compte de régularisation) pour prendre en compte un coût des ventes plus élevé et parvenir à un état financier intermédiaire qui indiquera un bénéfice net plus réaliste.

20. On pourrait répartir les coûts fixes hors production proportionnellement aux ventes prévues, mais avec cette méthode, on ne connaît pas les ventes futures et une telle affectation est très subjective. On pourrait aussi imputer en tant que charge périodique les frais qu'il est impossible d'attribuer à une période donnée. Ainsi, les résultats présentés pour le trimestre indiqueraient seulement la contribution envers des frais et profits fixes, ce qui est essentiellement une méthode de marge sur coûts variables.

21. Pour qu'un vérificateur (auditeur) exprime une opinion «favorable» ou sans réserve, il faut que les états financiers de son client présentent fidèlement la situation financière et les résultats d'exploitation de son entreprise, examinés conformément aux principes de vérification (audit) généralement reconnus. Il faut aussi que les états financiers soient présentés conformément aux principes comptables généralement reconnus et comprennent toutes les informations nécessaires pour ne pas être trompeurs. Le vérificateur (auditeur) exprime une opinion avec réserve s'il désire émettre une restriction à propos d'un ou de plusieurs éléments de ces états financiers, sans que cette ou ces restrictions soient toutefois suffisamment importantes pour altérer son opinion favorable pour l'ensemble des états financiers, ou pour exprimer une opinion «défavorable».

22. La présentation d'une information financière frauduleuse est le fruit d'une conduite intentionnelle ou négligente, par action ou par omission, et qui rend les états financiers considérablement trompeurs. Elle peut comprendre de nombreux facteurs et prendre plusieurs formes. Elle peut résulter d'une déformation grossière et délibérée des dossiers d'une société, comme celle d'un registre des étiquettes de dénombrement de stock, ou encore d'opérations falsifiées, comme de fausses ventes ou de fausses commandes. L'information frauduleuse peut également provenir d'une application erronée des principes comptables. Les salariés d'une société, à tous les échelons, peuvent être en cause, qu'ils proviennent de la haute et moyenne direction ou qu'ils soient simples salariés. Si le geste est intentionnel, ou tellement négligent que, juridiquement, il est l'équivalent d'un acte intentionnel, et qu'il en résulte des états financiers frauduleux, il entre dans la définition d'une **présentation d'information financière frauduleuse**.

    La présentation d'une information financière frauduleuse diffère des autres causes d'états financiers considérablement trompeurs, comme les erreurs non intentionnelles. La Commission Treadway fait également la distinction entre la présentation d'information frauduleuse et les autres malversations des entreprises, comme les détournements de fonds par les salariés, la violation des réglementations relatives à l'environnement ou à la sécurité des marchandises, les fraudes fiscales, qui n'entraînent pas nécessairement des inexactitudes importantes dans les états financiers.

Les études de la Commission Treadway ont révélé que l'information financière frauduleuse était habituellement attribuable à certaines forces et occasions favorables relevant de l'environnement, des institutionnelles ou des individus. De telles forces et occasions, qui sont présentes à divers degrés dans toutes les sociétés, ajoutent de la pression sur les personnes et les entreprises, ce qui les incite à s'engager sur la pente de l'information financière frauduleuse. Là où il existe le mélange combustible approprié de forces et d'occasions, l'information financière frauduleuse peut se produire.

Le souhait d'obtenir une cote plus élevée pour ses actions, une meilleure offre d'emprunt, ou encore le désir de mieux répondre à l'attente des investisseurs sont souvent des facteurs à l'origine d'une information financière frauduleuse cherchant à améliorer la situation financière d'une entreprise. On peut aussi vouloir repousser le règlement d'une difficulté financière et éviter, par exemple, de déroger à une clause restrictive d'endettement. Parfois, le mobile peut être le désir d'un bénéfice personnel: une meilleure rémunération, une promotion ou une tentative d'échapper à une pénalité pour mauvais rendement.

Certaines situations peuvent faire pression sur une société, ou sur un de ses dirigeants, et mener également à une présentation d'information financière frauduleuse. Voici quelques exemples de ce genre de situations:

Une chute soudaine du produit d'exploitation ou de la part du marché. De telles chutes peuvent affecter une seule société ou tout un secteur d'activité.

Des pressions résultant d'un budget irréaliste, tout particulièrement pour obtenir des résultats à court terme. De telles pressions risquent de survenir quand les sièges sociaux déterminent arbitrairement les objectifs de bénéfice et les budgets, sans prendre en considération les conditions réelles.

Des pressions financières exercées par un régime de primes qui repose sur le rendement économique à court terme. Ces pressions sont particulièrement importantes lorsque la prime représente un élément important de la rémunération totale du salarié.

Il y a risque de présentation d'information financière frauduleuse quand il est facile de commettre une fraude et qu'il est difficile de la déceler. Voici quelques occasions favorables à la présentation d'informations frauduleuses:

Absence d'un comité de direction ou de vérification chargé d'examiner soigneusement le processus de présentation de l'information financière.

Absence ou faiblesse des contrôles comptables internes. Ce genre de situation survient, par exemple, dans une entreprise dont le système de comptabilisation du produit d'exploitation se trouve surchargé par une croissance rapide des ventes, par l'acquisition d'une nouvelle division ou le lancement d'une nouvelle section d'affaires peu connue.

Opérations financières inhabituelles ou compliquées, telles la consolidation de deux entreprises, l'abandon ou la fermeture d'un secteur particulier d'activité, ou encore les conventions d'acquisition ou de cession de titres de valeurs mobilières de l'État, passées en vertu d'une convention de rachat.

Évaluations comptables faisant surtout appel à un jugement subjectif de la part des dirigeants d'une société; par exemple, quand il s'agit d'établir des provisions pour des pertes éventuelles sur un prêt et la provision annuelle nécessaire pour les frais de garantie.

Inefficacité de la vérification interne, en raison d'un manque de personnel ou d'une grave limitation de l'étendue de la vérification.

Climat défavorable en matière de déontologie.

*23. L'adage selon lequel tout est relatif s'applique également aux données contenues dans les états financiers. La signification principale des données fournies dans les états financiers ne se trouve pas seulement dans les chiffres présentés, mais dans leur signification relative. Autrement dit, cette signification découle des conclusions tirées de la comparaison de chaque élément avec d'autres éléments semblables et de leur association avec les données correspondantes. Les états financiers présentent des mesures quantitatives (cela n'exclut pas l'aspect qualitatif des éléments que reflète la mesure en dollars). Toutefois, un chiffre absolu et isolé ne permet pas de déterminer si ce montant est satisfaisant ou non pour l'entreprise. De même, on ne sait pas s'il est disproportionné par rapport aux autres chiffres présentés par l'entreprise ou s'il constitue une amélioration par rapport aux exercices antérieurs.

*24. Vous devriez dire à votre ami que l'on ne peut interpréter et évaluer correctement les données fournies dans les états financiers sans connaître et comprendre les éléments suivants:

a) La nature et les limites de la comptabilité.

b) La terminologie comptable et celle du monde des affaires.

c) Une connaissance minimale du monde des affaires.

d) La nature et les instruments de l'analyse financière.

e) Des critères (par exemple, la moyenne sectorielle) susceptibles de servir de point de comparaison.

*25. L'analyse en pourcentages consiste à réduire une série de nombres reliés entre eux en une série de pourcentages d'une donnée de référence choisie. L'analyse au moyen de ratios consiste à calculer des ratios spécifiques entre deux chiffres tirés des données fournies.

L'analyse au moyen de pourcentages facilite la comparaison et facilite l'évaluation de la taille relative de divers éléments. L'analyse au moyen de ratios fait ressortir des relations spécifiques et mesure ensuite ces relations, soit sous forme de pourcentage, soit sous forme de proportion.

*26. Le coefficient de rotation des stocks permet de déterminer la période qui s'écoule entre l'achat et la vente de la marchandise. Par conséquent, on devrait utiliser le coût des marchandises vendues (et non le chiffre d'affaires) pour deux raisons: premièrement, il vaut mieux utiliser le coût plutôt que la valeur au détail puisque les chiffres du stock moyen sont fondés sur le coût; deuxièmement, la mesure du coefficient de rotation permet de déterminer le nombre de fois que le stock sera renouvelé durant l'exercice par rapport au coût total engagé. Il faut donc utiliser le coût des marchandises vendues pour représenter le coût total engagé. Un coefficient croissant de rotation des stocks peut indiquer un danger de rupture de stock.

*27. La relation entre le coefficient de rotation des actifs et le taux de rendement des actifs s'exprime comme suit:

Coefficient de rotation de l'actif × Marge bénéficiaire brute = Taux de rendement de l'actif

$$\frac{\text{Chiffre d'affaires}}{\text{Moyenne du total des actifs}} \times \frac{\text{Bénéfice net}}{\text{Chiffres d'affaires}} = \frac{\text{Bénéfice net}}{\text{Moyenne du total des actifs}}$$

Lorsque la marge bénéficiaire brute est constante, une augmentation du coefficient de rotation des actifs entraîne une augmentation du taux de rendement, et vice versa.

*28. a) L'analyse en chiffres relatifs est en réalité une analyse verticale, mais dans laquelle on ne fournit pas les chiffres absolus en dollars.

b) L'analyse verticale consiste à exprimer chaque élément d'un état financier d'un exercice donné par rapport à un chiffre de référence.

c) L'analyse horizontale indique les variations proportionnelles au cours d'une période.

d) L'analyse en pourcentages consiste à réduire une série de nombres ayant des relations entre eux à une série de pourcentages d'une donnée de référence choisie. Cette analyse facilite la comparaison et aide à évaluer la taille relative d'éléments comme les charges, les actifs à court terme ou le bénéfice net.

*29. Certains spécialistes considèrent que la profession (par l'intermédiaire du Comité des normes comptables et du *Manuel de l'ICCA*) ne devrait pas participer à l'élaboration de normes relatives à la présentation de ratios. Ces spécialistes se préoccupent de savoir jusqu'où la profession doit aller. Autrement dit, ils se demandent où s'arrête l'information financière et où commence l'analyse financière. En outre, nous connaissons si peu de choses sur les ratios utilisés et sur leur mise en relation les uns avec les autres qu'il ne serait pas utile d'exiger la présentation de certains ratios en ce domaine. Une des raisons pour lesquelles la profession se refuse à exiger la présentation de ratios est que la recherche sur l'utilisation et l'utilité de ces indicateurs n'est pas concluante.

SOLUTIONS DES EXERCICES COURTS

Exercice court 5-1

Le lecteur des états financiers doit comprendre que la société s'est engagée à verser environ 5 711 000 $ pour son bail au cours des trois prochaines années. Dans certaines situations, cette information est très importante pour déterminer: 1) les capacités de l'entreprise d'utiliser un financement locatif supplémentaire, et 2) la nature de l'engagement à son échéance et le montant du décaissement en cause. Le financement hors bilan est une activité répandue, et l'investisseur doit être au fait que l'entreprise ait pris un engagement, même s'il n'apparaît pas dans la section du passif de son bilan. Le bénéfice provenant des sous-locations fournit également un renseignement utile sur la capacité de l'entreprise de réaliser des bénéfices dans un proche avenir.

Exercice court 5-2

Le lecteur des états financiers doit comprendre qu'il existe une situation de dilution de la valeur des titres en circulation, mais que son effet net sur le résultat par action sera négligeable. En outre, le rachat de ses propres actions a permis à la société d'augmenter le résultat par action. Le point important appris grâce à cette note complémentaire, c'est que cette situation n'exercera probablement pas un effet de dilution déterminant sur la participation des actionnaires actuels si une conversion avait lieu.

Exercice court 5-3

Le bénéfice net diminuera de 20 000 $ en raison du rajustement du passif. Le règlement de la dette est le cas type de fait postérieur à la date du bilan apportant la confirmation supplémentaire de situations qui existaient à la date du bilan. Par ailleurs, la perte de 80 000 $ est le cas type de fait indiquant une situation qui n'existait pas à la date du bilan, mais qui lui est ultérieure et n'exige pas, de ce fait, de régularisation des comptes des états financiers.

Exercice court 5-4

Il faudrait souligner le fait que, même si une société présente des résultats sectoriels, elle n'est pas libérée pour autant de l'obligation de présenter également ses résultats consolidés, ce que ne comprennent pas toujours les étudiants. En d'autres termes, ils croient qu'une entreprise qui fournit des résultats sectoriels est exonérée de l'obligation de présenter des résultats consolidés. Or, il semblerait que les deux formes d'information soient exigées. Les résultats consolidés fournissent l'information sur la situation financière globale et la rentabilité de l'entreprise, tandis que les résultats sectoriels fournissent l'information sur certains détails spécifiques qui participent au résultat global.

Exercice court 5-5

600 $ + 650 $ + 250 $ + 375 $ + 225 $ + 200 $ + 700 $ = 3 000 $

3 000 × 10 % = 300 $

Donc, d'après ce test, Gentil, Kommo, Lunerouge et Nippon sont des secteurs isolables.

Exercice court 5-6

90 \$ + 25 \$ + 50 \$ + 34 \$ + 100 \$ = 299 \$

299 \$ × 10 % = 29,9 \$

Ce test indique que Gentil, Kommo, Lunerouge, Taki et Nippon sont des secteurs isolables.

Exercice court 5-7

500 \$ + 550 \$ + 400 \$ + 400 \$ + 200 \$ + 150 \$ + 475 \$ = 2 675 \$

2 675 \$ × 10 % = 267,5 \$

Ce test indique que Gentil, Kommo, RPG, Lunerouge et Nippon sont des secteurs isolables.

*Exercice court 5-8

1. Passif à court terme: x

    $x + 600\ 000\ \$ = 5x$

    $600\ 000\ \$ = 4x$

    150 000 \$ = Passif à court terme

2. Coût des marchandises vendues de l'exercice précédent:

    200 000 \$ × 5 = 1 000 000 \$

    1 000 000 \$ ÷ 8 = 125 000 \$ = Stock moyen de l'exercice

3. 90 000 \$ ÷ 30 000 \$ = Ratio du fonds de roulement de 3 pour 1

    50 000 \$ ÷ 30 000 \$ = Ratio de liquidité de 1,67 pour 1

    105 000 \$ ÷ 45 000 \$ = Ratio du fonds de roulement de 2,33 pour 1

    65 000 \$ ÷ 45 000 \$ = Ratio de liquidité de 1,44 pour 1

4. Ratio du fonds de roulement:

    600 000 \$ ÷ 400 000 \$ = 1,5 pour 1 après la déclaration mais avant le versement du dividende

*Exercice court 5-9

$$\frac{\text{Coût des marchandises vendues}}{\text{Stock moyen}} = \text{Coefficient de rotation des stocks}$$

$$\frac{90\ 000\ 000\ \$}{\text{Stock moyen}} = 9$$

Par conséquent, le stock moyen actuel est égal à 10 000 000 \$.

$$\frac{90\ 000\ 000\ \$}{\text{Stock moyen}} = 12$$

Le nouveau stock moyen doit donc être égal à 7 500 000 $.

10 000 000 – 7 500 000 = 2 500 000 en moins en stocks

2 500 000 × 10% = 250 000 $ d'économie de coûts.

*Exercice court 5-10

$$\frac{\text{Ventes à crédit nettes}}{\text{Moyenne des comptes clients}} = \text{Taux de rotation des comtes clients}$$

$$\frac{\text{Ventes à crédit nettes}}{1\ 100\ 000\ \$} = 5$$

Ventes à crédit nettes: 5 500 000 $

Chiffre d'affaires net total: 5 500 000 $ + 400 000 $ = 5 900 000 $

Note: Lorsqu'on ne dispose pas du chiffre des ventes à crédit nettes, on utilise le total des ventes nettes pour calculer le coefficient de rotation des comptes clients.

SOLUTIONS DES EXERCICES

Exercice 5-1 (10-15 minutes)

1. L'émission d'actions ordinaires est un exemple de fait postérieur à la date du bilan indiquant une situation qui n'existait pas à la date du bilan, mais qui est survenue après. C'est pourquoi il n'est pas nécessaire de passer d'écritures de régularisation aux comptes des états financiers. Cependant, il faut communiquer ce fait, soit dans une note complémentaire, soit dans un tableau supplémentaire, ou même sous forme de donnée financière pro forma.

2. La modification de l'estimation des impôts à payer est un exemple de fait postérieur à la date du bilan donnant une confirmation supplémentaire d'une situation qui existait avant la date du bilan. Le compte de passif Impôts à payer existait déjà le 31 décembre 2002, mais son montant était incertain. Ce fait modifie l'estimation précédente et exige une régularisation des comptes des états financiers. Le montant exact, 1 270 000 $ aurait été inscrit le 31 décembre s'il avait été connu. C'est pourquoi la société Mado doit augmenter de 170 000 $ le compte des impôts à payer en 2002 dans son état des résultats. De même, dans son bilan, il faut augmenter le compte des impôts à payer de 170 000 $ et diminuer ses bénéfices non répartis de la même somme.

Exercice 5-2 (15-20 minutes)

1. a)	4. b)	7. c)	10. c)
2. c)	5. c)	8. b)	11. a)
3. b)	6. c)	9. a)	12. b)

Exercice 5-3 (5-10 minutes)

a) Test du chiffre d'affaires: 10 % × 102 000 $ = 10 200 $

Les secteurs W (60 000 $) et Y (23 000 $) réussissent tous les deux ce test.

b) Test du profit d'exploitation: 10 % × (15 000 $ + 3 000 $ + 1 000 $) = 1 900 $

Les secteurs W (15 000 $), X (3 000 $) et Y (2 000 $ – chiffre absolu) réussissent tous ce test.

c) Test des éléments d'actif identifiables: 10 % × 290 000 $ = 29 000 $

Les secteurs W (167 000 $) et X (83 000 $) réussissent tous les deux ce test.

*Exercice 5-4 (20-30 minutes)

Voici les calculs qui permettent d'effectuer certaines comparaisons entre les deux sociétés:

	Joly ltée	Prince ltée
Composition des actifs à court terme:		
Caisse	13 %	28 %
Clients	24 %	27 %
Stocks	63 %	45 %

	100 %	100 %
Calcul de ratios:		
Ratio du fonds de roulement	2,98 à 1	3,26 à 1
Ratio de liquidité	1,11 à 1	1,78 à 1
Coefficient de rotation des comptes clients	4,23 fois	4,97 fois
Coefficient de rotation des stocks	1,22 fois	1,77 fois
Ratio de trésorerie sur le passif à court terme	0,39 à 1	0,91 à 1

La société Prince ltée semble représenter un moindre risque que la société Joly ltée. L'analyse de certains ratios démontre que Prince ltée est plus solide financièrement à court terme, les autres facteurs étant égaux par ailleurs. On apprécierait mieux le risque si l'on disposait d'informations additionnelles sur certains éléments, tels le bénéfice net, l'objectif de l'emprunt, les dates d'échéance des dettes à court et à long terme, les perspectives futures, etc.

*Exercice 5-5 (20-30 minutes)

a) Le ratio de liquidité correspond au ratio du fonds de roulement que l'on a réduit du stock des actifs à court terme. Toute différence entre ces deux ratios dépend donc du compte Stock. Le coefficient de rotation des stocks a connu une forte baisse au cours des trois derniers exercices, passant de 4,91 à 3,42. Pendant la même période, le rapport entre les ventes et les immobilisations a augmenté et le chiffre d'affaires total s'est accru de 7 %. La diminution du coefficient de rotation des stocks n'est donc pas attribuable à une diminution des ventes. Apparemment, cette situation serait due au fait que l'achat de marchandises aurait augmenté plus rapidement que les ventes, expliquant ainsi la différence entre le ratio de liquidité et le ratio du fonds de roulement.

b) Le levier financier a nettement diminué au cours des trois exercices, comme l'indique la chute régulière du pourcentage de la dette à long terme sur le total des actifs et des passifs sur le total des actifs. Apparemment, la diminution du taux d'endettement provient de la réduction de la dette à long terme de l'entreprise par rapport aux capitaux propres. Cette réduction du levier financier influe sur la diminution du rendement de l'avoir des détenteurs d'actions ordinaires. Cette conclusion est encore renforcée par le fait que le pourcentage de bénéfice net par rapport au chiffre d'affaires et le taux de rendement de l'actif total ont augmenté tous les deux.

c) Durant les trois exercices de 2000 à 2002, on constate une diminution de l'investissement net de la société Dumouchel ltée dans ses immobilisations. On arrive à cette conclusion en analysant les ratios du pourcentage du chiffre d'affaires sur les immobilisations (coefficient de rotation des immobilisations) et le pourcentage du chiffre d'affaires sur celui de 2000.

Puisque le chiffre d'affaires a augmenté chaque année, on pourrait s'attendre à ce que le pourcentage du chiffre d'affaires sur les immobilisations augmente aussi, à moins que les immobilisations n'aient augmenté plus rapidement. Le ratio du chiffre d'affaires sur les immobilisations s'est accru plus rapidement que la croissance annuelle du chiffre d'affaires de 3 %; par conséquent, il semble que l'investissement dans les immobilisations ait diminué.

*Exercice 5-6 (30-40 minutes)

a) Le ratio du fonds de roulement permet de mesurer la liquidité globale à court terme et constitue un indice de la capacité de l'entreprise de régler ses dettes à court terme.

Le ratio de liquidité permet également de mesurer la liquidité à court terme. Cependant, à la différence du ratio du fonds de roulement, il mesure la liquidité la plus immédiatement disponible et constitue un indice de la capacité de l'entreprise de régler toutes ses dettes courantes au moyen de la trésorerie et des équivalents de trésorerie. Lorsqu'on le compare au ratio du fonds de roulement, le ratio de liquidité représente également un indice de l'importance du stock dans les actifs à court terme.

Le coefficient de rotation des stocks indique le nombre de fois que l'entreprise vend son stock moyen au cours d'un exercice. Un coefficient faible de rotation des stocks traduit l'accumulation excessive de marchandises désuètes.

Le pourcentage du chiffre d'affaires sur l'actif net est un ratio de rentabilité qui indique combien de fois l'actif net se retrouve dans le volume des ventes. On peut également appeler ce ratio le coefficient de rotation de l'actif net, qui donne une mesure de la gestion de l'actif net. Il constitue donc une mesure de l'efficience de l'exploitation.

Le pourcentage du bénéfice net sur l'actif net est aussi un ratio de rentabilité. Il indique le rendement sur l'investissement des actionnaires et sert à évaluer dans quelle mesure la direction est capable de générer des bénéfices à l'avantage de ses actionnaires (c'est-à-dire l'efficacité de la direction).

Le pourcentage du total du passif sur l'actif net permet de comparer le montant des ressources fournies par les créanciers à celui des ressources fournies par les actionnaires. Il donne donc une mesure du niveau de levier financier dans la structure financière de l'entreprise et sert à juger du degré de risque financier.

b)   Voici les deux ratios que chaque entité devrait utiliser pour examiner la situation financière de la société Techtronique ltée:

La Banque provinciale devrait calculer le ratio du fonds de roulement ou le ratio de liquidité et le pourcentage du total du passif sur l'actif net.

Brotech ltée devrait calculer le ratio du fonds de roulement ou le ratio de liquidité, combiné au coefficient de rotation des stocks ou au pourcentage du total du passif sur l'actif net.

Pour Léo et Lebas ltée, il faudrait établir le pourcentage du chiffre d'affaires sur l'actif net et le pourcentage du bénéfice net sur l'actif net qu'elle devrait utiliser.

Quant au Comité de gestion du fonds de roulement, il devrait revoir le ratio du fonds de roulement ou le ratio de liquidité et le coefficient de rotation des stocks.

c)   Techtronique ltée semble faire preuve d'une position solide en matière de liquidités à court terme, comme l'indiquent les ratios du fonds de roulement et de liquidité qui se sont améliorés au cours des trois exercices. De plus, le ratio du fonds de roulement est supérieur à la moyenne sectorielle et le ratio de liquidité se situe légèrement en dessous. Cependant, il se pourrait que l'augmentation du ratio du fonds de roulement soit attribuable à une augmentation des stocks. C'est d'ailleurs ce que confirme la détérioration du coefficient de rotation des stocks, qui se situe également en dessous de la moyenne sectorielle. Il se peut que l'entreprise soit aux prises avec un surplus de stock ou des marchandises désuètes.

La rentabilité de Techtronique ltée est bonne, comme le montrent les ratios de rentabilité en croissance. Les ratios de rentabilité se situent tous deux au-dessus de la moyenne sectorielle. Le pourcentage de bénéfice net (pourcentage de bénéfice net sur chiffre d'affaires net) peut être déduit de ces deux ratios[1], et il est en augmentation dans le cas de Techtronique ltée (2000: 5,17 %; 2001: 5,36 %; 2002: 5,69 %); il dépasse même la moyenne sectorielle qui est de 3,86 %.

Le pourcentage du total du passif sur l'actif net a augmenté au cours des trois exercices et surpasse la moyenne sectorielle, ce qui indique une dette importante. Cette situation de fort levier financier peut s'avérer néfaste si le volume des ventes, la marge bénéficiaire brute ou le bénéfice diminue en raison de la charge d'intérêt qui demeure fixe.

---

[1]   Ce pourcentage s'obtient par la formule suivante: 1 ÷ chiffre d'affaires ÷ (actif – passif) × Bénéfice net ÷ (actif – passif) = Bénéfice net ÷ chiffre d'affaires

DURÉES ET OBJECTIFS DES PROBLÈMES

Problème 5-1 (40-50 minutes)

<u>Objectif</u> – Proposer à l'étudiant divers faits postérieurs à la date de clôture à évaluer, et lui demander de préparer la présentation appropriée pour chacun de ces faits, s'il y a lieu.

Problème 5-2 (25-30 minutes)

<u>Objectif</u> – Permettre à l'étudiant de comprendre les règles régissant la présentation d'informations sectorielles. L'étudiant doit déterminer parmi les cinq secteurs décrits ceux que l'on peut isoler selon ces règles, et décrire comment il faudra les présenter.

*Problème 5-3 (35-45 minutes)

Objectif – Permettre à l'étudiant de comprendre certains ratios importants. De plus, l'étudiant doit préciser et expliquer les autres informations ou les analyses financières qui pourraient être employées pour mieux évaluer la situation financière. En outre, il devra déterminer si la société est en mesure de financer son expansion par des fonds autogénérés et si les créanciers de la société devraient reporter les dates d'échéance des emprunts.

*Problème 5-4 (40-60 minutes)

Objectif – Permettre à l'étudiant de comprendre les avantages de l'analyse horizontale et de l'analyse verticale des états financiers. À partir des données financières fournies, l'étudiant doit établir un bilan comparatif selon chacune des deux approches. Ensuite, il doit analyser les avantages des deux présentations.

*Problème 5-5 (35-45 minutes)

Objectif – Vérifier si l'étudiant est en mesure de déterminer les éléments à considérer lors de l'établissement d'une politique de dividende. Il doit suggérer des facteurs dont il faut tenir compte pour établir une politique de dividende et calculer divers ratios relatifs aux données financières fournies. Finalement, l'étudiant doit utiliser les ratios au moment où on lui demande de donner son avis sur l'opportunité de déclarer un dividende en argent.

SOLUTIONS DES PROBLÈMES

Problème 5-1

SABRINA CORPORATION
Bilan
du 31 décembre 2002

Actifs

Actifs à court terme

Trésorerie (571 000 $ – 400 000 $)		171 000 $	
Comptes clients (480 000 $ + 30 000 $)	510 000 $		
Moins: provision pour créances douteuses	30 000	480 000	
Effets à recevoir		162 300	
Stocks (DEPS)		645 100	
Charges payées d'avance		47 400	
Total de l'actif à court terme			1 505 800

Placements à long terme

Placement en terrain		185 000	
Valeur de rachat d'une police d'assurance-vie		84 000	
Montant affecté à l'agrandissement des installations		400 000	669 000

Immobilisations corporelles

Installations et matériel (remis en garantie des obligations) (4 130 000 $ + 1 430 000 $)	5 560 000		
Moins amortissement cumulé	1 430 000	4 130 000	
Terrain		446 200	4 576 200

Immobilisations incorporelles

au prix coûtant, moins amortissement de 63 000 $			252 000
Total de l'actif			7 003 000 $

Passifs et capitaux propres

Passifs à court terme

Comptes fournisseurs	510 000 $	
Impôts estimatifs à payer	145 000	
Dividendes à payer	200 000	
Cumul des salaires à payer	275 000	
Produit reçu d'avance	489 500	
Intérêts courus à payer (750 000 $ × 8 % × 8/12)	40 000	
Total du passif à court terme		1 659 500 $

Passif à long terme

Effets à payer (échéant en 2004)		157 400	
Obligations (8 %) à payer (garanties par les immobilisations corporelles)	750 000 $		
Moins: escompte d'émission non amorti*	42 900	707 100	864 500
Total du passif			2 524 000

Capitaux propres

Capital-actions, valeur nominale 10 $ l'action, 200 000 actions autorisées; 184 000 actions émises et en circulation		1 840 000	
Surplus d'apport, excédant la valeur nominale	150 000	1 990 000	
Bénéfices non répartis		2 489 000**	
Total des capitaux propres			4 479 000
Total du passif et des capitaux propres			7 003 000 $

* (49 500 $ ÷ 5 = 9 900 $; 9 900 $ × 8/12 = 6 600 $; 49 500 $ – 6 600 $ = 42 900 $)

** Bénéfices non répartis	2 810 600 $
Cumul des salaires, omis	(275 000)
Intérêts courus	(40 000)
Amortissement des obligations	(6 600)
	2 489 000 $

Commentaires supplémentaires:

1. Il faut mentionner l'information relative au concurrent, car cette innovation peut avoir de sérieuses répercussions sur la société. La valeur des stocks a été surestimée, étant donné qu'il faudra réduire le prix de vente. Il faut mentionner cet élément, ainsi que la valeur nette réalisable des stocks.

2. Il faut indiquer la remise en garantie des éléments de l'actif dans le corps du bilan, comme on l'a fait, ou bien dans une note complémentaire.

3. L'erreur de calcul relative aux stocks aurait été contrebalancée, une régularisation est donc inutile.

4. Il faut ajouter le cumul des salaires à payer dans le passif, et on doit réduire les bénéfices non répartis de la même somme.

5. Comme le profit sur la vente de certaines installations avait été crédité directement aux bénéfices non répartis, il n'a aucun effet sur la présentation du bilan.

6. Techniquement, on devrait présenter les immobilisations corporelles et le matériel dans des comptes distincts, avec l'amortissement calculé individuellement pour chaque compte. Mais le problème ne comportait pas les données détaillées pour pouvoir le faire.

7. L'intérêt couru sur les obligations (750 000 \$ × 8 % × 8/12 = 40 000 \$) n'a jamais été inscrit nulle part. Ce montant réduira également les bénéfices non répartis. L'amortissement de l'escompte d'émission de ces obligations [(49 500 \$ ÷ 60) × 8 mois = 6 600 \$] réduira à la fois le compte de l'escompte et celui des bénéfices non répartis.

Problème 5-2

a) Pour déterminer les secteurs isolables:

1) Test du chiffre d'affaires: 10 % × 790 000 \$* = 79 000 \$

Les secteurs B (80 000 \$) et C (580 000 \$) réussissent tous les deux ce test.

* 40 000 \$ + 80 000 \$ + 580 000 \$ + 35 000 \$ + 55 000 \$

2) Test du profit d'exploitation:

10 % × (11 000 \$ + 75 000 \$ + 4 000 \$ + 7 000 \$) = 9 700 \$.

Les secteurs A (11 000 \$), B (10 000 \$ – valeur absolue) et C (75 000 \$) réussissent ce test.

3) Test des éléments d'actif identifiables: 10 % × 710 000 \$** = 71 000 \$.

Seul le secteur C (500 000 \$) réussit ce test.

** 35 000 \$ + 60 000 \$ + 500 000 \$ + 65 000 \$ + 50 000 \$

b) Présentation des informations sectorielles conformément aux normes comptables:

	A	B	C	Autres	Totaux
Produit des ventes à l'extérieur	40 000 \$	60 000 \$	480 000 \$	90 000 \$	670 000 \$
Ventes intersectorielles		20 000	100 000		120 000
Total des produits	40 000	80 000	580 000	90 000	790 000
Coût des marchandises vendues	19 000	50 000	270 000	49 000	
Frais d'exploitation	10 000	40 000	235 000	30 000	
Total des frais	29 000	90 000	505 000	79 000	
Profit (perte) d'exploitation	11 000	(10 000)	75 000	11 000	87 000
Éléments d'actifs identifiables	35 000 \$	60 000 \$	500 000 \$	115 000 \$	710 000 \$

Rapprochement des produits d'exploitation

Total des produits des secteurs	790 000 $
Produits des secteurs non isolables	(90 000)
Élimination des produits des ventes intersectorielles	(120 000)
Produits des secteurs isolables	580 000 $

Rapprochement des profits ou pertes d'exploitation

Total des profits d'exploitation des secteurs	87 000 $
Profits des secteurs non isolables	(11 000)
Profits d'exploitation des secteurs isolables	76 000 $

Rapprochement des éléments d'actif

Total des éléments d'actif des secteurs	710 000 $
Éléments d'actif des secteurs non isolables	(115 000)
Éléments d'actif des secteurs isolables	595 000 $

*Problème 5-3

Fortin ltée

Statistiques financières

a)   1.   Ratio du fonds de roulement: $\dfrac{\text{Actif à court terme}}{\text{Passif à court terme}}$

2000: $\dfrac{320\ 000\ \$}{158\ 500\ \$} = 2{,}02 \text{ à } 1$

2001: $\dfrac{393\ 000\ \$}{154\ 000\ \$} = 2{,}55 \text{ à } 1$

2.   Ratio de liquidité: $\dfrac{\text{Actif à court terme} - \text{Stock}}{\text{Passif à court terme}}$

2000: $\dfrac{270\ 000\ \$}{158\ 500\ \$} = 1{,}70 \text{ à } 1$

2001: $\dfrac{298\ 000\ \$}{154\ 000\ \$} = 1{,}94 \text{ à } 1$

3. Coefficient de rotation des stocks: $\dfrac{\text{Coût des marchandises vendues}}{\text{Stock moyen}}$

2001: $\dfrac{1\ 530\ 000\ \$^*}{\dfrac{50\ 000\ \$ + 95\ 000\ \$}{2}}$ = 21,1 fois (tous les 17,3 jours)

* Si on suppose que la société Fortin ltée est une entreprise de fabrication, il faut inclure l'amortissement dans le coût des marchandises vendues.

4. Taux de rendement des actifs: $\dfrac{\text{Bénéfice net}}{\text{Actif total}}$

2000: $\dfrac{297\ 000\ \$}{\dfrac{1\ 688\ 500\ \$ + 1\ 740\ 500\ \$}{2}}$ = 17,3 %

2001: $\dfrac{366\ 000\ \$}{\dfrac{1\ 740\ 500\ \$ + 1\ 842\ 000\ \$}{2}}$ = 20,4 %

5. Pourcentage de variation du chiffre d'affaires:

	Chiffres (en milliers de dollars)		Pourcentage d'augmentation
	2000	2001	
Chiffre d'affaires	2 700 $	3 000 $	$\dfrac{300\ \$}{2\ 700\ \$}$ = 11,11 %
Coût des marchandises vendues	1 425	1 530	$\dfrac{105\ \$}{1\ 425\ \$}$ = 7,37 %
Marge bénéficiaire brute	1 275 $	1 470 $	$\dfrac{195\ \$}{1\ 275\ \$}$ = 15,29 %
Bénéfice net après impôts	297 $	366 $	$\dfrac{69\ \$}{297\ \$}$ = 23,23 %

b) Voici les autres informations et analyses financières qui pourraient être utiles au gérant de crédit:

   1. Un état des flux de trésorerie mettrait en évidence le montant de liquidités provenant des opérations, les autres sources de trésorerie et l'utilisation de la trésorerie pour l'acquisition d'immobilisations et le remboursement de la dette à long terme.

   2. On pourrait établir des états financiers prévisionnels pour l'exercice 1991. De plus, il serait utile de revoir les budgets globaux de Fortin ltée. On trouverait dans ces éléments les estimations de la direction concernant l'exploitation de l'exercice suivant.

   3. On pourrait aussi approfondir l'analyse des liquidités de Fortin ltée en calculant quelques autres ratios, comme la proportion des ventes à crédit et le coefficient de rotation des comptes clients.

   4. Il faudrait examiner également dans quelle mesure la société utilise un levier financier.

c) Comme le montrent les calculs suivants, la société Fortin ltée devrait être en mesure de financer son expansion au moyen de financement interne.

	Chiffres en milliers de dollars		
	2001	2002	2003
Chiffre d'affaires	3 000 $	3 333,3 $	3 703,6 $
Coût des marchandises vendues	1 530	1 642,8	1 763,8
Marge bénéficiaire brute	1 470	1 690,5	1 939,8
Charges d'exploitation	860	948,2	1 045,5
Bénéfice avant impôts	610	742,3	894,3
Impôts sur le bénéfice (40 %)	244	296,9	357,7
Bénéfice net	366 $	445,4	536,6
Plus: Amortissement		102,5	102,5
Moins: Dividendes		(260,0)	(260,0)
Remboursements d'emprunt		(6,0)	(70,0)
Fonds disponibles pour l'expansion de l'usine		281,9	309,1
Expansion de l'usine		(150,0)	(150,0)
Excédent de fonds		131,9 $	159,1 $

Hypothèses:

Augmentation du chiffre d'affaires au taux de 11,11 %.

Augmentation du coût des marchandises vendues au taux de 7,37 %.

Augmentation des autres charges d'exploitation au même taux en 2000 et en 2001, soit 10,26 %.

L'amortissement reste constant à 102 500 $.

Les dividendes demeurent à 2 $ l'action.

L'expansion de l'usine est financée également sur deux exercices (150 000 $ par exercice).

Le report de la date d'échéance des emprunts est accordé.

d) La Banque de Commerce devrait probablement accorder le report des dates d'échéance des emprunts, en cas de réel besoin, parce que les flux de trésorerie de 2002 et de 2003 montrent que l'exploitation générera suffisamment de liquidités pour financier l'expansion de l'usine et rembourser les emprunts. On peut toutefois se demander si Fortin ltée doit vraiment faire cette demande, car l'excédent de fonds générés par l'exploitation de 2002 pourrait couvrir le remboursement de l'emprunt de 70 000 $. Cependant, il se peut que Fortin ltée demande le report des dates d'échéance des emprunts afin de se garder un coussin, du fait que son solde de caisse est faible. Les ratios financiers indiquent que Fortin ltée a une structure financière solide. Si la banque souhaite davantage de protection, elle pourrait exiger de Fortin ltée de limiter le montant des dividendes prévus pour les deux prochains exercices à 2 $ l'action, soit le montant de 2001.

Problème 5-4

DUCHARME LTÉE

Bilan comparatif

aux 31 décembre 2000 et 2001

	2001		2000	
Actifs				
Caisse	180 000 $	5,38%	275 000 $	9,87%
Clients	220 000	6,59	155 000	5,57
Placements	270 000	8,08	150 000	5,39
Stock	960 000	28,74	980 000	35,18
Frais payés d'avance	25 000	0,75	25 000	0,90
Immobilisations	2 685 000	80,40	1 950 000	70,02
Amortissement cumulé	(1 000 000)	(29,94)	(750 000)	(26,93)
Total	3 340 000 $	100,00%	2 785 000 $	100,00%
Passifs et capitaux propres				
Fournisseurs	50 000 $	1,50%	75 000 $	2,69%
Charges à payer	170 000	5,09	200 000	7,18
Obligations à payer	500 000	14,97	190 000	6,82
Capital-actions	2 100 000	62,87	1 770 000	63,56
Bénéfices non répartis	520 000	15,57	550 000	19,75
Total	3 340 000 $	100,00%	2 785 000 $	100,00%

b)

DUCHARME LTÉE

Bilan comparatif

aux 31 décembre 2000 et 2001

| Actifs | 2001 | 2000 | augmentation ou (diminution) | |
			en dollars ($)	en pourcentage (%)
Caisse	180 000 $	275 000 $	(95 000) $	(34,55) %
Clients	220 000	155 000	65 000	41,94
Placements	270 000	150 000	120 000	80,00
Stock	960 000	980 000	(20 000)	(2,04)
Frais payés d'avance	25 000	25 000	0	0
Immobilisations	2 685 000	1 950 000	735 000	37,69
Amortissement cumulé	(1 000 000)	(750 000)	(250 000)	(33,33)
Total	3 340 000 $	2 785 000 $	555 000 $	19,93 %
Passifs et capitaux propres				
Fournisseurs	50 000 $	75 000 $	(25 000) $	(33,33) %
Charges à payer	170 000	200 000	(30 000)	(15,00)
Obligations à payer	500 000	190 000	310 000	163,16
Capital-actions	2 100 000	1 770 000	330 000	18,64
Bénéfices non répartis	520 000	550 000	(30 000)	(5,45)
Total	3 340 000 $	2 785 000 $	555 000 $	19,93 %

c) Un bilan comparatif indiquant le pourcentage du total des actifs que représente chaque élément facilite l'analyse. Il permet de comparer le total des actifs, le total des passifs et des capitaux propres sur une base commune. Donc, l'état financier est simplifié par la présence de chiffres que l'on peut saisir plus facilement. Le bilan comparatif permet également de mettre en lumière des relations qui, autrement, passeraient inaperçues. Par exemple, la direction peut estimer qu'à 6,59 %, le pourcentage des comptes clients est plutôt bas. Peut-être la société n'accorde-t-elle pas suffisamment de crédit. On peut comparer ces pourcentages avec ceux d'autres entreprises prospères afin de voir comment se situe Ducharme ltée et si l'on pourrait effectuer des améliorations.

d) Un état financier établi comme indiqué au point b) constitue une bonne analyse qui distingue le changement total des actifs, des passifs et des capitaux propres. En effet, cet état met en lumière l'augmentation de 19,93 % et facilite le travail des analystes, ce qui leur permet de repérer les éléments inhabituels. Du côté des actifs, l'augmentation s'explique par un accroissement des comptes clients, des placements et des immobilisations; du côté des passifs et des capitaux propres cette augmentation s'explique par l'accroissement des obligations à payer et du capital-actions. Généralement, ce type de présentation facilite l'analyse des opérations de l'exercice.

Problème 5-5

a) Pour établir une politique de dividende, il faut tenir compte des facteurs suivants:

1. Les projets d'expansion ou les objectifs de l'entreprise ainsi que ses besoins en liquidités pour financer les nouvelles activités.

2. Les occasions de placement possibles pour l'entreprise comparées au rendement que les actionnaires peuvent obtenir sur les fonds reçus sous forme de dividende en argent.

3. L'incidence possible de l'instauration d'un dividende sur le cours des actions de l'entreprise ainsi que son éventuelle incidence sur les choix de financement.

4. La capacité de l'entreprise à générer des bénéfices et la stabilité de l'entreprise passée et prévue.

5. La capacité de l'entreprise de maintenir à un niveau donné les bénéfices au cours des exercices futurs. Il peut être préjudiciable de verser un dividende dans l'exercice considéré si on ne peut le faire par la suite. Il peut être aussi dommageable d'établir une politique qui semble prévoir des dividendes croissants au fil des années, si l'on ne peut maintenir cet accroissement.

6. La situation actuelle de l'entreprise. Y a-t-il des liquidités disponibles pour verser un dividende? Le fonds de roulement diminuera-t-il jusqu'à un seuil critique?

7. La possibilité de verser un dividende en actions en supplément ou à la place d'un dividende en argent.

8. Les politiques de dividendes de sociétés similaires.

9. La situation générale de l'économie dans le secteur où évolue l'entreprise.

10. La disponibilité des bénéfices non répartis.

11. Les restrictions légales, telles les conventions restrictives incluses dans un acte de fiducie.

12. Les situations fiscales personnelles des actionnaires, si elles sont connues; un dividende est-il préférable à une plus-value?

13. Le nombre d'actionnaires et leurs besoins (par exemple, le dividende requis).

b)

	2001	2000	1999	1998	1997
Taux de rendement des actifs	3 000 $	1 600 $	800 $	1 000 $	200 $
	22 000 $	19 000 $	11 500 $	4 200 $	3 000 $
	13,64 %	8,42 %	6,96 %	23,81 %	6,67 %
Marge bénéficiaire nette	3 000 $	1 600 $	800 $	1 000 $	200 $
	20 000 $	16 000 $	14 000 $	6 000 $	4 000 $
	15,0 %	10,0 %	5,71 %	16,67 %	5,0 %
Coefficient de rotation des actifs	20 000 $	16 000 $	14 000 $	6 000 $	4 000 $
	22 000	19 000 $	11 500 $	42 000 $	3 000 $
	0.91 fois	0,84 fois	1,22 fois	1,43 fois	1,33 fois
Bénéfice par action	3 000 000 $	1 600 000 $	800 000 $	1 000 000 $	200 000 $
	2 000 000 $	2 000 000 $	2 000 000 $	20 000 $	20 000 $
	1,50 $	0,80 $	0,40 $	50,00 $	10,00 $
Ratio cours-bénéfice	9 $	6 $	4 $		
	1,50 $	0,80 $	0,40 $		
	6 fois	7,5 fois	10 fois		

c) Quoique le taux de rendement des actifs, la marge bénéficiaire nette et le résultat par action aient augmenté régulièrement, le cours des actions n'a pas reflété pleinement cette augmentation. Ce qui laisse à penser que les facteurs inhérents au marché (et peut-être des facteurs inhérents à ce secteur d'activité) influent négativement sur le cours des actions. Cela pourrait indiquer que le cours relativement bas des actions serait notamment dû au fait qu'il n'y a pas eu de versements de dividendes auparavant. On pourrait conclure que l'entreprise se trouve dans une situation où l'exploitation s'améliore et qu'elle semble en mesure de verser un dividende, même si le montant n'est pas déterminé. Il serait sage, toutefois, d'examiner les autres facteurs internes et externes mentionnés au point *a* de ce cas.

Il semblerait qu'un dividende de 0,15 $ à 0,45 $ par action, soit 10 % à 30 % du résultat par action de 2001, soit raisonnable. Il nécessiterait une sortie de fonds de 300 000 $ (0,15 $ × 2 000 000) à 900 000 $ (0,45 $ × 2 000 000). Des versements qui dépasseraient nettement 900 000 $ auraient un effet considérable sur le fonds de roulement. Ce dividende procurerait un rendement de 1,7 % à 5 % sur le cours moyen de 2001.

DURÉES ET OBJECTIFS DES ÉTUDES DE CAS

Étude de cas 5-1 (10-20 minutes)

<u>Objectif</u> – Permettre à l'étudiant de bien déterminer quelles données présenter dans les états financiers, en ce qui concerne le classement de certains éléments d'actif. L'étudiant doit expliquer chacune de ces présentations respectives, relatives aux stocks, aux immobilisations corporelles et au matériel, dans les états financiers vérifiés destinés aux actionnaires.

Étude de cas 5-2 (20-25 minutes)

<u>Objectif</u> – Permettre à l'étudiant de bien déterminer les données qu'il faut présenter dans les états financiers et dans les notes complémentaires. L'étudiant doit évaluer les faits relatifs à quatre éléments différents d'exploitation d'une entreprise; il doit également expliquer toutes les présentations supplémentaires dans les états financiers et les notes complémentaires que le vérificateur (auditeur) doit recommander concernant ces quatre éléments.

Étude de cas 5-3 (20-25 minutes)

<u>Objectif</u> – Permettre à l'étudiant de bien identifier les conditions pour lesquelles on doit recourir aux notes complémentaires. L'étudiant doit analyser trois séries de circonstances et préparer les notes complémentaires nécessaires, le cas échéant, et expliquer les raisons pour lesquelles certains éléments n'en nécessitent pas.

Étude de cas 5-4 (25-30 minutes)

<u>Objectif</u> – Permettre à l'étudiant de bien comprendre les types de présentation appropriés à diverses situations. Cette étude de cas propose trois situations indépendantes traitant de concepts différents, notamment de réclamations sous garantie, de l'éventualité d'une autoassurance et de la constatation d'une perte probable après la date des états financiers. L'étudiant doit expliquer le système de report, le type de présentation nécessaire et les raisons pour lesquelles ce genre de présentation convient à chacune de ces trois situations.

Étude de cas 5-5 (20-25 minutes)

<u>Objectif</u> – Permettre à l'étudiant de bien comprendre la comptabilité qui s'applique aux faits postérieurs à la date de clôture. On présente à l'étudiant des cas de faillite, d'émission de créances, de grèves et d'autres faits typiques postérieurs à la date de clôture.

Étude de cas 5-6 (30-35 minutes)

<u>Objectif</u> – Permettre à l'étudiant de bien comprendre les exigences de la présentation de données sectorielles, et lui permettre d'expliquer pourquoi certains secteurs sont isolables.

Étude de cas 5-7 (20-25 minutes)

<u>Objectif</u> – Permettre à l'étudiant de bien comprendre la présentation de données sectorielles. Dans ce cas, on recherche pourquoi la société ne présentait pas de données pour certains secteurs. On se penche également sur les raisons imposant la présentation des ventes d'exportation. Et enfin, on demande à l'étudiant d'expliquer pourquoi il faut présenter les secteurs internationaux dans les cas d'importantes activités à l'étranger.

Étude de cas 5-8 (25-30 minutes)

<u>Objectif</u> – Permettre à l'étudiant de bien comprendre les concepts sous-jacents aux applications de la présentation de données sectorielles. L'étudiant doit expliquer les raisons pour lesquelles il faut présenter des données sectorielles, les possibles inconvénients que comporte cette présentation et les difficultés comptables inhérentes à la présentation d'informations sectorielles.

Étude de cas 5-9 (20-25 minutes)

<u>Objectif</u> – Permettre à l'étudiant de bien comprendre les applications et les exigences relatives aux rapports financiers intermédiaires. L'étudiant expliquera comment une entreprise est tenue de présenter les résultats de son exploitation dans un rapport trimestriel, et décrira les données financières à présenter à ses actionnaires dans un rapport trimestriel.

Étude de cas 5-10 (30-35 minutes)

<u>Objectif</u> – Permettre à l'étudiant de bien comprendre les concepts relatifs aux rapports intermédiaires et leur application à certaines données financières particulières. Cette étude de cas contient six exemples indépendants les uns des autres, montrant comment il est possible de présenter les faits dans un rapport intermédiaire. L'étudiant doit évaluer chaque exemple et indiquer si la méthode proposée respecte les principes comptables généralement reconnus s'appliquant aux données financières intermédiaires.

Étude de cas 5-11 (25-30 minutes)

<u>Objectif</u> – Permettre à l'étudiant de bien comprendre les mérites théoriques sous-jacents à la présentation de prévisions financières. L'étudiant doit discuter des arguments avancés pour la présentation de prévisions pour les bénéfices, du bien-fondé d'une «règle refuge» et expliquer pourquoi les entreprises hésitent à présenter des prévisions pour leurs bénéfices.

*Étude de cas 5-12 (40-50 minutes)

<u>Objectif</u> – Vérifier si l'étudiant comprend le rôle de l'analyse au moyen de ratios dans la détermination de la stabilité financière d'une société. L'étudiant doit expliquer comment certaines mesures utilisées en analyse financière contribuent à déterminer les perspectives concernant la solvabilité de l'entreprise et sa capacité à poursuivre son exploitation. L'étudiant doit également expliquer les limites de l'analyse au moyen de ratios en ce qui concerne les objectifs formulés dans le cas.

*Étude de cas 5-13 (25-35 minutes)

<u>Objectif</u> – Permettre à l'étudiant de comprendre l'incidence de diverses opérations sur la situation financière d'une société. Pour chacune des opérations, l'étudiant doit établir l'incidence qu'elle exerce sur le bénéfice net, les bénéfices non répartis, le ratio du fonds de roulement et la valeur comptable d'une action.

SOLUTIONS DES ÉTUDES DE CAS

Étude de cas 5-1

La société Dubon ltée doit présenter les données suivantes concernant ses stocks:

1. Le montant monétaire affecté à ses stocks.

2. La méthode d'évaluation de ses stocks, par exemple, PEPS, DEPS, moyenne pondérée.

3. Le prix de base de cette évaluation; par exemple, au prix coûtant ou au moindre du coût ou de la valeur de marché. Si l'on présente un montant autre que celui du coût, il faut tout de même présenter le montant du coût ou indiquer le montant de la provision pour moins-value.

4. La répartition des stocks en matières premières, produits en cours de fabrication et produits finis.

Il convient de présenter les données suivantes touchant les immobilisations corporelles:

1. Les soldes des principales catégories d'immobilisations amortissables (classées par nature ou par fonction).

2. L'amortissement cumulé, soit par principales catégories d'immobilisations amortissables, soit sous forme de total.

3. Une description générale des méthodes utilisées pour le calcul des amortissements pour les principales catégories d'immobilisations amortissables.

4. Le montant des dotations aux amortissements pour l'exercice.

On doit présenter les données relatives aux stocks et aux immobilisations corporelles dans le corps des états financier et dans les notes complémentaires, qui font partie intégrante des états financiers.

Étude de cas 5-2

Élément 1

Le vérificateur (auditeur) adjoint qui a examiné le contrat d'emprunt a mal interprété ses exigences. Les bénéfices non répartis sont limités au montant de 420 000 $, ce qui correspond au solde de ce compte au moment de la signature du contrat. Il convient d'indiquer la nature et le montant de la restriction dans le bilan ou dans une note complémentaire aux états financiers.

Élément 2

À moins qu'il ne s'agisse d'actions privilégiées à dividendes cumulatifs, le vérificateur (auditeur) n'a aucune recommandation à faire. Les lecteurs d'états financiers connaissent la politique selon laquelle le conseil d'administration d'une société distribue à son gré les dividendes des actions ordinaires. La société n'a donc pas à s'engager à distribuer un dividende sur ses actions ordinaires, ni à expliquer sa politique passée dans ses états financiers, d'autant plus que la lettre du président abordera cette question. S'il s'agissait de dividendes cumulatifs non versés sur des actions privilégiées, il faudrait mentionner ce fait dans le corps des états financiers ou dans une note complémentaire.

Il est bon de noter que la SEC encourage les entreprises à communiquer leur politique relative aux dividendes dans leur rapport annuel. Sont visées par cette mesure les sociétés 1) qui font des bénéfices mais ne versent pas de dividendes, ou 2) qui ne prévoient pas verser de dividendes dans un avenir prévisible. Quant à celles qui versent régulièrement des dividendes, la SEC les invite à indiquer si elles ont l'intention de continuer à le faire.

Élément 3

L'apparition d'une concurrence de cette nature est normalement considérée comme étant du second type de faits postérieurs à la date de clôture. Ce type de fait indique la présence d'une situation qui n'existait pas avant la date du bilan, bien que dans certaines circonstances, le vérificateur (auditeur) pourrait conclure que la situation peu concurrentielle de Rem était évidente à la fin de l'exercice. De toute manière, il faut communiquer cette circonstance aux utilisateurs d'états financiers, car la récupération des coûts engagés pour la nouvelle usine s'en trouve menacée et la société Rem risque d'engager encore des frais supplémentaires pour modifier ses installations. Comme il est probablement impossible de déterminer les conséquences économiques, il faudrait présenter les faits dans une note complémentaire aux états financiers. S'il est possible de déterminer la valeur récupérable de l'usine, la société Rem devrait envisager de présenter la situation financière corrigée de la société dans un bilan pro forma, en supposant que le fait soit considéré comme une situation qui n'existait pas en fin d'exercice. (Ce n'est que si les circonstances permettaient de conclure que la situation existait déjà en fin d'exercice qu'il faudrait régulariser les états financiers de l'exercice se terminant le 31 décembre 2001, pour prendre en compte les effets économiques prévisibles de cette situation.)

Élément 4

Le contrat de location signé avec l'ancienne Banque Nationale répond aux critères d'un contrat de location-acquisition, car il contient une option d'achat à rabais (un bâtiment d'une durée estimative de 25 ans pouvant être acheté au bout de 10 ans pour la somme symbolique de 1 $). Par ailleurs, à moins que la juste valeur du bâtiment excède considérablement son coût de 2 400 000 $, la valeur actualisée des versements du loyer dépasse probablement 90 % de la juste valeur du bâtiment. Le locataire doit donc capitaliser dans son bilan cet élément d'actif loué et l'engagement qui y est lié, en actualisant de manière appropriée les versements futurs à faire stipulés dans le contrat de location. Dans une note complémentaire, le locataire doit présenter: 1) le montant brut de l'élément d'actif loué et l'amortissement cumulé s'y rapportant; 2) les futurs versements minimaux de loyer en date du dernier bilan, au total et pour chacun des cinq prochains exercices, ainsi que le montant de l'intérêt théorique nécessaire pour réduire les versements du loyer à sa valeur actualisée; 3) une description générale des modalités du contrat de location et, 4) l'existence des conditions de l'option d'achat. L'état des résultats devrait comprendre un compte de charge pour l'amortissement de l'élément d'actif loué et un compte d'intérêts débiteurs.

Étude de cas 5-3

a) Le vérificateur (auditeur) pourrait recommander d'ajouter aux états financiers les notes complémentaires suivantes, en ce qui a trait aux éléments 2 et 3.

Note A. En 2001, l'amortissement des installations de production est calculé selon la méthode linéaire. Au cours des exercices précédents, il était calculé selon la méthode accélérée. La nouvelle méthode d'amortissement a été adoptée en raison de... (indiquer la justification du changement de méthode d'amortissement)... et a été appliquée rétrospectivement aux installations acquises au cours des exercices précédents afin d'en déterminer l'effet cumulatif. Ce changement en 2001 a eu pour effet d'augmenter (de diminuer) le bénéfice avant l'élément extraordinaire 1 (le cas échéant) d'un montant de xxxx. La régularisation nécessaire pour l'application rétroactive de cette nouvelle méthode, qui s'élève à xxxx, est incluse dans le bénéfice de 2001. Les montants pro forma figurant à l'état des résultats ont été redressés pour prendre en compte cet effet de l'application rétroactive de l'amortissement et l'effet pro forma relié aux impôts qui en découle.

Autres observations

1. Le changement de la méthode de calcul de l'amortissement de toutes les immobilisations corporelles (précédemment acquises et futures) représente un changement de principe comptable, tel que le définit l'APB dans son *Opinion No. 20*.

2. Par conséquent, il faut mentionner l'effet cumulatif de ce changement dans les états financiers de l'exercice en cours, et il faut inclure les états financiers précédents non redressés à des fins de comparaison.

3. À la suite du changement de la méthode d'amortissement pour la méthode linéaire, l'amortissement cumulé pour l'exercice figurant au bilan sera moins élevé et la valeur comptable des immobilisations corporelles sera plus élevée. L'état des résultats de l'exercice en cours sera directement touché dans deux domaines particuliers: la dotation aux amortissements pour l'exercice en cours et une nouvelle catégorie de compte de contrepartie placée après les éléments extraordinaires. Ce compte de contrepartie représente les effets du changement sur les bénéfices non répartis du début de l'exercice en cours, comme si ce changement était inscrit depuis le plus ancien exercice pouvant s'appliquer. On détermine ce montant en recalculant les bénéfices et les soldes de bénéfices non répartis pour tous les exercices précédents pouvant s'appliquer, comme si le changement avait été appliqué rétrospectivement. La différence entre le solde des bénéfices non répartis recalculé pour le début de l'exercice en cours et le solde original des bénéfices non répartis de l'exercice en cours représente ce compte de contrepartie dont le montant correspond à celui de l'effet cumulatif du changement sur les états financiers des exercices précédents.

Selon l'APB, il convient de présenter les effets du changement pour l'exercice en cours et sous forme d'états financiers pro forma pour tous les exercices précédents joints à l'état financier en cours, à des fins de comparaison. On doit présenter les effets du changement, dans chaque cas, parmi les comptes des bénéfices, avant les éléments extraordinaires, le bénéfice net et tous les montants relatifs au résultat par action.

Note B. Le ministère du Revenu est en train d'examiner la déclaration des revenus aux fins d'impôts de la société pour l'exercice de 1998. Le ministère conteste une déduction demandée relativement à une perte subie en 1998 par une filiale située au pays. L'examen est encore en cours et l'on ne peut déterminer si le fisc réclamera un supplément d'impôts. Selon le conseiller fiscal de la société, s'il y avait un supplément d'impôts, il ne devrait pas être important.

b) **Élément 1.** En général, on ne communique pas les questions qui ne relèvent pas de la comptabilité, telles un changement dans la direction et un éventuel conflit au sujet de procurations, à moins que l'information permette de mieux comprendre les états financiers. Il faut informer le président que les notes complémentaires font partie intégrante des états financiers et que, comme telles, elles doivent se limiter à des données concernant les états financiers. En outre, il n'existe aucune certitude quant à la matérialisation du conflit à propos des procurations. Du fait de cette incertitude, il n'y a pas de raison d'aborder cette question. La présentation de faits sans rapport avec les questions essentielles à l'interprétation des états financiers crée souvent un doute quant au motif de cette communication, ce qui peut être à l'origine de conclusions trompeuses. L'information concernant le conflit possible sur les procurations peut faire partie de la lettre que le président destine aux actionnaires, laquelle se trouve généralement dans le rapport annuel.

Étude de cas 5-4

Situation 1

Lorsqu'une entreprise vend de la marchandise couverte par une garantie, elle doit s'attendre à engager des frais au cours des exercices suivants en rapport avec le produit de la vente comptabilisé dans l'exercice en cours. Il est donc nécessaire d'affecter une charge future à l'application de cette garantie, et ce, à la date de la comptabilisation du produit de la vente. En se fondant sur l'expérience passée ou sur certaines analyses techniques, il est possible d'estimer de façon plausible les futures réclamations concernant la garantie et d'affecter un certain montant à un compte du passif. Un compte de passif éventuel pour garanties répond aux deux critères exigés pour inscrire une perte éventuelle courue, et on doit présenter le montant estimatif d'une telle perte dans les états financiers. En plus d'inscrire cette charge à payer, il peut être souhaitable d'indiquer dans une note complémentaire les facteurs qui ont servi à estimer ce montant, et tout particulièrement s'il se peut que la perte soit plus élevée que prévu.

Situation 2

Du fait que le contrat a été signé après la date de clôture des états financiers, on ne peut inclure dans ces états financiers une perte éventuelle pour un exercice antérieur à la matérialisation de cette perte, même advenant l'une ou l'autre des possibilités suivantes: 1) il existe une probabilité de perte sur ce contrat; 2) il est possible d'estimer le montant de la perte avec assez de certitude et 3) la probabilité de la perte a été constatée avant la publication des états financiers. Cependant, du fait qu'une perte importante est apparue après la date de clôture des états financiers, mais avant leur publication, il faut en faire mention dans une note complémentaire à ces états financiers. La note doit comprendre la nature de l'éventualité et une estimation du montant de la perte probable, ou l'ordre de grandeur probable de cette perte.

Situation 3

Le fait qu'une entreprise ait choisi de s'autoassurer contre les pertes éventuelles découlant de dommages à autrui par ses propres véhicules, ne constitue pas une justification suffisante pour prévoir une charge éventuelle en vue d'une perte qui ne s'est pas matérialisée à la date des états financiers. On peut établir un compte de charge, ou «réserve», pour un montant correspondant à la prime d'assurance qu'il aurait fallu verser pour une police assurant l'entreprise contre ce risque en particulier. Il est possible de comptabiliser une perte éventuelle seulement si, avant la date des états financiers, il s'était produit un fait particulier susceptible d'altérer un élément d'actif ou de créer un passif, et s'il avait été possible d'évaluer avec vraisemblance le montant relatif à ce fait particulier. Comme l'entreprise est autoassurée, il est nécessaire de présenter ce risque dans une note complémentaire afin d'alerter les lecteurs des états financiers des risques créés par ce manque d'assurance.

Étude de cas 5-5

1. On doit régulariser les états financiers pour y prendre en compte la perte prévue de 260 000 $ de ses comptes clients. Cette régularisation doit réduire les comptes clients à leur montant réalisable au 31 décembre 2001.

2. Il convient de présenter cette perte consécutive à un incendie dans une note complémentaire au bilan et de le signaler dans l'état des résultats, puisque ce sinistre affectera probablement la rentabilité de l'entreprise.

3. On considère que les grèves relèvent du domaine des nouvelles publiques; il n'est donc pas nécessaire de les présenter. Nombreux sont cependant les vérificateurs (auditeurs) qui en encouragent systématiquement la communication.

4. Ce cas soulève un problème délicat. Si ce fait postérieur à la clôture est du second type, autrement dit qui se réfère à une situation qui n'existait pas à la date des états financiers, soit le 31 décembre 2001, alors la présentation appropriée devrait mentionner les points suivants:

   a) La récupération des coûts investis dans l'usine et dans les stocks est incertaine;

   b) La société pourrait être obligée d'engager d'autres frais pour modifier les installations existantes;

   c) Compte tenu de cette situation, il est impossible de déterminer les développements économiques futurs. (S'il était possible de les déterminer, il conviendrait d'en faire une présentation pro forma.)

   S'il s'agit d'un fait postérieur à la date du bilan du premier type, donc qui corrobore une situation qui existait avant le 31 décembre 2001, il faut procéder à une régularisation des états financiers. Selon les stipulations du *FASB No. 5*, «la comptabilité pour éventualité» prévaut si l'on peut estimer les montants en cause. Il faut souligner en classe qu'il n'existe pas de «réponse juste» pour ce genre de problème. Il faut essentiellement faire appel au bon sens pour déterminer si une régularisation ou une présentation s'impose dans ce genre de situation.

5. Il faut corriger le chiffre des stocks du 31 décembre 2001, selon le prix du marché de 2 $ l'unité au lieu de 1,40 $, en application du principe du moindre du coût ou de la valeur de marché. La tarification réelle était une erreur temporaire, puisqu'aucun achat n'a été fait à ce prix.

6.   Communiquer le fait de la nouvelle émission d'actions dans une note complémentaire au bilan.

Étude de cas 5-6

Destinataire:	Vincent Price, comptable
Expéditeur:	(l'étudiant)
Date:	(date du jour)
Objet:	Détermination des secteurs isolables pour la société Villeneuve Internationale

Après analyse des données relatives aux secteurs de cette société que vous m'avez fournies, j'ai conclu que les secteurs *Funéraires*, *Crémation* et *Communs* devaient être présentés séparément. Il est possible de réunir les trois autres secteurs, *Fleurs*, *Limousine* et *Sérum en poudre*, dans une catégorie dénommée Autres.

Pour en arriver à cette conclusion, j'ai appliqué les trois critères préconisés par le FASB aux données fournies pour 2001. Premièrement, on doit présenter séparément les secteurs dont le chiffre d'affaires (ou produit d'exploitation) est égal au moins à 10 % du chiffre d'affaires total de l'entreprise. C'est le cas des secteurs *Funéraires* et *Crémation* dont le chiffre d'affaires dépasse 41 600 $ (10 % du produit d'exploitation consolidé).

Deuxièmement, on considère qu'un secteur est assez important pour être présenté séparément si le chiffre absolu de son profit (ou de sa perte) d'exploitation est supérieur ou égal à 10% du plus important des deux montants absolus suivants: a) le profit d'exploitation total de tous les secteurs d'exploitation qui n'ont pas subi de perte, ou b) la perte d'exploitation totale de tous les secteurs qui ont subi une perte. Le chiffre absolu du profit d'exploitation de tous les secteurs rentables s'élève à 101 000 $. Comme le profit d'exploitation des secteurs *Funéraires* et *Crémation* dépasse les 10 % de ce profit total, et comme la perte d'exploitation du secteur *Communs* est supérieure à 10 % du chiffre absolu du total des profits, il faut présenter séparément ces trois secteurs.

Troisièmement, on doit présenter un secteur séparément si le montant de ses éléments d'actif identifiables est au moins égal à 10 % de l'ensemble des éléments d'actif identifiables pour tous les secteurs. Là encore, les secteurs Funéraires, Crémation et Communs répondent à ce critère. Il est à remarquer que les trois autres secteurs – Limousine, Fleurs et Sérum en poudre – ne répondent à aucun de ces critères et qu'on ne peut donc les présenter séparément.

En présentant les données sectorielles, il faut inclure les postes suivants: produit d'exploitation (ou chiffre d'affaires), profit (perte) d'exploitation, éléments d'actif identifiables et dotation aux amortissements. En outre, on doit présenter toutes les données sectorielles selon les mêmes méthodes comptables que les données consolidées de la société.

J'espère que ces renseignements vous aideront à déterminer, à l'avenir, les secteurs isolables de la société. Si vous avez besoin d'autres éclaircissements, n'hésitez pas à me le faire savoir.

Étude de cas 5-7

a)   Les sociétés, comme H.J. Heinz, qui ne fournissent qu'un seul produit ou service dominant, ne peuvent préparer une présentation de données sectorielles logique. «Dominant» veut dire qu'un secteur donné représente 90 % de toutes les ventes, de tous les profits d'exploitation et de tous les éléments d'actif identifiables d'une société. Dans ce cas, on ne présente pas de données sectorielles, mais on doit indiquer le domaine industriel dans lequel se trouve le secteur dominant.

b) Les ventes d'exportation sont des ventes de produits fabriqués au pays, mais vendus à des clients de l'étranger. Il faut présenter les ventes d'exportation quand une société tire 10 % ou plus de son chiffre d'affaires (consolidé) de ventes à l'exportation.

c) Il est très important de présenter la répartition des ventes par régions géographiques. De nombreux pays sont instables aussi bien politiquement qu'économiquement et, par conséquent, il faut évaluer soigneusement les ventes qu'on y effectue. Par contre, les ventes réalisées dans des pays reconnus pour leur stabilité politique et économique, rassurent les utilisateurs de l'information financière qui ont de bonnes raisons de penser que ces activités devraient se poursuivre dans ces régions.

Étude de cas 5-8

a) La présentation d'informations financières pour des secteurs d'une entreprise commerciale ou industrielle signifie que l'information ne porte que sur une partie de l'entreprise (donc inférieure à son total). On peut déterminer ces secteurs selon la structure organisationnelle de l'entreprise, comme ses divisions, succursales ou filiales. On peut également prendre pour critères les domaines d'activités économiques, comme les domaines industriels dans lesquelles œuvre une entreprise, les gammes de produits fabriqués ou les sortes de services offerts, les différents marchés ou les types de clients desservis, ou encore les régions géographiques. Une entreprise peut déterminer ses secteurs d'activités soit à l'aide d'un seul des critères énumérés, soit en combinant plusieurs de ces critères.

b) Voici des arguments en faveur d'une présentation sectorielle des données financières:

1. Elles permettent de fournir une information détaillée utile aux investisseurs, aux créanciers et aux autres utilisateurs d'états financiers;

2. Les évaluateurs peuvent apprécier les principaux secteurs d'une entreprise commerciale avant de considérer l'entité dans son ensemble;

3. En plus d'être utiles et souhaitables, ces données sont pratiques pour effectuer des calculs;

4. On peut évaluer le potentiel de croissance d'une entreprise en examinant celui de ses principaux secteurs;

5. Les utilisateurs d'états financiers évaluent mieux les décisions de la direction touchant l'abandon ou la création d'un secteur d'activités;

6. Les projections de rentabilité sont plus efficaces si on les entreprend par secteur, du fait que les secteurs ne présentent pas des taux identiques de croissance, de rentabilité et de risque;

7. On apprécie mieux les capacités de gestion à l'aide des données sectorielles, car les responsabilités de gestion d'une entreprise sont souvent décentralisées.

c) Voici d'éventuels inconvénients inhérents à la présentation de données financières ventilées par secteurs d'exploitation:

1. Elles risquent d'être mal interprétées par les lecteurs qui ne connaissent pas les limitations concernant la détermination quelque peu arbitraire des frais communs;

2. Elles peuvent masquer l'interdépendance qui existe entre tous les secteurs;

3. Elles peuvent entraîner des comparaisons trompeuses entre secteurs de différentes entreprises;

4. Des concurrents peuvent obtenir des données confidentielles portant sur la rentabilité ou la non-rentabilité de certains produits, sur les projets concernant de nouveaux produits ou la pénétration d'un nouveau marché. Les données financières sectorielles peuvent aussi révéler certaines faiblesses qui peuvent inciter des concurrents à augmenter leurs efforts pour tirer parti de ces faiblesses; ces données peuvent aussi divulguer certains avantages qui, autrement, seraient restés inconnus;

5. L'information ainsi divulguée risque d'inciter les clients à se questionner sur les prix, au désavantage de l'entreprise;

6. Les données d'exploitation présentées par secteur peuvent être trompeuses pour les lecteurs. Les données par secteur destinées à la gestion interne comprennent souvent des jugements arbitraires connus seulement de ceux qui utilisent ces informations et qui les prennent en compte à des fins d'évaluations. Nombreuses sont les personnes qui croient qu'il est très difficile, voire impossible, de faire connaître de telles données de fond afin de les rendre compréhensibles à des utilisateurs de l'extérieur;

7. Les frais à engager pour fournir des données sectorielles, relatives à des situations pour lesquelles elles n'existent pas encore, pourraient être considérables;

8. On établirait des catégories uniformes de secteurs qui risqueraient d'entraîner encore d'autres dépenses pour les journaliser et les présenter. De plus, comme ces catégories auront été définies arbitrairement, elles risqueraient de ne plus représenter avec exactitude l'exploitation d'une entreprise dans ses perspectives à long terme. Certains s'inquiètent même du fait qu'en établissant arbitrairement des exigences de présentation, on pourrait favoriser l'établissement de règles arbitraires d'activités commerciales, afin de rendre possible l'atteinte de ces exigences de présentation.

d) Voici les difficultés comptables inhérentes à une présentation d'informations sectorielles:

1. Établir les fondements sur lesquels repose la sectorisation [les différentes possibilités sont énumérées en *a*) ci-dessus];

2. Déterminer les prix de cession interne. Les prix de cession interne représentent les charges imputées à un secteur pour des opérations effectuées avec un autre secteur de la même entreprise. Il existe plusieurs possibilités de les établir, et la société doit en choisir une;

3. Il faut définir la méthode de présentation des ventes par les secteurs. Une société peut choisir d'inclure ou non les opérations de ventes intersectorielles au sein de l'entreprise;

4. Déterminer la méthode utilisée pour calculer le bénéfice net des secteurs. Le bénéfice net peut être simplement une marge sur coûts variables, soit les ventes moins les frais variables, ou bien une évaluation plus classique d'un bénéfice net. Si l'on opte pour la méthode de marge sur coûts variables, il faut préciser les frais variables pris en compte. Si l'on opte pour une évaluation plus classique du bénéfice net, il faut établir le traitement des divers postes du bénéfice net pour chaque secteur, c'est-à-dire:

   a. déterminer si les frais communs sont répartis entre les secteurs;

   b. si tel est le cas, choisir la base sur laquelle les répartir;

   c. déterminer les dépenses en capital (intérêts, dividendes sur actions privilégiées, etc.) à répartir entre les secteurs;

   d. déterminer si l'on doit répartir entre les secteurs les éléments extraordinaires et les effets cumulatifs d'un changement de principe comptable;

   e. déterminer comment répartir les impôts sur le bénéfice entre les secteurs;

   f. déterminer comment répartir entre les secteurs la part des intérêts minoritaires dans le bénéfice, ainsi que les profits provenant de participation dans d'autres sociétés;

5. Déterminer les informations sectorielles à présenter concernant le bilan et l'état des flux de trésorerie. Ce qui comprend la répartition des éléments d'actif entre les divers secteurs;

6. Déterminer le traitement des informations sectorielles dans les rapports intermédiaires;

7. Il faut choisir la méthode de présentation des données sectorielles dans les états financiers. On peut procéder par voie de notes complémentaires ou d'états financiers distincts;

8. Établir les compléments d'information exigés, telles les conventions comptables appliquées;

9. Prendre en considération les effets des comparaisons annuelles, ce qui comprendrait la régularisation rétrospective des informations sectorielles précédemment présentées, à des fins de comparaison.

Étude de cas 5-9

a) 1. La société doit présenter les résultats trimestriels comme s'ils faisaient partie intégrante de l'exercice au complet (voir l'*Opinion No. 28* de l'*APB*, «Interim Financial Reporting»).

2. Voici comment présenter les produits et charges d'exploitation de la société dans son premier rapport trimestriel de l'exercice 2000-2001:

Chiffre d'affaires	60 000 000 $
Coût des marchandises vendues	36 000 000
Frais de vente variables	2 000 000
Frais de vente fixes	
Publicité (2 000 000 $ ÷ 4)	500 000
Frais divers (3 000 000 $ – 2 000 000 $)	1 000 000

Il faut traiter le chiffre d'affaires et le coût des marchandises vendues comme pour le rapport annuel. On doit imputer les coûts et frais, autres que le coût des marchandises, aux périodes intermédiaires à mesure qu'ils sont encourus, ou les répartir entre les périodes intermédiaires. Par conséquent, il faut comptabiliser au complet les frais de vente variables et la portion des frais de vente fixes non reliés à la publicité télévisuelle. On impute un quart des frais de publicité télévisuelle au premier trimestre, en supposant que cette publicité est diffusée tout le long de l'exercice. Il est possible de reporter les frais au cours de l'exercice si l'avantage tiré de ces frais s'étend clairement au-delà de la période intermédiaire au cours de laquelle ils ont été engagés.

b) L'information financière à présenter aux actionnaires dans les rapports trimestriels doit comprendre, au minimum:

1. Le chiffre d'affaires ou le produit brut des ventes, les provisions pour impôts sur le bénéfice, les éléments extraordinaires (avec leurs répercussions sur les impôts), les effets cumulatifs d'un changement de convention comptable et le bénéfice net;

2. Le résultat par action, de base et dilué;

3. Le chiffre d'affaires saisonnier, les coûts ou les frais.

Étude de cas 5-10

a) Il est acceptable, dans les états financiers, de recourir à l'estimation de la marge bénéficiaire brute pour déterminer la valeur du stock et le coût des marchandises vendues, à condition que la méthode et les taux utilisés soient vraisemblables. La société doit indiquer la méthode qu'elle a utilisée et toute régularisation importante rendue nécessaire à la suite du rapprochement de ces valeurs avec l'inventaire physique annuel.

b) Cette méthode est acceptable. Il est plus facile d'affecter à une période donnée les charges sociales relatives aux régimes de retraite que les ventes de marchandises ou la prestation de services. On encourage les sociétés à procéder à des estimations trimestrielles de ces charges qu'il faut généralement régulariser en fin d'exercice. C'est pourquoi il est acceptable de répartir ces charges entre les quatre trimestres.

c) Cette méthode est acceptable. Il faut communiquer toute baisse de la valeur des stocks au moment où elle survient. On doit comptabiliser à titre de profit dans cette autre période du même exercice toute récupération de telles pertes sur ce stock, dans une période ultérieure. Toutefois, ce profit, ne doit pas dépasser les pertes comptabilisées précédemment.

d) Cette méthode de présentation est inacceptable. On ne reporterait pas des profits sur une cession de titres de placement s'ils avaient été réalisés en fin d'exercice. C'est pourquoi on ne doit pas les reporter aux périodes suivantes; il faut plutôt les présenter durant le trimestre où ils ont été réalisés.

e) La méthode est acceptable. Les frais de la vérification (audit) annuelle constituent une charge dont la société bénéficie pendant tout l'exercice. On encourage les sociétés à procéder à des estimations trimestrielles de ces charges qui doivent généralement faire l'objet de régularisations en fin d'exercice. C'est pourquoi il est acceptable de répartir ces charges entre les quatre trimestres.

f) Cette méthode de présentation est inacceptable. Il faut comptabiliser le produit de la vente des marchandises à mesure qu'il est gagné au cours de la période, de la même manière qu'on le fait pour l'exercice au complet. Comme la société comptabilise normalement ses ventes au moment de leur expédition, elle doit également comptabiliser le produit de la vente au deuxième trimestre, et ne pas reporter la prise en compte de ces produits. En procédant autrement, la société n'applique pas de manière cohérente sa convention comptable et déroge aux règles générales de comptabilité relatives à la comptabilisation des produits d'exploitation.

Étude de cas 5-11

a) Arguments en faveur de la publication de prévisions financières:

1. Les décisions d'investissement se fondent sur des anticipations, c'est pourquoi une information prospective permet de prendre de meilleures décisions;

2. Les prévisions circulent déjà officieusement; mais sans contrôle; elles sont souvent trompeuses et tous les investisseurs n'y ont pas également accès. C'est une situation dont il faudrait reprendre le contrôle;

3. De nos jours, les circonstances changent si rapidement que les données des états financiers antérieurs ne permettent plus d'établir des prévisions fiables.

b) L'objectif de la règle refuge est d'offrir une protection à toute entreprise qui publie des prévisions erronées, à condition que ces prévisions aient été préparées sur des données raisonnables et qu'elles soient présentées en toute bonne foi. Mais cette règle refuge inquiète certaines sociétés, car l'interprétation d'un jury du terme «raisonnable» risque de varier quelque peu par rapport à celle de la société et, par conséquent, à celle de la SEC.

c) Les inquiétudes des sociétés relativement à la présentation de prévisions financières sont les suivantes:

1. Personne ne pouvant prédire l'avenir, les prévisions se révéleront inévitablement erronées, même si elles semblent précises;

2. Au lieu de produire les meilleurs résultats dans l'intérêt des actionnaires, les sociétés se contenteront d'obtenir les résultats correspondant à leurs prévisions;

3. Les prévisions erronées constitueront une source de contestations et, probablement, de poursuites judiciaires. Même avec une règle refuge, les entreprises s'inquiètent de la subjectivité de la définition du terme «raisonnable»;

4. La publication de prévisions peut porter préjudice à l'entreprise, parce que ces données ne s'adressent pas uniquement aux investisseurs; elles parviennent aussi aux concurrents (nationaux et étrangers).

* Étude de cas 5-12

a) L'augmentation du ratio du fonds de roulement fournit une indication favorable quant à la solvabilité de l'entreprise, mais elle donne peu d'informations sur la capacité de l'entreprise à poursuivre son exploitation. À partir de cette seule variation, il est impossible de connaître l'importance et le sens du changement de chaque élément des actifs à court terme et des passifs à court terme. De plus, les raisons de cette variation demeurent inconnues.

La diminution du ratio de liquidité constitue un indice défavorable de la solvabilité de l'entreprise, surtout si on tient également compte de l'augmentation du ratio du fonds de roulement. Elle constitue aussi un indice défavorable de la capacité de l'entreprise à poursuivre son exploitation, car elle traduit une diminution des liquidités, ce qui porte à s'interroger sur les raisons de l'augmentation des autres éléments de l'actif à court terme, comme le stock.

L'augmentation du ratio des immobilisations sur l'avoir des détenteurs d'actions ordinaires ne fournit pas d'indications au sujet de la solvabilité ou de la capacité de l'entreprise à continuer son exploitation. Il est impossible de préciser dans quel sens s'est effectué le changement, ni de connaître son importance. Si les actifs ont augmenté, il est nécessaire de savoir si les nouveaux éléments d'actif sont immédiatement productifs ou s'ils sont encore dans la phase de développement. À ce moment, c'est une diminution des capitaux propres qui préoccuperait le plus les créanciers.

La diminution du ratio du chiffre d'affaires sur l'avoir des détenteurs d'actions ordinaires constitue un indice défavorable, car elle provient probablement de la diminution du chiffre d'affaires. Cependant, cette diminution, qui a davantage de signification du point de vue de la capacité de l'entreprise à continuer son exploitation que de sa solvabilité, est largement compensée par l'augmentation importante du bénéfice net.

L'augmentation du bénéfice net est un indice favorable de la solvabilité et de la continuité de l'exploitation de l'entreprise, quoiqu'elle dépende fortement de la qualité des créances générées par les ventes et de la rapidité avec laquelle il sera possible de convertir ces créances en argent. Malgré une baisse du chiffre d'affaires, il se peut qu'une gestion plus rigoureuse de l'entreprise ait permis de réduire les coûts et de générer ainsi cette augmentation du bénéfice, ce qui constituerait un facteur très important. Indirectement, il se pourrait que le chiffre amélioré des bénéfices influe favorablement sur la solvabilité de l'entreprise. (En général, l'entreprise réussit plus facilement à obtenir des fonds additionnels à court terme si elle réalise une augmentation de son bénéfice.)

L'augmentation de 32 % du résultat par actions ordinaires, identique au chiffre de l'augmentation du bénéfice net, indique l'absence de changement dans le nombre d'actions ordinaires en circulation. Autrement dit, il n'y a pas eu de nouveau financement au moyen d'actions ordinaires. On ne peut tirer de conclusions sur la solvabilité et la capacité de l'entreprise à continuer son exploitation sans avoir d'autres informations sur la nature et l'importance du financement.

Le pourcentage d'augmentation de la valeur comptable d'une action ne donne pas d'indications sur la solvabilité et la capacité de l'entreprise à poursuivre son exploitation. Le pourcentage moins élevé d'augmentation au cours de l'exercice actuel résulte probablement du fait que la valeur comptable de l'action était plus élevée au cours de l'exercice précédent. À partir de ces chiffres, il est impossible de dire en quoi consiste la politique de dividende de la société ou s'il existe une augmentation de l'actif net capable de générer des bénéfices futurs. Une telle augmentation rendrait possible l'obtention de capital par l'émission de nouvelles actions ordinaires pour répondre aux besoins actuels.

À partir de l'ensemble de ces données, on peut conclure que l'entreprise est à peu près aussi solvable et capable de continuer son exploitation à la fin de l'exercice qu'au début, mais il se pourrait qu'elle ait rapidement besoin de liquidités pour son exploitation.

b) Les créanciers demanderont probablement de l'information concernant les points énumérés ci-dessous, afin de combler les lacunes des ratios fournis au point a) et d'avoir davantage d'arguments à l'appui des conclusions qui en ont été tirées.

1. On pourrait utiliser d'autres ratios et données comparatives, notamment:

   i) Les modifications survenues dans les éléments de l'actif à court terme;

   ii) Les coefficients de rotation des comptes clients, de rotation du stock ainsi que le nombre de jours nécessaires pour convertir les stocks en argent;

   iii) Le ratio d'endettement.

2. Les créanciers demanderont probablement des explications au sujet des changements survenus au cours de l'exercice. Le client devrait être prêt à répondre aux questions concernant l'ancienneté des comptes clients, la possibilité de les recouvrer, et la capacité de vendre le stock. Il devrait également être en mesure d'expliquer la raison de la baisse du ratio de liquidité en 2001, la nature de l'augmentation des immobilisations, ainsi que de leur potentiel futur d'accroissement du chiffre d'affaires ou de réduction des coûts, la nature des emprunts à long terme, s'il y en a, et leurs dates d'échéance, ainsi que la stratégie

de contrôle des coûts qui a permis d'augmenter le bénéfice net de l'exercice. (L'analyse des états financiers comparatifs permet de répondre à plusieurs de ces questions et donne un aperçu de la capacité du client à régler ses dettes à court terme et de poursuivre son exploitation.) Le client peut également s'attendre à devoir fournir des renseignements au sujet de sa planification future et de ses prévisions.

3.   Il se peut également que les créanciers demandent les ratios et les informations relatifs à plusieurs exercices antérieurs. Ces données pourraient indiquer des tendances et faire l'objet de comparaisons avec les données provenant d'autres entreprises du même secteur d'activité.

c)   On évalue rapidement une entité en utilisant au moyen de quelques ratios seulement et en les comparant aux ratios des exercices précédents et aux statistiques concernant ce secteur d'activité. Il faut cependant être conscient des limites d'une telle analyse. Même lorsque les états financiers sont bien préparés et que le rapport du vérificateur (auditeur) ne contient pas de restrictions, il y a des limites à l'efficacité des comparaisons basées sur des statistiques portant sur un secteur d'activité ou sur d'autres entreprises. En effet, comme les entreprises d'un même secteur peuvent utiliser des pratiques différentes, quoique acceptables, il peut être difficile d'effectuer des comparaisons. De plus, lorsqu'on évalue les changements survenus dans les ratios et les pourcentages, l'évaluation doit porter sur la nature de l'élément évalué. En effet, de très petites variations dans les ratios et les pourcentages représentent parfois une modification importante des sommes ou des tendances en cause.

Les créanciers doivent évaluer les conclusions tirées de l'analyse au moyen de ratios, compte tenu de la situation actuelle ou des changements anticipés des conditions économiques, ou de différents facteurs, tels la situation concurrentielle du client, la demande du public (pour le produit lui-même, pour une amélioration de sa qualité, pour la protection de l'environnement, etc.) ou les projets particuliers du client.

*Étude de cas 5-13

a)   5, 8, 9;

b)   1, 5, 9;

c)   2, 10;

d)   2, 10;

e)   1; 9*;

f)   10;

g)   5;

h)   11;

i)   2, 5, 10;

j)   4, 10.

* Certains étudiants pourraient répondre qu'il n'y aurait aucun effet, puisqu'il n'est généralement pas permis d'augmenter la valeur des immobilisations.

ANALYSE D'ÉTATS FINANCIERS

a) Voici le calcul de quelques ratios financiers choisis de la société Toutvent ltée, pour l'exercice 2001:

Ratio du fonds de roulement $\quad = \dfrac{\text{Actifs à court terme}}{\text{Passifs à court terme}}$

$$= \dfrac{9\ 900\ \$}{6\ 300\ \$}$$

$$= \underline{1{,}57}$$

Ratio de liquidité $\quad = \dfrac{\text{Caisse} + \overset{\text{Titres}}{\text{négociables}} + \overset{\text{Comptes}}{\text{clients, nets}}}{\text{Passif à court terme}}$

$$= \dfrac{400\ \$ + 500\ \$ + 3\ 200\ \$}{6\ 300\ \$}$$

$$= \underline{0{,}65}$$

Ratio de couverture des intérêts $\quad = \dfrac{\text{Bénéfice avant impôts} + \text{Frais d'intérêt}}{\text{Frais d'intérêt}}$

$$= \dfrac{7\ 060\ \$ + 900\ \$}{900\ \$}$$

$$= \underline{8{,}84}$$

Marge bénéficiaire nette $\quad = \dfrac{\text{Bénéfice net}}{\text{Chiffre d'affaires, net}}$

$$= \dfrac{4\ 160\ \$}{30\ 500\ \$}$$

$$= \underline{13{,}64\ \%}$$

Ratio d'endettement $\quad = \dfrac{\text{Total du passif}}{\text{Total des capitaux propres}}$

$$= \frac{8\ 300\ \$}{8\ 700\ \$}$$

$$= \underline{0,95}$$

Ratio de rotation des actifs $\quad = \dfrac{\text{Chiffre d'affaires net}}{\text{Moyenne du total des actifs}}$

$$= \frac{30\ 500\ \$}{(17\ 000\ \$ + 16\ 000\ \$) \div 2}$$

$$= \underline{1,85}\ \text{fois}$$

Ratio de rotation du stock $\quad = \dfrac{\text{Coût des marchandises vendues}}{\text{Moyenne des stocks}}$

$$= \frac{17\ 600\ \$}{(5\ 800\ \$ + 5\ 400\ \$) \div 2}$$

$$= \underline{3,14}\ \text{fois}$$

b)   Voici l'explication de l'utilité analytique des sept ratios présentés ci-dessus et des renseignements qu'ils fournissent aux investisseurs au sujet de la situation financière et de l'efficacité de l'exploitation de la société Toutvent:

Ratio du fonds de roulement

▶   Ce ratio évalue la capacité de l'entreprise de rembourser ses créances à court terme en utilisant des éléments d'actif à court terme.

▶   Le ratio de fonds de roulement de la société Toutvent a baissé au cours des trois derniers exercices, passant de 1,62 à 1,57. Cette tendance à la baisse, jointe au fait qu'elle est inférieure à la moyenne de l'industrie, ne constitue pas encore un problème important. Toutefois, la société doit surveiller son évolution, car un tel ratio indique qu'il faudrait rapidement convertir en argent des éléments d'actif à court terme, non monétaires (tout particulièrement le stock), à leur valeur comptable ou à une valeur qui en est proche.

Ratio de liquidité

▶   Ce ratio évalue la capacité de l'entreprise de rembourser ses créances à court terme en utilisant ses éléments d'actif les plus liquides.

▶   Le ratio de liquidité relative de la société Toutvent s'est amélioré au cours des trois derniers exercices. Cependant, il se maintient sous la moyenne de l'industrie. En outre, si ce ratio est inférieur à 1, cela signifie que la société risque d'éprouver des difficultés à rembourser ses créances à court terme si la rotation de ses stocks n'est pas assez rapide.

Ratio de couverture des intérêts

▶ Ce ratio évalue la capacité de la société de répondre à ses engagements relatifs à la charge d'intérêts, au moyen de ses bénéfices courants. Plus le ratio est élevé, plus la sécurité des créanciers à long terme est assurée.

▶ Il est à noter que ce ratio de la société Toutvent a montré une amélioration au cours des trois derniers exercices et qu'il se situe au-dessus de la moyenne de l'industrie. Cela signifie que la société Toutvent remboursait ses dettes ou les avait refinancées, ou que ses ventes et ses profits avaient augmenté, ce qui dénote une stabilité à long terme.

Marge bénéficiaire nette

▶ Ce ratio évalue le bénéfice net réalisé sur chaque dollar de vente. Dans une certaine mesure, il indique la capacité de la société à absorber une hausse des coûts ou une baisse des ventes.

▶ La marge bénéficiaire de la société Toutvent va en s'améliorant et se situe actuellement au-dessus de la moyenne de l'industrie, ce qui indique une tendance à une efficacité d'exploitation marginale. En outre, elle améliore la capacité d'absorber les périodes d'économie incertaine, de rembourser ses créances ou de les augmenter en cas de projets d'expansion.

Ratio d'endettement

▶ Ce ratio évalue le degré de protection des créanciers en cas d'insolvabilité. Il mesure également la force du levier financier, et si la société a la capacité ou non d'obtenir un financement supplémentaire au moyen de l'emprunt.

▶ Le ratio d'endettement s'est détérioré en 2001, mais il a toujours été en dessous de la moyenne de l'industrie au cours des trois derniers exercices. Cela signifie que la société serait en mesure d'obtenir un financement supplémentaire au moyen de l'emprunt, tout en conservant ce ratio encore sous la moyenne du secteur industriel, ce qui prouve la stabilité à long terme de la société.

Ratio de rotation des actifs

▶ Ce ratio évalue l'efficacité de l'utilisation des ressources, c'est-à-dire la capacité de réaliser des ventes en utilisant ses actifs.

▶ Le ratio de rotation des actifs de la société Toutvent a montré une amélioration progressive et se situe au-dessus de la moyenne de l'industrie, ce qui est la preuve d'une bonne utilisation des ressources et de la capacité de réaliser des ventes.

Ratio de rotation du stock

▶ Ce ratio évalue la rapidité avec laquelle le stock est vendu, ainsi que l'efficacité de l'utilisation de l'investissement en stock. Il permet également de déterminer s'il existe du stock désuet ou des problèmes de prix.

▶ Le ratio de rotation du stock de la société Toutvent a graduellement décliné et se situe maintenant en dessous de la moyenne de l'industrie. Cette situation de rotation plus lente que la moyenne peut indiquer une baisse de l'efficacité de l'exploitation, la présence inaperçue de stock désuet ou d'éléments du stock évalués à un prix trop élevé.

c) Parmi les limites d'une analyse des ratios, on peut citer:

▶ La difficulté d'effectuer des comparaisons entre les entreprises d'une même industrie en raison des différences dans la comptabilité. Des méthodes comptables différentes peuvent produire des résultats différents, par exemple un amortissement linéaire contre un amortissement accéléré, une évaluation des stocks en DEPS contre PEPS, etc.

▶ Le fait qu'aucun ratio ne permet de tirer de conclusions.

ANALYSE COMPARATIVE

a) 1) Dans sa note sur les conventions comptables, Coca-Cola a fourni des explications sur les sujets suivants, dont voici la liste des titres:

Organisation / base de présentation	Stocks
Consolidation	Immobilisations corporelles
Évaluation des placements	
Émissions d'actions par des entités émettrices	Autres immobilisations
Frais de publicité	Fonds commercial et autres immobilisations incorporelles
Résultat net par action	Utilisation d'estimations
Trésorerie	Nouvelles normes comptables

2) Dans sa note sur les conventions comptables, PepsiCo a donné des explications sur les sujets suivants, dont voici la liste des titres:

Éléments affectant la comparabilité

Principes de consolidation	Immobilisations corporelles
Émission d'actions par des entités émettrices	Immobilisations incorporelles
Comptabilisation des produits d'exploitation	Dévaluation des immobilisations
Frais de marketing	
Coût de distribution	
Frais de recherche-développement	
Rémunération fondée sur les actions	
Régime de retraite et avantages sociaux futurs	Impôts sur le bénéfice
Instruments dérivés et de couverture	Engagements et éventualités
	Modifications comptables
Trésorerie et placement à court terme	
Stocks	

Huit des sujets expliqués dans les notes complémentaires de Coca-Cola et de PepsiCo concernant les conventions comptables sont semblables.

b) Coca-Cola a réparti ses activités d'exploitation en cinq secteurs géographiques: Amérique du Nord, Afrique, Europe, Amérique Latine, et Asie. PepsiCo a divisé ses activités en trois secteurs, avec des subdivisions géographiques: Pepsi-Cola Amérique du Nord, Pepsi-Cola International, Frito-Lay Amérique du Nord, Frito-Lay International et Tropicana Amérique du Nord.

c) Les vérificateurs (auditeurs) indépendants pour Coca-Cola sont Ernst & Young, tandis que ceux de PepsiCo, sont KPMG LLP.

Les trois paragraphes du rapport des vérificateurs (auditeurs) sont exprimés en termes presque identiques pour les deux sociétés. Toutefois, Coca-Cola présente un quatrième paragraphe mentionnant que la société a changé ses méthodes de comptabilisation des instruments dérivés et des activités de couverture.

TRAVAIL DE RECHERCHE

Cas 1

a) M. Ray J. Groves est président de Ernst & Young.

b) M. Groves déclare que le volume d'informations présenté est tellement excessif que la valeur globale de la présentation en est diminuée. En bref, les lecteurs d'états financiers croulent sous les informations.

c) M. Groves cite la présentation de certains éléments, tels les impôts sur le bénéfice, les rentes de retraite, les avantages postérieurs au départ à la retraite, les locations-acquisitions et les dérivés transigés hors bilan.

d) En 1972, le rapport annuel, les notes complémentaires et le rapport de la direction comptaient, en moyenne 35, 4 et 3 pages respectivement. En 1982, ces chiffres atteignaient 64, 17 et 12, respectivement.

e) Les deux principales suggestions de l'auteur sont: 1) un réexamen complet de tous les éléments à présenter, tous les cinq ans et 2) un système de présentation à deux niveaux.

Cas 2

a) La Partie I du formulaire 10-Q doit comprendre les états financiers et le rapport de la direction, ainsi que les résultats d'exploitation.

b) La réponse dépend de la société choisie.

c) La Partie II du formulaire 10-Q peut comprendre de l'information sur: 1) les résultats de poursuites judiciaires; 2) les modifications apportées à des valeurs mobilières; 3) les inexécutions touchant des valeurs mobilières de premier rang; 4) le vote sur des questions soumises aux porteurs de titres, ou 5) toute autre information jugée pertinente.

PROBLÈMES DE DÉONTOLOGIE

Cas 1

a) La responsable des contrôles comptables constate que la vice-présidente aux finances n'interprète pas correctement la situation financière de la société. En effet, elle déclare que la société contrôlait plus efficacement ses coûts, alors qu'en fait, l'amélioration du ratio a été obtenue par une manipulation des estimations. Mais la responsable des contrôles comptables hésite à en parler, car les estimations ne sont pas soumises à des règles bien définies. Il y a dilemme parce que V. Maher doit mettre dans la balance les avantages dont pourrait bénéficier la société si la marge bénéficiaire semblait sensiblement améliorée et l'obligation de tout comptable de donner une image fidèle de l'information financière (c'est-à-dire, d'une manière cohérente par rapport aux précédents états financiers).

b) Non. Elle doit s'opposer à la publication du communiqué de presse. La société n'a pas amélioré sa situation financière et l'affirmation d'une efficacité améliorée ne s'appuie sur aucune donnée financière.

c) Un communiqué de presse favorable rehausse la position actuelle des actionnaires ainsi que l'image de la direction. Une telle publicité pourrait contribuer à faire monter le cours des actions. Les futurs investisseurs et actionnaires, quant à eux, sont lésés parce que ces nouvelles donnent une vision trompeuse des perspectives financières de cette société.

d)   La responsable des contrôles comptables est tenue de veiller à la fois à l'exactitude et à la clarté de la présentation des rapports financiers. Si le communiqué de presse cache la manière dont une décision comptable a influencé une apparente amélioration de la situation financière de la société, la comptable ne peut laisser passer une telle tromperie. V. Maher doit protester et ne doit pas s'associer à une information trompeuse.

Cas 2

a)   Les questions de déontologie soulevées dans ce cas concernent la rentabilité, le rendement à long terme par rapport au rendement à court terme et l'intégrité de la présentation de l'information financière.

b)   La forme ne doit pas dicter le fond. Il faut émettre les obligations au moment où la société a besoin de liquidité pour améliorer son rendement. Même si l'émission immédiate des obligations fait baisser les ratios plus bas qu'on ne le souhaiterait, les investisseurs et les créanciers sont mieux servis quand le rendement de la société est à son plus haut niveau. Si une rentrée immédiate de fonds contribue à améliorer le rendement, le président Brousseau ne doit pas retarder l'émission des obligations.